乡村振兴战略下
我国乡村旅游可持续发展的村民参与研究

Study of Villagers' Participation in Sustainable Tourism
under China's Strategy of Rural Revitalization

王婉飞◎著

ZHEJIANG UNIVERSITY PRESS
浙江大学出版社
·杭州·

图书在版编目(CIP)数据

乡村振兴战略下我国乡村旅游可持续发展的村民参与
研究 / 王婉飞著. —杭州:浙江大学出版社,2023.1(2024.1重印)
ISBN 978-7-308-23081-0

Ⅰ.①乡… Ⅱ.①王… Ⅲ.①乡村旅游-可持续性发
展-研究-中国 ②农村-群众自治-研究-中国 Ⅳ.
①F592.3 ②D638

中国版本图书馆 CIP 数据核字(2022)第 174909 号

乡村振兴战略下我国乡村旅游可持续发展的村民参与研究

王婉飞　著

责任编辑	陈佩钰	
文字编辑	周　靓	
责任校对	许艺涛	
封面设计	雷建军	
出版发行	浙江大学出版社	
	(杭州市天目山路 148 号　邮政编码 310007)	
	(网址:http://www.zjupress.com)	
排　　版	浙江大千时代文化传媒有限公司	
印　　刷	广东虎彩云印刷有限公司绍兴分公司	
开　　本	710mm×1000mm　1/16	
印　　张	15.5	
字　　数	265 千	
版 印 次	2023 年 1 月第 1 版　2024 年 1 月第 2 次印刷	
书　　号	ISBN 978-7-308-23081-0	
定　　价	78.00 元	

前　言

实施乡村振兴战略,是党的十九大作出的重大决策部署,是决胜全面建成小康社会、全面建设社会主义现代化国家的重大历史任务,是新时代"三农"工作的总抓手。发展乡村旅游是实现乡村振兴共同富裕的重要力量、重要途径和重要引擎。有效推进乡村旅游可持续发展和乡村振兴的关键在于调动乡村居民的积极性、主动性、创造性,提高乡村居民的参与度、文明度、友善度,提升乡村居民的安全感、获得感、幸福感。因此,研究乡村振兴战略下我国乡村旅游可持续发展的村民参与问题是一项具有前沿性的重要课题,具有较高的学术价值和应用价值。

在学术价值上,本书系统探讨乡村振兴战略下乡村旅游可持续发展的村民参与问题。在学术思想上,本书强调乡村旅游可持续发展必须以"人态和谐"为中心,整合乡村的业态、文态、生态、形态、活态等资源一体化发展,在此过程中要始终坚持"村民"主体地位。在学术理论上,本书运用新制度经济学和乡村治理理论,对已有国内外乡村旅游可持续发展理论进行修正和完善,构建中国特色的乡村旅游可持续发展理论。在学术观点上,本书修正、深化了既有乡村旅游村民参与理论,提出村民"农户—组织—社区"参与路径的多层次性、"扶持—发展—内生"参与模式的多阶段性、"引导—激励—协调—保障"参与机制的多元性等学术观点。

在应用价值上,课题组成员深入调研了我国东部、中部、西部的典型乡村旅游地,足迹遍布重庆、海南、河南、安徽、甘肃、四川、上海及浙江各区县。在调研基础上,本书明确了乡村振兴战略下村民参与乡村旅游的新要求,总结和借鉴了国内外典型乡村旅游地的村民参与经验,探索和完善了村民参与乡村旅游的新路径,提炼和优化了适合不同乡村旅游地村民参与的新模式,设计和落实了村民参与乡村旅游的新机制,解析了村民参与的风险问题与危机管理,提出了支持村民参与的政策建议,从而有利于激活村民参与乡村旅游可持续发展的积极性、主动性、创造性,助推我国乡村全面振兴,加速走向共同富裕。

本书相关研究成果取得了良好的经济、社会效益与影响,创新效益突出。如依托项目形成的社科要报获得了省部级主要领导批示;发表了国际期刊 SSCI 论文 4 篇;形成了本专著。作为国家社科基金项目阶段性研究成果的《疫情时代我国乡村旅游服务管理机制创新的思考》《后疫情时代,乡村旅游如何可持续发展》等文章被"学习强国"、中国网、浙江网、澎湃新闻、第一财经等国内重要媒体广泛报道,引发社会热烈反响。

同时,笔者受邀在 2018 中国(国际)休闲发展论坛、2019 中国(国际)休闲发展论坛、2021 International Online Conference "Agrotourism, Ecotourism and Sustainable Tourism:Theory,Practice,Problems and Solutions"等会议上发表主旨演讲,分享相关研究成果,受到与会嘉宾的一致认可,小康网等媒体也对此作了专题报道。此外,本书相关研究成果在笔者主持的乡村"农文旅康养项目"规划设计中得以应用,为政府和企业发展当地乡村民宿业,以及乡村农文旅康养旅居资源可持续发展提供了实践指导,产生了一定的经济效益和社会效益。笔者还结合研究成果在全国党政干部和企业家培训班中做了专题讲座,得到学员们的高度评价,且引发了学员们对以乡村旅游可持续发展推进乡村振兴和共同富裕的深入思考。

在此,笔者首先要特别感谢在国家社科基金项目(18BJY203)"乡村振兴战略下我国乡村旅游可持续发展的村民参与研究"的专著撰写工作中做出不同贡献的团队成员。博士后毛润泽副教授协助完成了第一章"研究概述"的研究与写作工作;访问学者刘军讲师协助完成了第二章"研究基础"的研究与写作工作;王娟教授和博士研究生蔡江莹协助完成了第三章"乡村振兴战略与乡村旅游可持续发展及其村民参与的关系"的研究与写作工作;博士后管婧婧教授协助完成了第四章"乡村振兴战略下村民参与乡村旅游发展的路径分析"的研究与写作工作;博士研究生李玥和李欣悦协助完成了第五章"乡村振兴战略下村民参与乡村旅游发展的模式分析"的研究与写作工作;访问学者闫玮副教授协助完成了第六章"乡村振兴战略下村民参与乡村旅游发展的机制分析"和第八章"乡村振兴战略下村民参与乡村旅游发展的风险问题与危机管理"的研究与写作工作;博士研究生苏成城协助完成了第七章"乡村振兴战略下村民参与乡村旅游的政府支持分析"的研究与写作工作。

　　笔者主持了整个课题的研究与专著的写作工作,包括整个课题研究与专著写作的设计、组织、分工、协调、指导、调查、讨论、修改、总撰与审定等全部工作。

　　其次,笔者要感谢国内外学术界同行对本课题研究提供的大量帮助。英国格林威治大学商学院 Jin Chan 教授、剑桥大学沃尔森学院终身成员綦晓光博士和美国中佛罗里达大学王有成院长等对课题研究和合作、发表国际期刊 SSCI 论文做出了重要贡献;浙江省原发改委黄勇副主任、浙江大学严力蛟教授等在本课题研究过程中都提出了非常中肯和有价值的建议。

　　此外,我还要感谢社会各界对本课题调研提供的翔实资料与重要帮助,浙江安吉余村村委会原主任潘文革、安徽黄山市文化和旅游局局长吴小胜、河南巩义市文化广电和旅游局局长秦文坦、四川冕宁县文广旅局局长刘高、杭州市文化广电旅游局局长楼俹捷等国内众多地方政府干部及村民们都提供了帮助,在此一并鸣谢。

　　希望本书能对关心乡村振兴、共同富裕和乡村旅游可持续发展的各级领导、学者、企业家和莘莘学子有所帮助,这是我们课题组全体成员最大的心愿。

王婉飞
2023 年 1 月

目　录

第一章 研究概述

本章的主要内容是对有关"乡村振兴战略下我国乡村旅游可持续发展的村民参与研究"的背景、意义、思路、方法、成果进行概述,为了解本研究的设计、内容与主要成果提供指引。本章的内容分为以下四个方面:①研究背景及意义;②研究思路和方法;③主要观点与创新之处;④研究的主要结论。

第一节 研究背景及意义

一、研究背景

乡村振兴战略是党的十九大提出的七大国家战略之一。十九大报告明确指出了实施乡村振兴战略的重大意义、总体要求、目标任务,以及在制度建设、治理体系和人才方面的保障措施。实施乡村振兴战略是我国决胜全面建成小康社会、全面建设社会主义现代化国家的重大历史任务,是新时代"三农"工作的总抓手。

2018年1月,《中共中央、国务院关于实施乡村振兴战略的意见》颁布。该文件是改革开放以来第20个、21世纪以来第15个指导"三农"工作的中央一号文件,其对实施乡村振兴战略进行了全面部署。2018年9月,《乡村振兴战略规划(2018—2022年)》颁布实施。该规划是确保乡村振兴战略落实落地,指导各地区各部门分类有序推进乡村振兴的重要依据。

2021年1月,《中共中央、国务院关于全面推进乡村振兴加快农业农村现代化的实施意见》发布;同月,国家乡村振兴局正式挂牌,该机构为国务院直属机构。2021年3月,中共中央、国务院发布了《关于实现巩固拓展脱贫攻坚成果同乡村振兴有效衔接的意见》,提出了重点工作。2021年4月,第十三届全国人大常务委员会第二十八次会议通过《中华人民共和国乡村振兴促进法》，自 2021 年 6 月 1 日起施行。

发展乡村旅游和休闲农业是实现乡村振兴的重要力量、重要途径和重要引擎。近年来，我国乡村旅游业和休闲农业迅猛发展，有效带动了乡村地区的经济发展，成为乡村产业兴旺的有力支撑。乡村旅游和休闲农业发展必须与当地经济发展中的问题相结合，发挥乡村旅游和休闲农业的优势，设计多产业融合机制，促进乡村旅游可持续发展，为乡村产业兴旺再添动力。

有效推进乡村旅游可持续发展和乡村振兴的关键在于如何调动乡村居民的积极性、主动性、创造性，如何提高乡村居民的参与度、文明度、友善度，如何提升乡村居民的安全感、获得感、幸福感。因此，研究乡村振兴战略下我国乡村旅游可持续发展的村民参与问题是一项具有前沿性的重要课题，具有较高的学术价值和应用价值。

二、研究意义

（一）理论意义

国外学者对乡村旅游目的地居民的研究相对较少。国外学者对乡村旅游可持续发展的基本假设和根源有浓厚的兴趣，不仅仅关注现实世界可持续发展具体经验模式和案例，而且通过外源性的主题不断引入和构建乡村可持续发展的关键要素，包括乡村可持续旅游的影响因素（生态保护、土地使用、资源利用、环境污染）、参与方（旅游者、东道主、当地政府、公司、非政府组织）、关键指标（经济、社会、环境、文化）。国外学者对公司参与方的自我规范、绿色生产，以及旅游者参与方的游客行为、游客责任感研究的关注度高，相关研究成果也较多，而对居民参与、居民支持等研究相对较少。

国内学者对乡村旅游居民参与差异化缺少深入研究。国内学者大部分基于利益相关者理论，研究乡村居民与其他利益相关者的相互作用、博弈关系以及互动机制等。其他相关研究主题是社区居民对旅游发展的态度与影响感知，以及从社区参与和社区增权的角度研究社区居民。上述研究在考虑乡村居民利益时，要么将乡村居民视为一个无差异的群体，不对其进行细分，不关注其利益诉求的差异化表达，要么虽关注了乡村居民利益诉求的差异性，但未能对此做深入分析。造成前一现象的原因是忽视了多数乡村旅游目的地旅游发展滞后、出现社会分化的现实；造成后一现象的原因是研究方法不够合理、田野调查不够深入。

本研究系统探讨乡村振兴战略下乡村旅游可持续发展的村民参与问题。在学术思想上,强调乡村旅游可持续发展必须以"人态和谐"为中心,整合乡村的业态、文态、生态、形态、活态等资源一体化发展,在此过程中要始终坚持"村民"主体地位。在学术理论上,本研究运用新制度经济学和乡村治理理论,对已有国内外乡村旅游可持续发展理论进行修正和完善,构建中国特色的乡村旅游可持续发展理论。在学术观点上,本研究修正、深化了既有乡村旅游村民参与理论,提出村民"农户—组织—社区"参与路径的多层次性、"扶持—发展—内生"参与模式的多阶段性、"引导—激励—协调—保障"参与机制的多元性等学术观点。

(二)现实意义

当前我国乡村旅游发展过程中普遍存在资本强势介入与控制乡村旅游开发的现象,再加上村民参与意识淡薄、参与能力弱、参与层次低等问题,村民与旅游开发商等利益相关者群体之间矛盾突出,影响到乡村旅游的可持续发展。因此,乡村旅游可持续发展的起点必须是乡村居民和其他利益相关者之间的共享与协作。本研究明确乡村振兴战略下村民参与乡村旅游的新要求,总结和借鉴国内外典型乡村旅游地的村民参与经验,探索和完善村民参与乡村旅游的新路径,提炼和优化适合不同乡村旅游地村民参与的新模式,设计和落实村民参与乡村旅游的新机制,从而打造村民参与乡村旅游的共享与协作平台。本研究进一步深化和补充了乡村旅游的可持续发展理论,为高效和谐解决我国乡村旅游发展过程中人的问题提供理论支撑;同时通过乡村旅游村民参与路径、模式与机制来引导村民有效参与乡村旅游发展,激活村民参与乡村旅游的积极性、主动性、创造性,从而助推我国乡村全面振兴,农业强、农村美、农民富得以全面实现。

第二节　研究思路和方法

一、研究思路

本研究以乡村振兴战略背景下我国乡村旅游可持续发展问题为现实背景,确定"乡村旅游可持续发展的村民参与"为研究主题,遵循"问题提出—比较借鉴—理论探索—实践应用"的研究思路,以我国乡村旅游地为实证案例地,借鉴国内外村民参与乡村旅游发展的成功经验,沿着"战略要求—参照目标—探索路径—构建模式—运行机制—政府支持—风险问题—危机管理"的内容主线,运用实地调研法、比较分析法、统计分析法等,系统深入研究乡村振兴战略下我国乡村旅游可持续发展的村民参与问题。具体研究思路如图 1-1 所示。

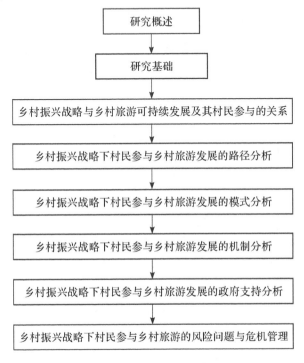

图 1-1　本书研究思路

　　首先,本研究剖析了乡村振兴战略的实施背景、内涵与关键问题,界定了乡村旅游及其村民参与乡村旅游的内涵,梳理了乡村旅游可持续发展以及村民参与的基础理论,分析了村民参与乡村旅游可持续发展存在的问题。

　　其次,本研究对乡村振兴战略与乡村旅游可持续发展及其村民参与的关系进行了探讨。先是对乡村振兴战略与乡村旅游可持续发展的关系、乡村旅游可持续发展与村民参与的关系进行了解析,然后对村民参与乡村旅游可持续发展的国内外经验进行总结,在此基础上,提出乡村振兴战略下我国乡村旅游可持续发展村民参与的目标和要求。

　　再次,本研究分别探讨了乡村振兴战略下乡村旅游可持续发展的村民参与路径、村民参与模式和村民参与机制。

最后,本研究分析了村民参与乡村旅游的政府支持类型及其效果,剖析了村民参与乡村旅游的风险问题及危机管理,以及常态化疫情防控下村民参与乡村旅游发展的问题。

二、研究方法

(一)理论模型与典型案例相结合

由于旅游学科有交叉性较强的特点,本研究在理论研究方面结合系统理论、协同理论和机制设计理论对乡村旅游可持续发展的村民参与机制进行研究,并构建了村民参与机制体系。本研究在分析不同类型村民参与路径、模式与机制时,提供了与之相匹配的典型案例进行分析。典型案例分析法具有代表性、系统性、深刻性、具体性等特点。

(二)定性分析与定量测度相结合

本研究综合运用旅游经济学、农村经济学、乡村社会学等跨学科的基础理论与方法,以新制度经济学理论、乡村治理理论、利益相关者理论为基础,定性与定量相结合,采用抽样调查、深度访谈、田野调查等调研方式,运用数据分析方法,对乡村旅游可持续发展的村民参与进行综合研究。

(三)文献分析与实地调研相结合

通过专业数据库、学术搜索引擎、专业期刊、统计年鉴等多种信息渠道查阅文献,探究乡村振兴战略下乡村旅游可持续发展的村民参与,对其涉及的基本要素和概念进行再定义,为乡村旅游可持续发展的村民参与路径、模式和机制的构建提供理论依据。本研究实地调研了国内典型的乡村旅游案例地,获得了大量的一手调研数据。

(四)案例地实地调研情况概述

本研究团队在2019年5月到6月间奔赴河南巩义市、安徽黟县与贵州荔波县等三地,就当地的乡村旅游发展和村民参与情况展开实地调研。调研选取参与性观察法和深度访谈法进行信息采集,采访对象为当地对口行政部门负责人、村干部、外来创业者、当地创业农户与当地普通农户,形成了近2万字的调研报告。同时赴浙江丽水、温州、台州,湖州安吉县、长兴县,杭州淳安县、余杭区、临平区、富阳区,安徽黟县,四川冕宁县等地,调研访谈当地政府和村民代表。

2020年11月,本研究团队对海南高林村、铁匠村,洛阳重渡沟村、拨云岭村,浙江诸葛村,重庆新建村、白马村,安徽西溪南村的村民开展了问卷调查。案例村庄都选自文化和旅游部公布的"2015 年中国乡村旅游模范村"名单,所选村庄分布于中国的东西南北,在乡村旅游发展上具有风向标作用。

第三节　主要创新之处

本研究的主要观点与创新之处,简要概述如下。

一、构建了乡村振兴战略下乡村旅游可持续发展的村民参与理论体系

乡村振兴战略下乡村旅游可持续发展的村民参与理论体系包括:①乡村旅游可持续发展村民参与的内涵;②乡村振兴战略与乡村旅游可持续发展及其村民参与的关系;③乡村振兴战略下村民参与乡村旅游发展的路径;④乡村振兴战略下村民参与乡村旅游发展的模式;⑤乡村振兴战略下村民参与乡村旅游发展的机制;⑥乡村振兴战略下村民参与乡村旅游发展的政府支持;⑦乡村振兴战略下村民参与乡村旅游发展的风险问题与危机管理。

二、厘清了乡村振兴战略与乡村旅游可持续发展及其村民参与的关系

本研究在对乡村振兴战略的实施背景、内涵与关键问题进行梳理的基础上,对乡村旅游及其相关概念进行了界定和辨析,对乡村旅游可持续发展的概念、原则和路径进行了阐释,并对村民参与乡村旅游的内涵、基础理论以及实践问题和经验进行了分析。然后,全面解析了乡村振兴战略与乡村旅游可持续发展的关系、乡村旅游可持续发展与村民参与的关系。最后,提出了乡村振兴战略下村民参与乡村旅游可持续发展的目标和要求。

三、剖析了乡村振兴战略下村民参与乡村旅游发展的路径

本研究在村民参与乡村旅游发展路径相关文献和基础理论梳理的基础上,构建了村民参与乡村旅游发展的路径体系,包括村民参与乡村旅游发展的内容与目标、村民参与乡村旅游发展的阶段划分、村民参与乡村旅游发展的具体路径、村民参与乡村旅游发展的路径优化等内容,并对村民参与乡村旅游发展路径的典型案例进行了分析。

四、提炼了乡村振兴战略下村民参与乡村旅游发展的模式

本研究在村民参与乡村旅游发展模式相关文献和基础理论梳理的基础上，构建了村民参与乡村旅游发展的模式体系，按照乡村旅游发展阶段、乡村旅游开发主体、乡村旅游依托的具体资源和产业等维度进行模式类型提炼，并对村民参与乡村旅游发展模式的典型案例进行了分析。

五、构建了乡村振兴战略下村民参与乡村旅游发展的机制

本研究在村民参与乡村旅游发展机制相关文献和基础理论梳理的基础上，构建了村民参与乡村旅游发展的机制体系，包括民主决策机制、综合协调机制、利益保障机制、发展动力机制、引导激励机制等。

六、总结了乡村振兴战略下村民参与乡村旅游发展的政府支持类型及其效果

本研究在村民参与乡村旅游发展政府支持相关文献和基础理论梳理的基础上，总结了村民参与乡村旅游发展的政府支持类型及其效果，包括土地政策支持、金融政策支持、财政政策支持和人才政策支持，并对村民参与乡村旅游发展的政策支持典型案例进行分析。

七、解析了乡村振兴战略下村民参与乡村旅游发展的风险问题与危机管理

本研究在村民参与乡村旅游发展的风险问题和危机管理相关文献和基础理论梳理的基础上，解析了乡村旅游发展的认知误区风险、投资风险、市场风险、参与主体风险、建设客体风险，归纳了村民参与乡村旅游的危机问题及其应对措施，最后对常态化疫情防控下村民参与乡村旅游发展进行了分析。

第四节　主要研究结论

本研究的主要结论分为以下七个方面：①乡村旅游可持续及其发展村民参与内涵的主要结论；②乡村振兴战略与乡村旅游可持续发展及其村民参与关系的主要结论；③乡村振兴战略下村民参与乡村旅游发展路径的主要结论；④乡村振兴战略下村民参与乡村旅游发展模式的主要结论；⑤乡村

振兴战略下村民参与乡村旅游发展机制的主要结论；⑥乡村振兴战略下村民参与乡村旅游发展政府支持的主要结论；⑦乡村振兴战略下村民参与乡村旅游发展风险问题与危机管理的主要结论。

一、有关乡村旅游可持续发展及其村民参与内涵的主要结论

乡村旅游作为社会经济发展的产物，更是乡村振兴的重要手段。乡村旅游通过观光、采摘、体验等提高传统农业的附加值，同时，又对乡村社会的政治、经济、文化等方面产生显著影响。在乡村旅游开发中，村民是重要主体，也是乡村旅游开发的积极参与者，没有村民的参与，没有村民的获益，乡村旅游就不可能会顺利发展，也就不能实现乡村旅游的可持续发展。在当下乡村旅游的开发中，村民由于自身参与水平与能力的限制以及信息不对称等原因，处于弱势地位，参与度低，因此，提高村民的参与度，进行制度化和组织化的保障，引导参与乡村旅游的开发，保障村民利益，是乡村旅游实现可持续发展的重要途径。

在乡村振兴过程中有几个关键性的问题需要关注与解决：一是关于城乡发展不平衡问题；二是城乡基本公共服务均等化问题；三是乡村文化保护问题。这些问题的解决是否顺利关系到乡村振兴能否达到预期的目标。

乡村旅游可持续发展的原则主要有开发建设与生态环境相协调的原则、旅游利益与其他利益相平衡的原则。乡村旅游发展中要正确处理好三个关系：一是处理好与乡村经济之间的关系；二是处理好与乡土文化的关系；三是处理好与乡村社会之间的关系。

村民在参与乡村旅游可持续发展中存在的问题概括起来有两个主要问题：一是参与意愿问题；二是参与制度问题。村民参与乡村旅游可持续发展的实践经验主要有：提高村民的参与意识；推进制度化、组织化建设，保障村民参与；培训适合乡村旅游发展的人才；平衡村民与其他利益相关者的利益。

二、有关乡村振兴战略与乡村可持续发展及其村民参与关系的主要结论

乡村旅游可持续发展是实施乡村振兴战略的重要支撑。乡村旅游作为与农业生产、村民生活、农村生态联系最为紧密的旅游业形态，分别对应于乡村振兴战略的五方面要求，能够促进乡村经济发展、乡村生态改善、乡村文化复兴、乡村治理升级和乡村社会和谐，在乡村经济、社会、文化等全方面

发展的过程中发挥着越来越重要的作用,是实施乡村振兴战略的重要支撑和路径。

乡村振兴战略的实施为乡村旅游可持续发展提供了全方位保障。乡村旅游的开展,有赖于乡村自然和人文大环境。越是生态环境优良、人居环境优美、传统文化保护好的乡村旅游地,越是具有发展优势和竞争力。乡村振兴战略的实施,从政策、资金、人才等多个方面为乡村旅游发展提供了全方位保障。

乡村旅游可持续发展有利于激发村民参与的积极性。乡村旅游可持续发展有利于增加村民经济收入,巩固村民的乡村旅游发展主体地位;有利于村民安居乐业,营造和谐共生的乡村旅游软环境;有利于村民放眼看世界,树立乡村文化自信和文化认同;有利于发挥村民创造性,激发村民的创新创业新动能。

村民参与是乡村旅游可持续发展的根本性依托。村民参与乡村旅游发展,有利于激发村民的主人认同感,有利于营造良好的旅游软环境,有利于村民自觉维护乡村环境,有利于乡村治理能力提档升级。

村民参与乡村旅游可持续发展的共性经验包括:结合乡村文化,开发乡村旅游产品;发挥政府职能,助力乡村旅游发展;鼓励村民参与,了解乡村发展态势。

乡村振兴战略下村民参与乡村旅游可持续发展的目标和要求:一是坚持村民主体地位;二是深化村民自治实践。

三、有关乡村振兴战略下村民参与乡村旅游发展路径的主要结论

乡村旅游涉及的利益主体是对乡村旅游发展有重要影响或者受乡村旅游发展影响较大的各种组织、群体或者个人,包括村民、政府、非政府组织(农村合作社等)以及企业。村民参与乡村旅游发展的内容包括:参与旅游决策;参与旅游经营管理;参与当地文化传承与生态保护;参与利益分配等。村民参与目标包括经济目标、文化目标、社会目标和生态目标等。

乡村旅游的发展阶段划分为初创期、中间期与成熟期,从当地村民、政府、非政府组织、企业四种利益主体出发,根据不同的分类依据总结出村民参与乡村旅游的七种划分类型,即:按照村民参与意愿的高低,分成被动参与和主动参与;按照实际参与程度的深浅,分为深层型参与和边缘型参与;按照村民参与层次的差异,分成经营参与、管理参与和服务参与;按照村民

的参与方式不同,将参与类型按照所付出资金和劳动的高低,分为资金—劳动四象限;按照参与内容,分成经济参与、文化参与、生态参与和社会参与;按照参与的动态变化过程,分成持续、升级、转换和退出;按照村民的参与目标,分成生存型参与、机会型参与和生活方式型参与。

四、有关乡村振兴战略下村民参与乡村旅游发展模式的主要结论

乡村旅游中村民参与模式可依照不同视角进行分类,根据发展阶段的不同可将其分为政府主导型、外来投资型及自主经营型。根据开发主体的不同对村民参与乡村旅游的模式进行分类,可分为村民之间结合的模式,村民与企业相结合的模式,旅行社、企业、政府相结合的模式以及股份制模式四种。按照乡村旅游依托的具体资源和产业可分成以下四类:村落式乡村旅游集群发展模式、园林式特色农业产业依托模式、庭院式休闲度假景区依托模式、古街式民俗观光旅游小城镇模式。

五、有关乡村振兴战略下村民参与乡村旅游发展机制的主要结论

乡村旅游可持续发展的目标是乡村发展过程中村民及其相关主客体需要共同面对和思考的一大命题。乡村旅游发展村民参与机制的构建,其核心就是要保障参与乡村旅游的村民的基本权益和合法权益。乡村旅游发展村民参与的五大重要机制,是村民参与的决策机制、动力机制、激励机制、保障机制和协调机制。这是以乡村村民为主体核心的考虑基准,是乡村旅游可持续发展战略目标实现的重要保证。

村民参与的决策机制、动力机制、激励机制、保障机制和协调机制的互相协调和运行,在一定程度上保证了乡村旅游发展的核心——乡村村民的基本权益,也在一定程度上实现了乡村旅游发展的目标——乡村旅游可持续发展的远景。村民参与的决策机制、保障机制、协调机制、动力机制和激励机制这五大机制总体上可以形成"一点两面、一显四辅"的机制构建格局。所谓"一点两面",是指这五大机制突出表现在乡村村民参与乡村旅游可持续发展的民主决策这一要点,形成于乡村旅游决策机制建立的动力源和拉力源两方面的互动;所谓"一显四辅",是指这五大机制着重于构建乡村村民参与乡村旅游可持续发展的决策过程,需要有关乡村旅游发展过程的保障机制、协调机制、动力机制和激励机制的通力配合,从而充分显示乡村旅游发展依赖于乡村村民、乡村旅游发展造福于乡村村民的核心理念。

六、有关乡村振兴战略下村民参与乡村旅游发展政府支持的主要结论

乡村旅游的发展具有外部性特征,乡村环境具有脆弱性和文化稀缺性,因而需要更多的政府干预和介入来保障乡村旅游的可持续发展。乡村居民作为乡村地区的主体,村民参与是乡村旅游可持续发展的关键因素,因而需要政府的重点扶持。

在发展乡村旅游事业中,政府发挥着三方面重要作用:一是其本身的政府职能,即宏观调控经济的职能;二是其具有政府服务职能,在乡村旅游经济发展过程中为其提供政策保障、公共基础设施服务;三是发挥政府的市场监督作用,主要体现在发展后期,保证乡村旅游经济在市场竞争中具有公开、公正的竞争环境,保证旅游事业发展的健康有序。

在乡村旅游的产业发展过程中,政府通过具体的政策设计、组合搭配,形成政策支持村民参与的总系统,并在系统内形成激励催化机制、资源配置机制、信息传导机制,各个机制的联动将对产业的发展方向和路径产生深远的影响。激励催化机制可以在发展初期提供大方向上的规划和引导,在中后期进行协调和引导。资源配置机制,通过宏观、中观和微观三个层面实施政策来最大化利用和协调资源。政府的信息传导机制是通过建立和提升关键要素的制度化机制,进而提升整个产业的竞争力信息的有效传导,包括个人层面和行业层面。村民参与乡村旅游的政策支持类型和效果,主要包括土地政策、金融政策、财政政策和人才政策四个类型,分别从不同层面为村民参与提供了支持,促进了乡村旅游可持续发展。

七、有关乡村振兴战略下村民参与乡村旅游发展风险问题与危机管理的主要结论

应对危机及危机后的乡村旅游发展进行村民自治具有必要性。危机之后的发展最为重要的是内生动力。内生动力基于组织内生式发展的需要。总体而言,有现有乡村治理的问题反馈,如乡村生态环境变化、贫富差距的拉大、资源配置等;村民自治能力的提升,如有前期试点的经验习得、自身知识的积累、科技技术的进步与普及等;村民自我发展的需要,如乡村村民自我价值的追求等。危机后乡村旅游可持续发展中的村民自治的外在拉力包括我国乡村治理制度的改革、乡村旅游市场需求的变革、乡村发展特定的环境与结构。

　　村民参与乡村旅游的风险问题包括对乡村旅游发展认知误区的风险、乡村旅游发展的政府投资的风险、乡村旅游消费市场的风险、乡村旅游发展参与主体的风险、乡村旅游发展建设客体的风险等。

　　村民参与乡村旅游危机管理存在的问题包括主体建设不足、危机管理机制不健全、危机管理手段不完善、危机管理依据不健全。村民参与乡村旅游的应对机制建设包括建立预警机制、联动机制、帮扶机制、公关机制。村民参与乡村旅游的危机管理保障措施包括：建立和完善民间组织与村民的应急管理制度；扎实落实联动机制，构建应对危机防护网；做好村民的危机教育和困难主体的帮扶工作。

　　常态化疫情防控下村民参与乡村旅游可持续发展路径包括：建立和完善乡村社区制度建设，打造"网络化"乡村；建立和强化乡村旅游服务模式，打造"服务化"乡村；营造和改善乡村旅游消费环境，打造"生态化"乡村；构建和完善本地化的供给体系，打造"共生化"乡村；加强和创新乡村旅游营销模式，打造"互动式"乡村。

第二章　研究基础

　　我国是传统的农业大国，40多年前改革开放就是从农村的改革开始的。在改革开放的前10年里，由于调整了农村生产关系，改革了不合理的阻碍经济发展的因素，农民的积极性被充分调动，农村的生产力得到极大的解放，这些积极的因素都促使了农村经济的快速发展，农村呈现生机勃勃的气象。然而，进入20世纪90年代后，农村在发展过程中，问题逐步暴露，矛盾日益突出，例如农业生产效益低、劳动力就业面窄、科技水平不高、收入普遍低、可持续性差等，这些严重制约了我国农村、农业和农民的发展。

　　进入21世纪后，农村、农业和农民问题依然是我国面临的现实挑战，这些问题被统称为"三农"问题。国家为解决日益突出的"三农"问题、推动乡村社会的全面发展、全面建成小康社会而提出乡村振兴战略。乡村振兴战略是基于农业和农村的落后、农民的贫穷、城乡发展不平衡等现实问题而提出的战略措施，它有利于提升农业发展水平，有利于缩小城乡差距，有利于农民增收，是全面建成小康社会的必然要求。其中乡村旅游是实现乡村振兴战略的重要举措，是促进乡村产业兴旺、农民增收的重要手段。

　　村民是乡村旅游发展的主体，是必不可少的参与者。村民积极参与是发展好乡村旅游的前提条件。乡村旅游可持续发展，必须坚持村民的主体地位，充分尊重村民的意愿，调动村民参与的积极性，为村民参与提供制度和机制上的保障，提高村民参与度，将乡村旅游与乡村振兴的发展结合起来，实现乡村产业兴旺，促进村民收入持续增加，从而实现乡村全面振兴。

第一节　乡村振兴战略的实施背景、内涵与关键问题

一、乡村振兴战略的实施背景

(一)现实背景

中国自古就是农业大国,也是世界农业生产的发源地之一。两千多年来,农业生产以及乡村、农民问题始终是国家制定政策的基点。时至今日,以"三农"问题为代表的我国乡村发展遇到的很多问题依然是当今中国政策与社会关注的重点。

早在20世纪50年代,国家就提出建设工业国的要求,党的八大提出:社会主义改造基本完成后,我国国内的主要矛盾发生了改变,国内的主要矛盾是人民对于建立先进的工业国的要求同落后的农业国的现实之间的矛盾。国家开始有计划、有步骤地解决农村、农民、农业问题。60多年过去了,中国社会结构发生了翻天覆地的变化。以改革开放之后的农村人口变化为例,1978年,我国的城镇人口只占17.9%,到2016年,这个数字上升为57.35%,40年提升了40个百分点以上(陈锡文,2018)。农业生产关系也几经变动,从1953年到1956年的农业合作化运动,土地转为互助合作,从1957年到1978年的土地集体所有、统一经营、按工分配,再到改革开放之后的家庭联产承包责任制。进入21世纪后,中央根据农村的实际变化,提出并确定了农村土地所有权、承包权、经营权"三权分置"的基本方向,这是继家庭联产承包责任制后农村改革又一重大制度创新。2017年10月,党的十九大报告进一步明确提出:"保持土地承包关系稳定并长久不变,第二轮土地承包到期后再延长三十年。"这是我国农村土地经营制度的重大决策,对于巩固和完善现有农村土地制度具有重要意义。

伴随着农村人口城市化和农业生产关系的调整,以及中国农村性质与数量的改变,我国农村从2000年的66万个行政村,减少到2016年末的52.6万个行政村(《2016年城乡建设统计公报》,2017)。这些村庄简单分为三种类型:第一种是城市化过程中已经变成城市的一部分,如城中村、镇中村和城郊村;第二种是国家实施新农村建设以来由若干村庄"撤、扩、并"逐步形成的中心村;第三种就是远离城市的传统村落(黄祖辉,2018)。在城市

化过程中,有的乡村直接融入城市的发展中,成为城市发展的一部分,实现其性质的改变;有的转变成田园综合体、旅游小镇,实现其发展模式的改变;也有一些由于自然环境及交通的影响,人口被迁移,乡村被裁撤。

随着工业化与城镇化进程以及农村中土地生产关系的调整,农村中存在的大量的剩余劳动力转移到第二、三产业,很多农民在城市实现了就业、落户、定居,成为新时代的城市居民,而农村建设、农民的收入、农业的现代化也都得到了极大的改善与提高,并且这个过程还在持续,在不断向前推进。

按照党中央提出的"三步走"战略,到2035年我国要基本实现现代化,到2050年我国要建成社会主义现代化强国。2020年,我国常住人口的城镇化率达到60%,户籍人口城镇化率达到45%。这意味着还有40%的人口,大约6.4亿人生活在农村,如果不把农村、农业、农民问题解决好,就不能保证现代化的顺利进行。所以,国家基于这样的现实背景,提出了乡村振兴战略,通过乡村振兴战略的实施,把我国广大的农村变成"产业兴旺、生态宜居、乡风文明、治理有效、生活富裕"和乡愁依旧的美丽家园。

(二)政策背景

党和政府历来对乡村的发展给予高度重视,将乡村发展放在国家社会经济发展的优先地位。进入21世纪后,最先系统提出乡村振兴的是社会主义新农村建设。2005年10月中共十六届五中全会通过的《中共中央关于制定国民经济和社会发展第十一个五年规划的建议》提出按照"生产发展、生活宽裕、乡风文明、村容整洁、管理民主"的要求,开展社会主义新农村建设,改善人居环境,提高农民素质。这可以被看作是乡村振兴战略的政策前奏。

党的十八大以来,党和国家持续加大对农村农业的投入,农村农业发展取得了巨大的成就,农民的生活水平发生了显著的变化。但是,城乡发展不平衡依然是我国发展的现实矛盾,农民的贫苦问题依然突出,农村农业的发展依然不充分,短板依然存在,仍然是我国经济社会发展的瓶颈。

党的十九大以来,党和国家在各个层面共同发力,出台相关政策支持乡村发展。2017年,习近平总书记在党的十九大报告中提出"实施乡村振兴战略",成为新时代"三农"工作的总抓手。报告指出,要坚持农业农村优先发展,按照产业兴旺、生态宜居、乡风文明、治理有效、生活富裕的总要求,建立健全城乡融合发展体制机制和政策体系,加快推进农业农村现代化。党的十九大报告提出的"乡村振兴战略"和"产业兴旺、生态宜居、乡风文明、治理有效、生活富裕"的总要求成为新时期指导"三农"发展的总纲领和总要求。

2017年12月29日,中央农村工作会议在北京召开,在这次会议上第一次提出中国特色社会主义乡村振兴道路,依据新时代党对"三农"问题的总体要求,明确农业产业未来发展方向,落实农村环境发展目标,阐明农民职业化的思路。

2018年,中共中央、国务院《关于实施乡村振兴战略的意见》(以下简称《意见》)作为中央一号文件出台,《意见》认为"三农"问题是关系国计民生的根本性问题。当前,我国发展不平衡不充分问题在乡村最为突出。《意见》对乡村振兴提出分阶段目标:"到2020年,乡村振兴取得重要进展,制度框架和政策体系基本形成……到2035年,乡村振兴取得决定性进展,农业农村现代化基本实现……到2050年,乡村全面振兴,农业强、农村美、农民富全面实现。"

2018年9月,中共中央、国务院印发《乡村振兴战略规划(2018—2022年)》(以下简称《规划》),标志着乡村振兴开始全面实施。《规划》认为乡村振兴是对农业的全面升级、农村的全面进步、农民的全面发展。《规划》对乡村振兴发展内容做了界定,乡村振兴包括农村政治、经济、文化、社会、生态文明和党的建设等诸多方面。《规划》还结合我国农村发展的实际,提出坚守"五不"原则:不去小农化、乡村不过度产业化、不盲目推进土地流转、不消灭农民生活方式的差异、不轻视基层的"三农"工作。

之后,财政部(《贯彻落实实施乡村振兴战略的意见》,财办〔2018〕34号)、发改委(《促进乡村旅游发展提质升级行动方案(2018年—2020年)》)、农业农村部(《关于开展土地经营权入股发展农业产业化经营试点的指导意见》,农产发〔2018〕4号)分别从公共财政、乡村基础设施建设、土地入股等方面对乡村振兴做了具体规定。

除政府政策层面外,有关乡村振兴的立法工作也在稳步推进。2018年12月29日,十三届全国人大常委会第七次会议审议通过了《关于修改〈中华人民共和国农村土地承包法〉的决定》,新修改的法律从2019年1月1日起施行。2021年4月29日,第十三届全国人民代表大会常务委员会第二十八次会议通过《中华人民共和国乡村振兴促进法》,自2021年6月1日起施行。

相关政策和法规不断出台,既体现了国家对"三农"工作的重视,也为乡村振兴建设提供坚实的政策和制度保障,为乡村发展提供了历史机遇。

二、乡村振兴战略的科学内涵

2018 年中央一号文件指出："实施乡村振兴战略,是解决人民日益增长的美好生活需要和不平衡不充分的发展之间矛盾的必然要求。"通过查阅文献可知,我国学者对"三农"问题的研究非常多,但是关于"乡村振兴战略"的研究相对还比较少,有关乡村振兴战略内涵的研究更少。学者们所论述的内容,更多地集中在乡村振兴战略如何具体实施与采取的措施方面。

解决城乡不平衡问题是乡村振兴的主要内容。围绕着城乡协调发展,有学者认为乡村作为多种经济协同共生的空间,以围绕农业供给侧结构性改革为主线,以农村一、二、三产业融合发展为抓手,让农业成为一种体面的职业,农村有体面的生活,农民有体面的收入,与工业化、信息化、城镇化及农业现代化协调发展,最终实现城乡一体化协调发展(关浩杰,2018)。

有学者认为乡村振兴战略主要是针对农村发展、城乡融合、乡村治理而开展的(朱泽,2017),其发展核心是城乡融合、农业现代化、土地制度改革、粮食安全等体系建设以及乡村三产融合、"自治、法治、德治"相结合等多个层面(廖彩荣、陈美球,2017),这些可以有效地解决目前我国突出存在的城乡发展不平衡问题、农村发展不充分的问题(刘合光,2018)。在这个过程中,关键是政府,市场是决定因素(陈文胜,2017)。

长期以来,我们坚持城乡一体化,追求城乡的协调发展,可结果是城乡之间的差距越来越大。鉴于城乡之间差距越来越大的现实,有学者认为应该坚持农业农村优先发展,从单纯的农业现代化转向农业农村现代化,从追求生产转向产业兴旺,从村容整洁转向生态宜居,从管理民主转向治理有效,从生活宽裕转向生活富裕的根本性转变(蒋永穆,2018)。具体来讲,乡村振兴战略的目标是优先发展农村农业,解决好"三农"问题,在此基础上推进农业农村现代化。

关于实现乡村振兴的途径,学者们讨论得比较多。有学者认为应该关注"人、地、钱"三要素,完善城乡融合机制,构建农业经营体系,提高市场交易活力(罗必良,2017)。这主要是基于要素市场考虑。也有学者从机制创新来研究乡村振兴的实现,主要有机制创新、产业发展、科技创新、人才培育等(刘合光,2018)。还有学者关注乡村集体产权制度改革(张晓山,2017)。也有学者借鉴国外乡村振兴的经验,提出应该发挥加法效应和乘法效应,促进乡村产业创造新供给,实现城乡之间的融合以及第一、二、三产业之间的融合(周立,李彦岩等,2018)。

三、乡村振兴战略的关键问题

乡村振兴战略是国家在新时代实施的重大国家战略,具有牵一发而动全身的战略影响。实施乡村振兴战略就是要着力解决好城乡发展不平衡、城乡基本公共服务不平衡、乡村文化保护不充分等关键问题。

(一)城乡发展不平衡问题

近年来,我国现代农业发展进程加快,农业劳动生产率不断提高,城乡发展不平衡问题逐年改善,但改善程度十分有限,局部地区反而有恶化趋势。现阶段,我国城市化进程仍然在持续,按居住人口统计,中国城市化率已接近60%,大约有8.4亿人生活在城市,并且这个人数在持续增加,其中包括大约2亿农民工,这些农民工还保留农村的住房和土地承包权,但是长期在城市打工、居住,他们普遍从事二、三产业,参与城市的建设,成为新的城市人口。伴随着城市人口的增加,农村劳动力大量外流,日益出现"农村空心化"、"农业边缘化"和"农民老龄化",不少地方土地荒芜,农村污染问题突出,城乡之间发展严重不平衡。城乡之间除了人口之间的不平衡发展外,城乡金融市场也存在严重的不平衡,农村的金融机构数量和资金的有效供给越来越少,农村资金外流严重。这不利于对农业农村的再投资,给农村农业的发展造成负面影响。因此,实施乡村振兴战略关键是关注农村和农民的现状,解决出现的城乡之间发展不平衡的问题。

(二)城乡基本公共服务不平衡问题

城乡基本公共服务不平衡是影响乡村振兴战略实施的另一因素,因此,推进城乡基本公共服务均等化也是乡村振兴过程中要解决的关键问题之一。近年来,我国在农村实行医疗保障、义务教育及基本养老保险等方面制度全覆盖,基本公共服务取得了很大的发展。但是,城乡基本公共服务在享受标准方面仍然有很大差距,其中以教育水平和卫生医疗水平差距最为突出,对老百姓的影响也最深远。农民教育起点较低,进展缓慢,在教师素质、受教育水平等方面依然跟城市有较大差距。农村妇女健康医疗和保健水平、农村医疗人力资源数量与质量等方面也跟城市有较大差距。

推进乡村振兴战略必须着眼于城乡基本公共服务均等化问题的解决,在城乡教育、医疗卫生、养老服务等方面实现均衡协调发展。加强城乡教育规划,优化城乡教育布局,通过专项财政拨款的形式,向农村学校配备教师和添置设备。完善城乡一体的社会医疗保障体系建设,使农民也能享受到高质量的医疗健康服务。

(三)乡村文化保护不充分问题

我国是一个传统的农业大国,乡村是中华文明发展的见证者、亲历者和传承者,乡村社会在历史的长河中创造了辉煌的农耕文明,孕育了厚重的乡土文化。这些优秀的乡土文化凝聚着几千年来中国人对土地的深厚感情,是乡村振兴的源泉,也是民族的宝贵财富,乡情是现代很多人梦中的家园和心里的归宿,因此乡村振兴应该以保护和传承乡土文化为基本条件。

乡村文化是乡村振兴的灵魂。随着现代化建设的推进,市场中资本的影响越来越大,城市文化迅速涌入乡村,乡村文化在吸纳城市文化的同时也受到不小的冲击,很多农村年轻人受市场、资本的影响,原有的价值观念发生改变,建立在资本基础上的观念迅速被年轻人接受,乡村原有的熟人社会关系趋于淡化,逐渐利益化和市场化。城镇化建设也使得很多乡村变成了城镇,那些曾经蕴含着最朴素乡愁的地方也变成了钢筋混凝土的高楼。城镇化过程中已经有数十万计的乡村在逐渐消失,很多村庄成为历史的记忆,而这些即将失落的乡村文化是维系情感记忆、追寻家族历史、传承民族精神的文化载体。因此,乡村振兴必须以保护乡土文化为前提和条件,挖掘乡土文化中所蕴含的民族的、历史的、民俗的元素,应当对原有文化和城市文化,特别是金钱至上的文化进行充分扬弃,构建健康的乡风文明,实现乡村的可持续发展。

第二节 乡村旅游的内涵及其概念辨析

一、乡村旅游的内涵

(一)乡村

"乡村"是与"城市"相对应的概念。"乡村"是一个历史阶段概念,在不同的社会发展时期,人们对"乡村"的认识是不一样的,进而"乡村"概念的内涵也不同。现阶段我国城市化取得了很大发展,城市的功能与乡村的功能也发生了很大的变化。随着功能发生改变,"乡村"的概念内涵也发生着改变。就我国目前的现实来看,"乡村"与"城市"在政治、经济和文化属性上越来越趋同,界限也越来越模糊。

在《辞源》上,乡村是指人口相对城市分散,主要从事农业生产的地方。就我国现实而言,"乡村"主要是指乡镇级以下行政单位,"乡"可以分为若干个行政村和自然村。其经济活动主要是农业活动。根据农业活动对象的不同,乡村又可以分为农村、牧区、林村、渔村等。

在漫长的封建社会,社会分工相对单一,"乡村"在政治上意味着乡绅治理,这是相对城市官吏治理而言的;在经济上是自给自足的小农经济,这是相对城市手工业和商业而言的。这个时期城市在政治上是封建王朝的统治据点,乡村属于附属统治区域。在计划经济时代,"乡"属于我国基层的行政单位,"村"指村庄,即农民聚集的地方。若干的"村"组合成"乡"。改革开放最早是从中国的乡村开始的,其标志性的事件则是乡镇企业的兴起。之后,"乡村"在经济属性上越来越趋同于"城市",但是在文化属性上保留了更多独具特色的人文和自然环境,保留了让人怀念的乡土韵味,乡土情成为每个走进城市的人挥之不去的感情,俗称"乡愁"。浓浓的"乡愁"为乡村旅游的发展提供了天然的条件。

(二)乡村旅游

乡村旅游是旅游业转型的产物,它将旅游与乡村结合,发挥各自的优势,实现新的业态。同时它也是旅游向深层次发展的要求。旅游要实现升级发展,必须跟其他行业与产业融合。在欧洲,19世纪30年代就已经出现乡村旅游的雏形,不过,那时候乡村旅游的主要活动方式是体验乡村生活,享受田园风光,感受乡村文化,并没有像后来的乡村旅游表现的内容那么丰富。相比欧洲,我国乡村旅游发展晚很多,传统的观念使得乡村一直是作为落后的存在。但是,我国地大物博,长期是农业立国的国家,且乡村孕育了丰厚的乡土文化,因此广大的乡村地区孕育了丰富的旅游资源,乡村旅游一旦兴起,就蓬勃发展。随着乡村旅游在现实中的蓬勃发展,很多有关乡村旅游的新概念、新事物、新现象也逐渐出现,这就需要相关的研究为新概念、新事物、新现象提供理论上的说明,于是有关乡村旅游的研究也异军突起,并且产生了大量优秀的理论成果。

由于文化和社会发展阶段的差异,在国外,关于乡村旅游的称谓有很多,可以翻译为乡村体验游、乡村观赏游、乡村生态游、农业游等。在19世纪末的法国,随着工业革命的深入发展,城市环境越来越差,人们为了享受清新的环境,开始转向乡村旅游。

梳理相关文献后可知,国内乡村旅游的有关研究开始于改革开放之后。40多年来,随着乡村旅游实践的深入,对乡村旅游的研究也逐步深入。陶玉霞认为,乡村旅游的概念界定是研究乡村旅游的基础,只有将基本概念梳理清楚,才能在此基础上对相关理论问题进行研究。她认为,由于社会的发展以及旅游功能的不断深化,人们的认识视角也在发生改变,于是乡村旅游的概念内涵也在发生变化,总的来说,乡村旅游的范围越来越大(陶玉霞,2009)。

在关于乡村旅游范围的界定方面,有学者将乡村旅游限定为农业旅游,认为乡村旅游的本质就是农业旅游,就是对农村所特有的农业文化景观、农业生态环境、农事生产活动以及传统的民间习俗进行考察、学习、参观(王兵,1999)。还有学者将乡村旅游的范围界定为以乡村内部的食物为旅游吸引物,吸引都市居民来乡村观赏、享受、体验,从而在乡村感受大自然,追求人与自然的和谐(朱姝,1999)。有学者将乡村特色食物进行细化,认为乡村旅游就是品尝水果、蔬菜等,也为人们休假、疗养、写作、写生、影视制作等提供场所(杨旭,1992)。除了对乡村美食的偏好外,有学者侧重于城市居民与乡村农民的感情沟通,体验农村的劳作方式,了解风土人情(熊凯,1999)。

从20世纪90年代学者的研究中可以看出,由于当时乡村旅游发展的不成熟、不充分,发展模式比较单一,学者们对乡村旅游内涵的界定主要集中在观光、饮食方面,这主要跟当时我国乡村旅游发展的现实有关系,那时候的乡村旅游确实主要是提供观光、餐饮等。

进入21世纪以来,学者们对乡村旅游的认识逐步深入,乡村旅游不再仅仅是观光旅游,而成为满足消费者多功能休闲需求,转换生活环境与生活方式的旅游综合体。

邹统钎认为,乡村旅游在发展模式上应该有所改变,把之前的观光旅游转变为体验旅游,比如体验农家饭、从事农业劳动、购买农家特色产品(邹统钎,2005)。有学者从当时流行的乡村旅游的方式进行界定,他们将乡村旅游的目的界定为乡野风光、体验农事劳作、了解风土民俗(王云才、郭焕才,2006),这种界定尊重了乡村旅游发展的现实,但缺少理论上的完善。10年以后,随着乡村旅游向纵深发展,学者们的认识也不断在完善,有学者将乡村旅游的范围扩大,认为乡村旅游不仅应该包括农业观光、体验,还应该包括生态休闲、文化体验、养生养老等,并且应该将乡村旅游点发展为乡村休闲养生旅游集聚区(于代松,2015)。当乡村旅游逐渐成为一种社会现象的时候,学者们已经不满足仅仅界定乡村旅游的范围,而是开始关注乡村旅游的发展模式。有学者提出乡村旅游欲实现聚集效应,要走产业化、规模化的道路。在具体发展模式上,他总结了目前在社会上比较流行的几种乡村旅游发展模式,分别是村民自主经营、乡村旅游合作社、公司与村民相结合、村办旅游企业、"社区＋村民＋经营者"、股份制等(张耀一,2017)。乡村旅游在发展初期,是以积极的作用为主,有学者已经注意到乡村旅游所带来的正面效应,诸如调整优化农村农业经济结构、发展农村第三产业、转移农村剩余劳动力、解决农民就地就业(赵承华,2007),最终实现乡村旅游的可持续发展。

随着乡村旅游的发展,其负面效应逐渐呈现,其中最主要的是对乡村的生态环境带来很大的影响。于是,乡村旅游生态环境的问题开始被学者们所关注,他们研究与探讨发展乡村旅游带来的负面效应。有学者认为应该利用乡村的生态环境来发展乡村旅游,这样有利于对乡村环境的保护,也将最大限度地降低发展乡村旅游带给环境的破坏(李玉新,2014),通过保护与开发相协调的发展,最终实现乡村旅游发展的经济效益、社会效益和生态效益的统一(李岚,2013),达到乡村旅游发展的最大效益。

关于乡村旅游的概念,有学者认为,乡村旅游一定要发生在乡村,但是发生在乡村地区的旅游活动并不一定是乡村旅游,也有可能是其他旅游活动,乡村旅游要以乡村性作为吸引游客的标的(何景明,2002)。关于这一概念的界定,得到了很多学者的认同,所不同的就是他们将其更加细化。杜江、向萍认为乡村旅游是以都市居民为目标市场,以乡野风光为吸引物的满足回归自然心理需求的旅游方式(杜江、向萍,1999)。马波也认为乡村旅游是以乡村为活动场所,以乡村的生产形态、生活风情和田园风光为旅游吸引物的旅游活动(马波,2011)。

在梳理学者们对"乡村旅游"概念定义的历史发展脉络后,本研究认为,对"乡村旅游"的概念的界定应该考虑以下几点:第一,范围上,乡村是乡村旅游的发生地和目的地;第二,乡村旅游的客体应该是乡村历史上孕育和保存至今的物质文化(如古村落、古建筑、古农具等)、精神文化、行为文化(民俗、习俗)和制度文化的总和;第三,乡村旅游应该是多种旅游结合而成的综合体,包括观光旅游、体验旅游、休闲旅游、绿色旅游、生态旅游等;第四,乡村旅游发展的方向应该是村民获益、生态环保与绿色可持续发展。

二、乡村旅游的概念辨析

乡村旅游是一个复合概念,体现着两方面的内容,一方面是旅游深层次发展的产物,另一方面是农业升级发展的需要。乡村旅游包含着城市与乡村、旅游与农业相互交叉与融合,在概念上乡村旅游与农业旅游、民俗旅游、农家乐、生态旅游、绿色旅游等诸多概念有重合,容易混淆。下面对这些概念进行辨析。

（一）乡村旅游与农业旅游

农业旅游是利用农业景观以及农业生产方式来吸引游客,是将几千年形成的农业生产与旅游结合,把农业资源包括农、林、牧、副、渔等进行开发形成旅游产品。游客可以观光、采摘、体验劳作、享受乡土情趣。农业旅游服务的对象主要是不了解农业的耕作方式、不了解农村的生活方式,内心渴望去了解,渴望到农村观光、度假、体验农事活动的都市居民。在乡村旅游发展的早期,乡村旅游内容单一,在某种程度上可以等同于农业旅游,主要就是让游客体验农事活动,两者之间几乎相同。但是,随着乡村旅游在广度与深度上的拓展,其所包含的内容越来越广,乡村旅游的范围已经远远地大于农业旅游。农业旅游只是乡村旅游的一部分内容。乡村旅游不仅仅包括农业旅游的所有内容,也包含着乡村的自然观光、民俗风情体验等。

（二）乡村旅游与民俗旅游

民俗旅游是指人们去异域体验不一样的民俗文化的旅游,属于文化旅游的一种形式,是一些地区或民俗特色很浓的地方为了传承和发展本地区、本民族特有的民俗风情而专门开发出来吸引外来游客的。很多地方发展乡村旅游主要是发展民俗旅游,但是乡村旅游与民俗旅游还是存在很大差别的。民俗文化可以存在于乡村,也可以存在于城镇。民俗旅游开发的目的更侧重于对本地区、本民族民俗文化的保护与传承,首先是保护和传承,其次才是发展旅游。在民俗旅游中,游客感受到的是当地特色的民俗(饮食、建筑、服饰、婚丧嫁娶等)与文化习惯,游客仿佛置身在另一种文化氛围中。这种文化氛围可以满足游客的好奇心、求知心,同时又可以休养身心,陶冶情操。

乡村旅游的开发可以是民俗旅游,也可以包含其他类型的旅游形式,范围比民俗旅游要大。同时,乡村旅游开发中注重对当地民俗的挖掘,有利于乡村旅游提升品质。

（三）乡村旅游与农家乐

农家乐是乡村旅游的一种表现方式，也是当地村民参与乡村旅游的重要形式。农民利用自家庭院、自产农产品、传统厨艺及周围的田园风光、自然景点来吸引游客，实现市场价值。农家乐主要为乡村旅游的游客提供食宿服务，是乡村旅游的有益补充，也在某种程度上展现美丽乡村，本身成为乡村旅游的组成部分。农家乐是现阶段乡村旅游的重要组成部分，本身承担着旅游功能，也是最有中国特色的乡村游。乡村旅游与农家乐都是以"农村、农业、农民"资源为吸引物，以特色为市场竞争点，以城市人口为目标市场，以休闲与体验为内容。但是乡村旅游与农家乐有很大的不同点，两者内涵和外延不一样，乡村旅游的外延要更大，范围更广，两者是从属关系。

（四）乡村旅游与生态旅游

生态旅游是在旅游开发导致生态环境日益破坏的背景下提出来的，它体现了旅游开发未来发展的方向。发展生态旅游一般是在自然环境比较好的地区。由于乡村远离污染，因此，乡村旅游的表现之一就是发展生态旅游。但是乡村旅游的外延比生态旅游要广，除了有生态旅游方面的内容，还包括人文、民俗等景观。生态旅游也不一定是乡村旅游，环境良好的城市也可以发展生态旅游。乡村旅游与生态旅游之间有重合的部分，相互之间可以包含彼此的某些特征，但是并不是互相隶属的关系。

在社会对生态环境日益重视的背景下，生态旅游是乡村旅游可持续发展的重要选项。在乡村旅游发展过程中，要对现有的资源和环境进行合理的开发，使得资源优势变成旅游优势，但更重要的是要对其进行保护，只有优美的环境才能对游客形成持续的吸引。

（五）乡村旅游与绿色旅游

绿色旅游是指向游客提供生态环保、无污染、无公害的各类旅游产品及服务。绿色旅游是以保护环境和生态为前提，通过旅游向游客传达一种可持续发展的理念，能让游客获得某种精神需求的旅游。绿色旅游也被用来指导旅游业的开发、管理与经营，意在指保护生态、合理开发、对环境负责的开发模式，为游客提供安全、舒适、健康的旅游产品。绿色旅游的发展模式可以被乡村旅游选择，也可以被城市旅游选择，范围较广。乡村旅游可以选择绿色旅游的发展模式。但是目前，在很多地方把乡村旅游作为脱贫手段的现实情况下，很难真正做到绿色旅游，反而是经济发达的城市可以选择绿色旅游发展模式。

第三节 乡村旅游可持续发展的理论基础

旅游业的发展以及旅游观念在社会的普及,使得人们对旅游的认识不断加深,人们发现旅游业在带来巨大经济效益、社会效益的同时,也会对环境造成影响,有时这种影响是不可逆的。这种影响是双重性的,如果利用得当,则起到美化环境的作用,如果利用不当,对环境会造成巨大的破坏作用,并且这种破坏作用具有长期性。

可持续发展理论兴起于 20 世纪 80 年代,特别是 1992 年之后,逐渐成为世界各国的普遍共识。在这种背景下,旅游业也提出了"可持续发展"的思路。

实现旅游可持续发展意义重大。旅游业关联性强、涉及面广,旅游可持续发展对相关产业的发展具有促进作用,可以有效带动其他产业的发展,有效促进发展方式的改变,改变原有的粗放型发展方式,有利于向低耗能、高收益的新模式转变,进而实现绿色发展。

一、旅游可持续发展的概念

世界旅游组织(World Tourism Organization,WTO)给出的定义为:旅游可持续发展就是既要能满足当前旅游目的地与旅游者的需要,同时又要能够满足未来旅游目的地与旅游者的需要(WTO,1998)。联合国(United Nations,UN)认为,旅游可持续发展是以这样的方式和规模在一个地区发展和维持的旅游,即它在长期内仍然保持活力而不会以可能阻止其他活动和过程的成功发展的方式,使(人的或物质的)环境发生退化或改变(UN,2001)。

旅游业属于综合性的产业,涉及的行业比较多,与社会其他领域存在很强的关联度和依存度。由于旅游业对经济社会发展具有巨大的作用,对经济和社会发展的持续性影响比较大,因此,国内学者借鉴国外的"可持续旅游"概念创造了"旅游业可持续发展"这一概念。于是,旅游可持续发展概念由此被学者们提出来,旅游业可持续发展的模式开始被学者们研究。旅游可持续发展是以可持续发展为核心扩展出来的概念,概念中的内涵有很多属于可持续发展的范畴,与可持续发展概念存在天然的联系。然而,可持续发展的定义本身就很复杂,不精准,难操作,建立在可持续发展概念基础上的旅游可持续发展概念只能描绘出一幅模糊的图景。将模糊的图景变成清晰的蓝图,是未来学者们努力的方向。

旅游可持续发展的核心思想包括旅游的开发不应以环境和资源的破坏为代价,应以环境可持续发展为目标,更加关注旅游活动的持久性、生态性和可持续性。最重要的表现形式就是绿色旅游、低碳旅游和生态旅游。

旅游可持续发展的核心含义包含两个方面的内容:其一,由于社会发展是一个系统,旅游属于社会系统的子系统,因此,旅游业的发展要与社会发展相适应与协调;其二,旅游资源开发的力度应与区域经济发展相协调,若超出区域经济发展水平也难以保证其可持续发展(王兴中,1997)。

二、旅游可持续发展的原则

国内学者对旅游可持续发展的原则进行了研究。崔凤军认为在旅游开发进程中应坚持以下原则:文化完整性、重要生态过程之持续性、生物多样性和生命支持系统之完备性等(崔凤军,1999)。许涛认为旅游可持续发展的基本原则是:开发与保护并举原则、区域性原则、综合效益最大化原则、资源环境资本核算原则、容量控制原则、污染者付费原则(许涛,2004)。

本研究认为,旅游要发展,必须坚持可持续发展的道路。不管旅游业是产业升级还是向深层次发展,都必须坚持可持续发展道路。在可持续发展过程中,要遵循以下两大原则。

第一,开发建设与生态环境相协调的原则。习近平总书记提出"绿水青山就是金山银山"理念,这是对新时代经济发展与生态保护最精炼的概括。旅游开发建设与生态环境相协调,走绿色发展道路是实现可持续发展的前提和保障。现实中,我国相关制度欠缺,旅游与生态环境保护由产权不清晰、责权不一致、范围有重合等原因引起二者之间的矛盾,或是造成旅游开发前功尽弃,或是造成生态环境遭到破坏,都不是资源的最优配置。旅游业的开发建设应树立"绿水青山就是金山银山"的理念,既要实现旅游发展的多样化和完整性,又要与周围生态环境实现协调发展。一方面,生态环境是旅游发展的保障。良好的生态环境有利于旅游的发展,有利于发展生态旅游体验。另一方面,应旅游经济的发展又能促进生态环境改善,为生态环境的发展提供物质基础。应发挥经济发展的正面效应,将经济发展与生态环境统一起来,实现旅游业的开发建设与生态环境协调发展。

对于政府来说,要建立完善的政策引导体系和法律保障制度,引导旅游开发依法、依规、有序地进行,严格审批有可能对生态环境造成破坏的旅游开发项目。加大监管力度,发现有破坏生态环境的开发行为时给予坚决打击,为旅游可持续发展提供保障。

第二,旅游利益与其他利益相平衡的原则。旅游发展带来的效益是综合性效益,涉及多方面的利益,利益主体之间有可能是互相冲突的,旅游实现可持续发展必须兼顾其他各方的利益。首先,旅游业实现可持续发展在考虑开发商利益、政府利益的同时,也要兼顾当地村民的利益,当三者利益不一致时,要有协调机制,但是绝不能损害当地村民的利益,而应该最大程度地保障当地村民的利益;其次,旅游业进行开发的时候,要兼顾经济效益和生态环境效益,不能以牺牲环境的代价去发展旅游,否则旅游业将成无源之水;再次,旅游发展要兼顾市场需求,要符合市场需求,增强游客体验效果,这样旅游业的发展才能产生经济效益;最后,旅游业的发展要将当地政府、社区因素考虑进去,旅游开发与建设不能违背当地政府与社区的规划,也不能损害政府与社区的相关利益。总之,旅游可持续发展必须考虑相关利益者的因素,尤其是当地村民的利益不能受到损害,当地村民是否获益对旅游是否可持续发展具有重要的影响。

三、旅游可持续发展的途径

旅游业的发展带来巨大的经济效益、社会效益和生态效益,为了进一步研究旅游在可持续发展方面的积极作用,很多专家学者都对旅游可持续发展的途径进行了研究。

实施旅游可持续发展是我国旅游发展的必由之路,除了经济发展、环境保护、社会进步等方面,还需要更好的发展理念和评判依据(刘纬华,2000)。周玲强认为实施旅游可持续发展应该整体上加强引导、科学规划、合理布局;质量管理、服务指导、监督保障;规范经营、保持特色、提高质量;产品创新、机制创新、组织创新(周玲强,2004)。

生态旅游在旅游可持续发展方面展现了巨大的优势,生态旅游不仅对环境和文化影响都比较小,还有利于创造就业机会,保存生物多样性,有学者将生态旅游作为旅游可持续发展的途径(张延毅,1997)。在低碳经济和低碳生活方式日益影响人们生产和消费方式的情况下,低碳旅游被研究者们所关注,从政府、旅游景区、旅游企业和旅游者四大低碳旅游核心利益相关主体出发,建立相关机制,形成低碳旅游发展合力,推动旅游发展模式的改变,通过低碳旅游实现旅游可持续发展(唐承财,2011),也有学者认为发展低碳旅游应该营建低碳旅游吸引物、培育低碳旅游、倡导低碳消费方式,这些低碳行为将成为旅游可持续发展的方向(蔡萌,2010)。

除了生态旅游、低碳旅游外,有学者从社区的角度研究旅游业可持续发展的途径,社区作为基层组织单位,对当地经济和社会起到巨大的稳定作用,他认为旅游的可持续发展要防止旅游社区的衰落和解体,社区应该参与到旅游开发过程中,而不应该作为一个旁观者,应该在旅游规划、旅游地环境保护、旅游地社区文化维护等三个方面得到加强(胡志毅,2002)。

有学者不同意单一的因素对旅游可持续发展的决定性影响,其认为旅游是复合型综合性产业,旅游可持续发展离不开经济、社会、文化大环境的影响(彭华,1999),旅游可持续发展需要综合各方面的力量共同参与。

乡村旅游属于旅游中的重要组成部分,关于乡村旅游的可持续发展也被学者们所重视。有学者认为村民参与旅游开发、参与旅游经营,从而实现自身收入的增加和获得就业机会,有利于农村产业结构调整,有利于农村第三产业的发展,加速非农化进程,增强农民环保意识,这些都有助于乡村旅游可持续发展目标的实现(郑群明,2004)。

第四节　村民参与乡村旅游的内涵与基础理论

一、村民参与乡村旅游的内涵

我国是传统的农业大国,农耕自古是我国劳动人民生存之本。时至今日,农村的人口依然在我国人口结构中占有重要地位,农民依然是人口众多的群体。新中国成立70余年,尤其是改革开放40多年来,我国农村面貌发生了翻天覆地的变化,产业形态也发生了重大的变化,这些跟解放农村生产力,村民参与农村的经济社会改革有着密不可分的关系。在我国乡村治理结构中,政治上,村民自治制度的顺利实行,保障了村民当家作主的权利;经济上,包产到户的实施,保障了村民的经济权利与收益,有力地促进了农村的生产力解放。政治上村民的高度参与,在国家乡村振兴战略中,村民的参与必将影响政府的政策制定与实施,影响乡村旅游政策的规划与实施。扩大村民参与是乡村振兴发展的必然趋势,也是乡村振兴的发展动力。

(一)村民

村民,英文名为 villager,乡村的百姓,也就是居住在村一级行政区划内的公民。我国《大百科全书》的解释是:村民是"居住在一国境内,受该国管辖的自然人",对乡村的解释是"也称农村,是区别于城镇的一类居民点的总称"。在《现代汉语词典》中的解释是:村民是"乡村居民",对居民的解释是"固定住在某一地方的人"。

改革开放之后,我国乡村发生了巨大的改变,政治结构、经济结构、社会结构、就业特点、户籍成分等方面也随之发生改变,使得现阶段我国"村民"的概念处在变化之中。根据乡村社会结构发生的改变,可以将"村民"简单理解成"在乡村或村庄取得居住资格的居民"。

村民是地域性很强的概念,与"农民"在含义上有相同点,也有不同点。在我国,农民指有农村户口,从事农业生产的劳动者,而村民的含义显然要比农民丰富很多,村民的范围更广,村民不仅包括从事农业生产的农民,还包括不再从事农业生产,转向第二产业(乡镇企业)、第三产业(服务业)的劳动者。

本研究所指的村民指的是参与乡村旅游或从事乡村旅游相关行业的人群。他们可以是当地依然还在从事农耕的人,也可以是脱离土地从事第二产业和第三产业的人。他们根植于乡村,但是已经从繁重的农业生产中解放出来,他们跟乡村旅游的发展存在利益相关性,乡村旅游的发展直接影响到他们的生活状况。

(二)村民参与

村民参与可以有多种层面的理解,在政治层面上的含义主要是指选举权和被选举权,行使公民权利,履行公民义务。本研究所指的村民参与是特定领域的参与,主要是指村民一方面在乡村旅游开发和发展中参与决策、管理、监督等方面的权利,另一方面在乡村旅游开发中从事相关的产业和劳动活动。

乡村振兴过程中,村民是主体,村民参与是关键。村民参与乡村振兴,不仅仅使村民获得乡村发展所带来的利益,而且村民成为乡村旅游发展的主体之一参与到乡村振兴和乡村旅游的各个环节,例如政策的制定、政策的决策、监督以及从事相关的劳动并获益等。村民参与从政治上体现人民当家作主,经济上有助于脱贫致富,所以应该最大限度地调动广大村民参与乡村建设的积极性和主动性,引导村民主动参与乡村振兴的发展过程。

针对乡村发展的现实,村民参与乡村振兴,要激发村民的表达和参与意愿,增强村民议事能力,让村民具备思考、表达、议事、交流和讨论等素养与能力。鉴于目前我国广大村民受教育程度不高的现实,需要对村民进行引导和培育,可以通过两种方式进行,一种是通过村务管理潜移默化地对村民进行引导和教育,另一种是通过公共平台和媒介,提高村民表达、议事、交流和讨论等能力。通过村民的参与以及村民对政策的讨论与监督,确立和巩固村民作为乡村振兴和乡村建设的主体性地位。

（三）乡村旅游中的村民参与

乡村旅游的发展要以村民获益为前提条件,如果离开村民的参与,或是村民只是从事简单重复的劳作,这并不是真正的参与,也将不利于乡村旅游的长远发展。乡村旅游中的村民参与指在乡村旅游开发过程中,村民利用自身所拥有的土地、房屋、智力、劳动力等资源投入乡村旅游开发中,并从中获取利益。在整个过程中,村民参与乡村旅游开发的规划、决策、监督以及从事乡村旅游相关的产业经营,并且能从整体发展中获取收益。

村民参与是乡村旅游开发中不可或缺的资源,这是由乡村旅游本身的特性决定的。乡村旅游之所以能够在旅游市场中有竞争力,就是由于其独特的民风、民俗以及几千年来沉淀下来的农耕的劳作方式和背后的文化。而村民就是乡村独特文化的传承者,村民日常生活中所居住的建筑、生活方式、饮食习惯、工艺特色、民俗风情等构成了乡村旅游开发的主要内容,甚至村民本身就是旅游的吸引物。

近年来,乡村旅游取得巨大的发展,但是在发展过程中,人们只看重资本的力量和管理技术,却经常忽略村民的权益。进行开发的企业和当地村民之间的利益关系没有理顺,不少地方的乡村旅游,村民不仅没有从发展中获取利益,反而在不同程度上利益受损,企业与村民之间的矛盾如果不能很好地解决,不仅会影响乡村旅游开发的质量,也将会一定程度上影响乡村社会的稳定。

村民参与乡村旅游的开发在一定程度上可以弥补政府的缺位,提升村民的参与热情,促进村庄的发展,这也有利于村民自身的发展。村民的参与显得极其重要,村民是建设的主体,要充分发挥村民的主观能动性,使村民成为美丽乡村建设中的重要力量。

从目前乡村旅游发展的现实来看,村民参与乡村旅游的开发要跟自身情况相适应,不能只顾旅游发展而忽视村民的参与,同样,也不能为了实现村民参与,而不顾实际情况。例如村民参与乡村旅游发展的决策、监督,同样也要承担相应的责任与义务。村民在参与乡村旅游的生产经营活动的同时,也要遵纪守法、维护乡村环境卫生等。

有很多学者对村民参与乡村旅游进行了研究,有人认为乡村振兴的关键在于发挥乡贤的作用(吴晓燕、赵普兵,2019),这主要是基于我国历史上乡村长期由乡绅主导的社会现实,皇权通过乡绅在乡村发挥作用,从而实现自身的统治。面对着乡村社会的巨大转型,应该积极鼓励乡村社会的"能人"参与乡村旅游的开发,推动农村社会的发展和文明乡风的建设。也有学者通过抽样调查的方式研究乡村旅游活动对社区的影响(郎富平,杨眉,2006),他们认为,根据村民的不同特点制定不同的政策,使各利益主体明确责任,是促进乡村旅游社区可持续发展的有效途径。村民的年龄以及对乡村的历史、现状的认识会影响到其参与乡村旅游业的程度。

二、村民参与乡村旅游的基础理论

(一)善治理论

善治理论是指在共同利益下,各主体之间合作、协商的状态。国家通过制度和法治建设逐步地将权利下放到社会。通过对国家治理体系和治理能力的建设,创建一个共建共治共享的社会治理模式。国家提出乡村振兴战略,对乡村来讲不仅仅是经济的发展,更重要的是国家在乡村治理结构的变化,基层政府与村民自治之间关系的变化,基层治理将从传统的单一治理模式转变为多元治理模式。

在乡村振兴新时代的发展背景下,随着改革进程的加快,基层社会治理问题也逐渐凸显,这对农村经济社会发展及基层农村治理体系提出了新的要求。村民参与乡村旅游的开发,监督开发过程政策的执行,纠正侵犯村民权益的行为,保障村民权利,实现共建、共治、共享。善治理论也可以培养乡村自治,培育乡村民主政治,发挥乡村在基层治理中的作用,实现真正的政治、经济、社会的有效治理。

(二)参与式民主理论

1962年,麦克弗森提出参与式民主,推动了当代参与式民主理论的形成。1970年,佩特曼的《参与和民主理论》的出版,标志着当代参与式民主理论的正式形成。参与式民主理论形成以后,引起了西方学术共鸣,其中以强势民主理论和协商民主理论为代表,推动了参与式民主理论在当代的新发展。

我国一直秉承"人民当家作主"的政治理念,国家在政治领域对人们参与政治进行多重保障,然而,随着时代的变化,尤其是网络社会兴起后,出现了很多群体性事件,参与式民主的治理理念作为理论指导为解决中国社会矛盾提供了良性路径,出现了很多新型问政模式,例如网络问政、电视问政等,这些都是对参与权的运用。

公民与公民之间、公民与政府之间通过对话达成共识,然后采取积极行动达成共同目标,这是参与民主理论重要的观点。民众通过讨论、对话来关心、关注、解决他们认为重要的问题,这样有利于构建和谐、文明的乡村政治环境。

(三)乡村旅游可持续发展理论

20世纪60年代,工业持续的发展造成地球环境污染、资源日益枯竭、生态环境遭到破坏,在此背景下可持续发展孕育而生。1962年,美国著名的海洋生物学家 Rachel Carson 在其著作《寂静的春天》中描述了由经济的发展所带来的环境问题;1972年,罗马俱乐部出版的《增长的极限》罗列出由经济增长带来的环境和资源问题;1987年,世界环境与发展委员会(WCED)报告《我们共同的未来》的发表历史性地见证了可持续发展概念的真正诞生,即"可持续发展是在社会、经济、人口、资源、环境相互协调和共同发展的基础上,既能满足当代人的需要,又不对后代人满足其需要的能力构成危害的发展"。1992年,在《21世纪议程》中,可持续发展的思想被世界各国所认同,之后,可持续发展理论也趋于成熟,成为人与自然和谐相处的重要准则。

可持续发展作为一种针对长远发展模式的理论,其基本思想就是实现经济发展、社会发展与环境发展的完整统一。经济发展主要是促进生产力发展,社会发展主要是保护人类文化遗产,环境发展主要是保护生态的完整与生物的多样性。其根本途径有两种:一是"人与自然"之间关系的平衡,二是"人与人"之间关系的和谐。

乡村旅游可持续发展主要是乡村旅游的发展与当地经济、文化和社会之间的和谐发展。

三、乡村旅游发展中要正确处理好的三方面关系

（一）乡村旅游与乡村经济之间的关系

乡村旅游对乡村的发展具有带动作用，但是任何事物都有两面性，乡村旅游一方面可以有效地促进乡村经济的提升，可以促进当地村民的收入增加，扩大农村就业，升级农村产业结构，促进农村的产业化、商业化、市场化的形成；另一方面，旅游经济的发展也会带来负面效应，旅游经济的发展将会使该地区生活成本上升，当地村民将承担高物价、高消费。旅游经济的发展也将给当地带来生态环境的破坏。如果开发和规划不合理，当地原有的生态资源将遭到破坏，并且恢复难度很大。乡村旅游要处理好与乡村经济的关系，在促进乡村经济发展的同时，尽量减少由发展乡村旅游带来的负面经济效果。

（二）乡村旅游与乡土文化之间的关系

乡村文化是乡村旅游开发的条件和源泉，可以对游客形成持续的吸引力。乡村旅游的开发可以对乡土文化形成促进作用，对濒临消失的乡土文化起到保护的作用，促进对乡土文化的挖掘，让更多的人了解当地的乡土文化。但是旅游对乡土文化也具有负面作用，如果利用不当，旅游的发展对乡土文化会造成损害，一味地为了满足游客的需求，过度开发，甚至毁旧换新式的破坏性开发，会对当地乡土文化（例如乡土建筑）造成不可逆的损害。

（三）乡村旅游与乡村社会之间的关系

乡村社会主要指村民以及村民所组成的"村"或"社区"。乡村旅游对村民以及"村"或"社区"具有多方面影响。一是发展乡村旅游可以提高村民收入，增加村民就业，可以美化"村"或"社区"环境；二是发展乡村旅游可增强村民的认同感与归属感，保存乡村文化。但是，发展乡村旅游也会对村民和"村"或"社区"造成负面影响，一是发展乡村旅游，外地人会增多，造成当地人与外地人之间的冲突，增加当地犯罪率；二是发展乡村旅游，村民以及"村"或"社区"发生严重的分化，贫富差距加大，潜在的社会不稳定因素增加。

第五节　村民参与乡村旅游可持续发展的实践

一、村民参与乡村旅游可持续发展存在的问题

影响乡村旅游可持续发展的因素很多,其中村民参与是影响乡村旅游可持续发展的重要因素,它涉及乡村旅游受益的主体是谁。从目前文献资料来看,村民参与乡村旅游主要存在两方面问题,一是村民参与度比较低,对乡村旅游不热心,缺少参与的动力,即参与意愿问题;二是村民在参与过程中保障机制问题,其核心是利益分配问题。

（一）参与意愿问题

乡村旅游中,村民参与意愿是一种主观上的体验,这种体验源于村民的归属感与认同感,间接反映村民对乡村旅游的支持态度及后续的参与意愿,影响乡村旅游后续的开发。如果村民利益受损,就会影响其参与的意愿。例如贵州朗德苗寨社区的旅游开发曾经非常成功,吸引了很多村民参与,但是后来周围西江苗寨等景区发展,致使经营不善和游客量下降,村民收入降低,直接影响了当地村民的参与度,降低了村民参与的热情和服务水平（盖媛瑾,2016）。景区营业收入差,使得村民的服务热情不高,可以看成是村民参与度低的一个显性原因。西部民族地区存在村民参与度低的问题,主要跟村民的观念有关,其对市场没有正确的认识。发达地区也存在这一现象,北京郊区乡村旅游开发过程中,村民对旅游开发的参与度也不高,主要体现在村民参与旅游规划和决策的程度低、参与形式单一、参与民主监督被动且不透明以及利益分配存在侵占村民利益的现象（时少华,2011）。在经济发达地区,土地的价值越来越高,因此,土地流转问题及土地的利用问题已经成为影响村民参与旅游开发的重要因素（龙良富,2012）。

前文说明不管是东部还是西部,欠发达地区还是发达地区都存在乡村旅游中村民参与度低的问题,表面是市场观念和参与形式问题,但更深层次的原因则是体制机制的不合理,村民多元化的需求没有得到满足。

（二）参与制度问题

决策权在经营者手里,导致村民在乡村旅游开发过程中逐渐被边缘化,损害村民长期形成的习俗习惯和利益诉求,不利于乡土文化的传承（刘伯

初,2014)。这是决策体制的原因导致的低参与意愿。

村民参与乡村旅游开发,需要在开发之初,决策者在进行制度设计时考虑村民的利益,处于核心地位的是利益分配制度。从有关学者的研究来看,村民在参与过程中利益受损的现象不是偶然存在,而是普遍存在的一种现象。贵州的一些村寨进行乡村旅游的开发导致参与各方利益分配不均,尤其是村民非但没有从旅游发展中获取利益,反而有可能利益受损,比如由旅游的开发导致的高物价,当地村民比开发前要付出更多的消费支出成本。乡村集体组织的不作为又不能给村民提供足够的激励,导致"搭便车"现象比较普遍(陈志永等,2013)。这些都是参与制度不健全导致的。

二、村民参与乡村旅游可持续发展的实践经验

(一)提高村民的参与意识

长期以来,农村经济的落后限制了农民的发展,又由于城乡二元结构等制度性障碍,村民地位低下,普通大众包括村民对自己的尊重与认可度不高,再加上受传统宗法观念和小农意识的影响,村民对自身的权利与义务不明确,这些因素都导致在乡村旅游发展中村民的参与度不高。提高村民在乡村旅游发展中的参与度与认可度,可以从以下几方面着手:一是尊重村民的主体地位。在乡村旅游开发中,政府和开发者要充分尊重村民的主体地位,要明确当地村民才是这片土地的真正主人,杜绝"救世主"的错误定位。应该创造条件让村民直接参与乡村旅游规划、制度建设、管理服务、生产经营等环节。开发者最好将企业开发的业务与村民愿意做的事情结合起来,留几分利给当地村民干,避免与民争利,切实维护村民权益。二是培养新型村民。乡村旅游带来外来游客的增多,村民的一言一行都是乡村旅游的宣传员,充分利用乡村广播、村级公示栏等多种渠道进行常态化旅游文明宣传,切实提高广大村民的文明素质。广大村民也要克服"等、靠、要"思想,转变观念,自力更生,艰苦奋斗,靠自己辛勤劳动参与到当地乡村旅游的发展中,移风易俗,学习旅游与服务的相关知识,成为乡村旅游中的新型村民。

(二)推进制度化、组织化建设,保障村民参与

保障村民参与乡村旅游发展,维护村民在乡村旅游发展中的利益,就要强化制度和组织化的保障作用。一是转变村级组织职能。村级组织应该为村民参与乡村旅游提供服务平台,建设信息发布与共享平台;帮扶村民能力建设,为村民掌握相关技能提供技术帮扶;引导村民发展与乡村旅游相关的

产业,促进村民实现收入增加。二是要培育发展乡村旅游协会、村民协会等村民组织。利用协会等组织宣传国家政策,将国家政策宣传到位,鼓励村民将自家的房屋、土地等以合作入股的方式投入旅游开发中,通过制度的完善保障村民的权益。将协会组织的功能明确,主要是保障村民参与乡村旅游过程中的利益,当出现利益纠纷时,协会负责协调。三是培育村民参与乡村旅游的模式。根据市场的需求和乡村旅游发展的需要,选择合适的村民参与乡村旅游的模式,发挥村民的优势,提高村民参与市场的竞争力,改善村民生活,共享富裕成果,全面助力乡村振兴。云南普达措国家公园在探索村民参与模式中找到了一条可以借鉴的经验,即以"户均轮流制"为藏族村民提供一定的工作岗位,招聘村民参与旅游接待工作,确保村民参与旅游开发决策和管理的权利(刘静佳,2018)。为村民提供就业岗位和当下精准扶贫结合起来也是村民参与的路径选择。

(三)培训适合乡村旅游发展的人才

乡村旅游发展过程中,吸纳的从业人员有很多是土生土长的村民,世世代代耕种为生。他们自身文化素质不高,缺乏专业培训,对于旅游的认知不足,也缺乏旅游经营者应具备的管理经验,对于旅游产品开发、市场营销、文化挖掘等缺乏了解,不利于乡村旅游的可持续发展。鉴于乡村的实际情况,提高从业人员的素质可以从旅游带头人开始,先期对村民中旅游带头人进行专业培训,逐步培养一批发展意愿强、创业能力强、发展潜力大、能在乡村旅游发展中起带头示范作用的带头人。只有乡村旅游带头人够专业,才能带动其他人,形成示范效应。具体来说可以采取以下措施:建立以村民为受益主体的乡村旅游人才培养机制,制订乡村旅游人才培训计划,培养具有专业知识和管理水平的村民人才,丰富乡村旅游人才队伍;聘请优秀的行业专家,结合乡村旅游发展的现状,多层次、多渠道开展乡村旅游专业技能培训,为当地村民提供旅游规划、营销、服务、卫生、安全、礼仪等知识培训。

(四)平衡村民与其他利益相关者的利益

乡村旅游的发展涉及多个行业的发展,关联性和综合性都比较强,在发展中涉及很多不同的利益相关者,由于立场的不同,有时候这些利益相关者之间的利益是冲突的。由于信息不对称以及掌握资源的不同等因素的影响,村民在乡村旅游开发中往往是弱势一方。再加上村民相对分散,对利益的维护不那么强烈等,乡村旅游开发中经常出现损害村民利益的事情,所以应该重视村民在乡村旅游中的利益诉求。通过建立协调机制,多元主体共同参与到协调机制中,兼顾到各方面的利益,切实维护村民的相关权益。平衡村民与其他利益相关者的利益诉求,寻求协调与平衡的方法对乡村旅游可持续发展至关重要。有学者专门研究了多元主体互动"共赢"的协同,政府、企业、社区、村民和游客既是要素的提供者,也是获益者。各方在职能分工和收益上实现良性互动,当出现不合理现象时,通过协调机制调整多元主体的互动格局(刘伯初等,2014)。

除此之外,将村民纳入乡村旅游开发决策中,与乡村旅游规划者、政府、开发者等共同为乡村旅游的发展进行决策、规划、管理等,村民成为开发主体的一部分,通过利益诱导,使得当地村民能够直接享受乡村旅游发展的成果,促进地区乡村旅游的健康有序发展。当旅游公司介入村寨、打破原来的集体产权边界和组织边界、形成多元治理中心时,在制度设计上要将公司与村民的关系转变为利益关系,在参与、管理、决策上体现村民的利益,在利益分配上,体现村民的劳动收益和资本收益,并且培育信任与公共文化,获得村民的信任(盖媛瑾等,2016)。

第六节 本章小结

乡村旅游是社会发展的产物,更是乡村振兴的重要手段。乡村旅游通过观光、采摘、体验等提高传统农业的附加值,同时,又对乡村社会的政治、经济、文化等方面产生显著影响。在乡村旅游开发中,村民是重要主体,也是乡村旅游开发的积极参与者,没有村民的参与,没有村民的获益,乡村旅游就不可能顺利发展,也就不能实现乡村旅游的可持续发展。在当下乡村旅游的开发中,村民由于自身参与水平与能力的限制以及信息不对称等原因,处于弱势地位,参与度低,因此,提高村民的参与度,进行制度化和组织化的保障,引导参与乡村旅游的开发,保障村民利益是乡村旅游实现可持续发展的重要途径。

本章从乡村振兴战略提出的背景以及内涵作为逻辑起点进行论述,分析了乡村振兴战略实施的关键问题。本书认为在乡村振兴过程中有几个关键性的问题需要关注与解决:一是关于城乡发展不平衡问题;二是城乡基本公共服务均等化问题;三是乡村文化保护问题。这些问题的解决是否顺利关系到乡村振兴能否达到预期的目标。

　　之后,本章辨析了乡村旅游与农业旅游、民俗旅游、农家乐、生态旅游、绿色旅游、休闲农业等概念之间的异同,乡村旅游与这些概念有相同之处,更有不同之处,在概念辨析中,明确乡村旅游的内涵。

　　乡村旅游可持续发展的原则也是本章关注的内容,本章主要从乡村旅游发展中处理好各种关系的角度来确立原则,这些原则主要有开发建设与生态环境相协调的原则、旅游利益与其他利益相平衡的原则。通过文献综述的方式,总结近年国内学者关于旅游可持续发展途径的研究。

　　第四节论述了村民参与乡村旅游的内涵、村民参与乡村旅游相关的基础理论以及乡村旅游发展中要正确处理好的三方面关系,一是处理好与乡村经济之间的关系,二是处理好与乡土文化的关系,三是处理好与乡村社会之间的关系。

　　第五节论述了村民在参与乡村旅游可持续发展方面存在的问题和实践经验。存在问题概括起来有两方面的问题,一是参与意愿问题,二是参与制度问题。实践经验主要有:①提高村民的参与意识;②推进制度化、组织化建设,保障村民参与;③培训适合乡村旅游发展的人才;④平衡村民与其他利益相关者之间的利益。

第三章　乡村振兴战略与乡村旅游
可持续发展及其村民参与的关系

新中国成立以来,中国共产党始终将农业、农村、农民问题放在首位。但是在新中国成立初期,生产力水平低下,农业发展的重点是解决中国人民的温饱问题。进入 21 世纪以来,在中国工业化实现跨越式发展的基础上,中国的经济社会进一步发展,此时,解决"三农"问题,促进乡村发展,破除城乡"二元"结构,成为党中央的工作重心。

自 2005 年以来,中共中央相继提出社会主义新农村建设、美好乡村建设和乡村振兴战略等一系列推进"三农"发展的战略举措。特别是党的十九大提出的乡村振兴战略,成为中国当前和未来农村工作的重要抓手。中国政府在推进城镇化的同时,大力促进农村现代化,使农村和城市居民都享有平等的资源、公共服务和社会福利的权利。只有农村和城市协同发展,才能促进人财物的城乡双向流动,解决城乡发展矛盾、提升农民幸福感和获得感,实现全面建成小康社会的阶段性发展目标。

乡村振兴是一个综合性和系统性的战略,涉及脱贫富民、设施建设、居住条件改善、生态环境治理、乡村产业发展、乡村景观建设、传统文化复兴等多个方面,是激活乡村发展新活力、赋予乡村发展新动能的重大举措。改革开放以来,中国乡村旅游发展得到了中国各级政府的高度重视。2019 年,文化和旅游部联合 16 部门印发《关于促进乡村旅游可持续发展的指导意见》,进一步提出要发挥乡村旅游的决定性作用,将其作为提高农民生活水平、引导贫困地区脱贫致富的优先工具。

第一节　乡村振兴战略与乡村旅游可持续发展的关系

一、乡村旅游可持续发展是实施乡村振兴战略的重要支撑

"产业兴旺、生态宜居、乡风文明、治理有效、生活富裕"是乡村振兴的总体要求。乡村旅游作为与农业生产、农民生活、农村生态联系最为紧密的旅游业形态,分别对应于乡村振兴战略的五方面要求,能够促进乡村经济发展、乡村生态改善、乡村文化复兴、乡村治理升级和乡村社会和谐,在乡村经济、社会、文化等全方面发展的过程中发挥着越来越重要的作用,是实施乡村振兴战略的重要支撑和路径。

（一）发展乡村旅游,有利于乡村经济振兴

要实现乡村振兴,必须有产业支撑。适宜乡村发展的产业类型多样,包括乡村农业产业、乡村工业产业、乡村旅游产业、乡村电商产业及乡村综合性产业。其中,乡村农业产业包括特色农副产品种植养殖、特色林业、特色牧业、特色渔业等大农业产业,乡村工业产业主要依托乡镇企业进行发展,如浙江永嘉桥头镇的拉链产业、浙江海宁的皮革产业等,还有以电子商务产业促进乡村发展的众多电商专业村,以及以实力雄厚的乡镇企业为市场主体的综合性产业村,如号称"中国第一村"的华西村,其乡镇企业华西集团现已发展成为综合性的产业集团。

虽然促进乡村发展的产业类型有所不同,但乡村旅游产业却成为乡村振兴中浓墨重彩的一笔。国外的研究表明,乡村旅游在欧洲某些地区一直被认为是农村社会经济复兴的有效催化剂(He,2003)。自 20 世纪 70 年代以来,全世界所有发达国家的乡村旅游活动都显著增加,这为经济和社会萧条的乡村地区的发展,起到了关键性的作用(Perale,2002)。在欧洲,乡村旅游被广泛鼓励、促进和依赖,作为解决与传统农业产业衰退相关的农村地区面临的社会和经济挑战的有用手段(Wang,2006)。在法国、奥地利和英国等国,乡村旅游已经成为促进经济发展的重要因素,乡村旅游的需求在不断地增长 (Pevetz, 1991)。旅游业发展被认为是消除贫困、可持续发展和环境保护的重要动力(Ryan, Gu, and Zhang, 2009)。在中国,自 20 世纪 80 年代以来,以成都郫都区为代表的中国诸多乡村旅游地,依托乡村自然景观和

乡村文化特色,逐步发展成为乡村旅游景区(点),成为中国最早的乡村旅游集聚区,包括成都市五朵金花(花乡农居红砂村、幸福梅林幸福村、江家菜地江家堰村、东篱菊园驸马村、荷塘月色万福村)、黄山市乡村旅游地(西递、宏村、翡翠谷等)、北京市周边(怀柔区、密云区等)、贵州天龙屯堡、江南六镇(周庄、乌镇、同里、角直、南浔、西塘)等。近些年来,乡村旅游持续推进,乡村休闲和度假成为主要活动内容,涌现出陕西西安袁家村模式、浙江湖州洋家乐模式、北京特色民俗村模式等新兴的乡村旅游模式。这些乡村旅游地的繁荣发展,源于乡村旅游地自身独特的经济优势。

1. 增加村民收入

乡村旅游形式多样,根据其区位特征,可分为景区依托型、都市城郊型、交通枢纽型、扶贫推进型;根据发展的基础和依托,可分为资源依托型、产业依托型、市场推动型和产业融合型。无论是何种发展形式,在其发展壮大的过程中,都有一个共同的特点,那就是能够有效地增加村民收入,使村民有获得感、满足感、认同感和自豪感。乡村旅游是具有增长潜力的新型业态,是扩大村民就业、增加村民收入的"富民工程"(黄震方、陆林、苏勤等,2015)。

以安徽省黄山市黟县西递村为例。西递村建于北宋皇祐年间,村落形态似船,寓意扬帆启航,2000 年获得世界文化遗产称号。西递旅游兴起于1986 年,1994 年村委员会成立西递旅游服务公司,2012 年并入徽黄旅游集团,成为其旗下 10 处景区中品牌知名度最高的景区。西递村村民不仅可以从旅游收入中得到分红,而且供游人参观的私人住宅主人每年可得到几千元的补助,并可在住宅中销售旅游商品。2019 年,西递镇实现旅游直接收入5800 万元,增长 12%;乡村常住居民可支配收入 17561 元,增长 9%。

同样的变化出现在河南省洛阳市栾川县重渡沟景区,该景区村民的人均收入从 1999 年旅游发展前的约 400 元增长到 2014 年的约 27500 元,是全县其他乡村社区人均收入的 60 倍以上,甚至超过了洛阳市居民的人均收入。

2. 增加农产品附加值和知名度

在传统农业产业中,初级农产品价格较低。仅仅生产初级农产品,村民收入水平偏低。通过发展乡村旅游业,乡村农产品可进行旅游体验设计、包装和推广,激发旅游体验经济、"后备箱"经济和旅游电子商务的发展活力。其中,发展旅游体验经济,在旅游活动中附加农产品的种植、养殖等活动,让游客亲身体验农事活动,感受春耕秋收的诗意田园;发展旅游"后备箱"经济,通过对农产品的深加工和创意包装,制成可携带、可运输、可馈赠的系列旅游商品,特别是申请到原产地地理标志的旅游商品,一方面,能够有效地提高农产品的附加值,扩大农产品的知名度和销路;另一方面,省去了农产品运输的费用和时间,间接提高了农民的收入。发达的旅游电子商务,可方便游客多次购买,达到一次来访、多次销售的循环累积效应。

又如武陵山连片特困地区——湖南花垣县十八洞村,2014年,地方政府大力发展旅游业,同时发展猕猴桃种植、手工艺作为产业支撑。2017年,十八洞村村民的人均纯收入超过万元,成为脱贫明星示范村(蔡克信、杨红、马作珍莫,2018)。

3.提供大量的就业岗位,经济的辐射带动作用强

乡村旅游的发展,除了开展农业观光、农事体验活动,还带动了乡村餐饮、住宿产业的发展,以及乡村文化旅游、体育旅游、红色旅游、研学旅游的兴盛。如陕西西安的袁家村,在发展初期以西安美食为旅游核心吸引物,在村中精心设计了西安美食街区,严格控制每个店铺的美食经营品种,并且可追溯食品来源,确保了食品安全,成为游客体验关中农村生活的首选之地。村民在村中从事餐饮、住宿、商品销售、旅游保洁、旅游安全、旅游管理等工作。袁家村不仅给本村村民提供了丰富的就业岗位,还通过农产品采购,为周边乡村提供了8000多个就业机会,带动了周边乡村的共同富裕。

(二)发展乡村旅游,有利于乡村文化振兴

中国的传统乡村是中国传统文化的发源地和集聚地。在快速城镇化的浪潮中,乡村肩负着传承中国传统文化的历史重任。乡土建筑文化、农业景观和农作条件等物质文化,以及礼仪文化、民俗文化、时令文化、节庆文化、音乐、舞蹈、技艺等非物质文化,是乡村的核心吸引物,是乡村旅游乡村性之根本所在。

乡村旅游的发展,有利于村民认同和珍视传统文化,重拾传统文化的精髓,使传统文化在乡村旅游体验活动中得以活化和利用,为振兴当地手工艺和艺术提供了机会,如剪纸、木雕、石雕、竹编、花边制作、民间歌舞、当地烹饪配方、酿酒、传统草药治疗等(Su,2011)。薛岚(2017)通过对河南省洛阳市栾川县重渡沟景区的案例研究发现,旅游发展带来了村民经济条件的改善,进而影响村民的乡村认同变化。重渡沟的村民说:"重渡沟有着相当繁荣的文化。我们过去经常组织秧歌和踩高跷的比赛,从周围的村庄吸引表

演团参加比赛。"旅游发展促进了民俗文化的保护和创新,乡村旅游与文化复兴实现了互动可持续发展(Xue,Kerstetter,and Hunt,2017)。

在中国农村现代化、城镇化的背景下,各种传统文化景观面临着破坏或消失的局面,特别是具有重要地方特色和生态优势的传统民居,面临着巨大的威胁。乡村旅游为传统民居传承和保护注入了力量。汪芳等(2016)从乡村建筑文化的角度对乡村民居景观进行了研究。对河南省三门峡陕州区传统民居地坑院的研究表明,地坑院具有独特的建筑设计方法,体现了黄土高原文化的特点。为了保持这一传统乡土建筑和当地的民俗风情,关键是要保持住乡村的活力,使原来的村民留下来。而通过发展乡村旅游,可以使村民安居乐业,也有助于民居文化的传承(Wang,Yu,and Zhu,2016)。

(三)发展乡村旅游,有利于乡村社会进步

乡村社会进步,意味着村民的生活水平和生活条件得到改善,民生福祉得到提升。旅游产品由旅游吸引物、旅游设施和服务构成。在发展乡村旅游的过程中,乡村旅游基础设施(如给排水系统、电力通信系统、道路交通系统等)和乡村旅游服务设施(民宿、餐饮、娱乐、购物等)得以建设和完善,既服务于游客,也提升了村民的整体生活水平,有利于建设美丽和谐乡村与发展乡村旅游的统一,展现"居游共享"的乡村旅游全域化场景,建成"既留得住乡愁,又跟得上时代"的美丽乡村。

(四)发展乡村旅游,有利于乡村生态美化

乡村旅游的开展,要求乡村环境整洁、生态优良,既有乡村田园牧歌式的诗意生活,又保持清新自然健康的生态环境。乡村旅游以乡村生态环境为基础,优美的乡村生态环境又提高了乡村旅游的吸引力。因此,乡村旅游与生态文明具有和谐统一的共同体。

在"绿水青山就是金山银山"理念以及"美好乡村"建设的推动和资金支持下,乡村进行了"改水""改厕"行动,环境卫生条件得到改善,垃圾集中回收,污水集中净化。村民的卫生意识逐渐加强,自觉参与到美化环境的行动中来,栽花种草,美化庭院;植树造林,营造更加优美的人居环境。

浙江省湖州市创新出一条乡村旅游和生态管理共同推进的乡村旅游发展道路。该市下辖的长兴县,2002年以来,由高污染产业转向绿色发展,整治乡镇环境,发展乡村旅游业。安吉县则以竹文化为主题,自1996年以来,形成绿色农业和乡村旅游和谐共生的局面。两县通过政府强有力的生态管理,成为全国生态乡村旅游的典型代表(王婉飞、吴建兴、吴茂英,2018)。

二、乡村振兴战略实施为乡村旅游可持续发展提供了全方位保障

乡村旅游的开展,有赖于乡村自然和人文大环境。越是生态环境优良、人居环境优美、传统文化保护好的乡村旅游地,其越是具有发展优势和竞争力。乡村振兴战略的实施,从政策、资金、人才等多个方面为乡村旅游发展提供了全方位保障。

（一）重视农业发展,为乡村旅游提供乡村田园大背景

乡村振兴战略将农业产业发展放在核心位置,重视农业发展,保护基本农田和生态红线。田园牧歌般的乡村景观、独具乡土特色的地方建筑、欣欣向荣的各类农作物,为乡村旅游的开展提供了广阔的乡村自然和人文环境,是乡村吸引游客的独特魅力所在。

（二）加强设施建设,为乡村旅游发展提供设施保障

在乡村振兴战略资金的支持和补贴下,乡村的给排水、电力电信、交通道路、厕所条件、卫生条件、医疗环境等得到了根本性的提升。村庄生活变得越来越方便,城乡的生活差异在逐渐缩小,村民居住条件得到明显改善。村民能够利用家中闲置住房发展餐饮和民宿产业,正是得益于基础设施建设的保障作用。

（三）保护青山绿水,为乡村旅游发展提供优美生态环境

中国社会正在由工业化阶段向后工业化阶段转变。工业化在推动经济快速发展的同时,也造成了空气、水、土壤等环境因素遭受不同程度的污染。在这样的大背景下,保护乡村的青山绿水,整治污染的乡村环境,成为乡村振兴中刻不容缓的生态建设任务。乡村振兴战略要求践行"绿水青山就是金山银山"理念,能够为乡村旅游发展提供优美的生态环境。

（四）保护传统文化,为乡村旅游发展提供厚重文化支撑

中华民族千百年来流传下来的优秀传统文化,是中华民族的瑰宝,值得后人继承和发扬光大,对于教育人、感化人、激励人、启迪人,都有重要的价值。然而,中国社会长期的城乡二元结构,在城镇化的浪潮来临之时,乡村出现了空心化、衰落化的现象。失去活力的乡村,也失去了优秀传统文化传承的土壤。与此同时,受到西方文化、现代文化的冲击、工业发展的影响以及现代生活环境的制约,一些优秀的传统文化,如民间习俗、节庆活动、传统技艺、音乐舞蹈等,被青年一代视为落后的文化而不愿传承。基于上述原因以及诸如此类的其他原因,中华民族的传统文化渐渐面临消亡。越来越多

的传统文化及其物质遗存,走进博物馆,这一方面说明人们对传统文化保护工作越来越重视,另一方面也是传统文化难以活态传承的表征。"活于民间,死于庙堂",就是这一现象的形象概括。

在实施乡村振兴战略的过程中,保护传统文化,有效传承和合理利用传统文化,是其根本目标之一。通过对传统民居风格和样式等方面的规定,能够有效地保护区域民居文化特色。通过设立中国传统村落,国家级、省级、市级非物质文化遗产名录,以及非物质文化遗产传承人和传承单位,编写口述史等方式,留住文化记忆。给予文化传承人更多的补助,能够让文化传承后续有人。通过继承和弘扬中国传统文化,记住乡愁,为乡村旅游发展提供厚重的文化支撑。

(五)提高村民素养,为乡村旅游发展提供智力支撑

乡村振兴,最重要的是主体参与。从根本上说,村民是乡村的主人,通过实施乡村振兴战略,提升村民的创新意识和创业精神,使他们能够切实爱护家园,美化环境,才能真正实现安居乐业。通过开展培训工作,提高村民从事旅游行业餐饮、住宿、购物、娱乐等方面的技术能力,有助于为乡村旅游发展提供智力支撑。从另外一个层面来看,乡村的生态、文化等方面的优势,吸引了城市精英返乡,开设民宿、餐饮或文创市集等,成为乡村旅游中的一股独特而有力的力量。

乡村是乡村旅游的承载地,是其生存空间和过程的发生中心,乡村振兴可为乡村旅游健康发展提供良好的自然生态环境和强大的经济支持,对于旅游业提质增效和转型发展,改变传统粗放型发展模式具有重要的作用(李志龙,2019)。

以农业发展为侧重点,在不断优化与完善水、电、路、气、房、通信等基础设施的过程中,对绿水青山及清静的田园风光加以保护。提高村民综合素养与农村文明程度,对村民的增收渠道予以扩宽。这些能为乡村旅游的发展奠定可靠的基础。

第二节　乡村旅游可持续发展与村民参与的关系

一、乡村旅游可持续发展有利于激发村民参与积极性

（一）有利于增加村民经济收入，巩固村民的乡村旅游主人地位

村民参与到乡村旅游的经营活动或管理活动等工作中来，能够从乡村旅游中直接获得经济收益，从而真正将自己视作乡村旅游的主人，热情周到地对待每一位来访的乡村游客。同时，有利于发挥乡村主人的主观能动性和创造性，为乡村游客提供体贴入微的个性化服务。这种乡村旅游服务，比星级酒店的标准化住宿和餐饮服务多了几分人情味，易于将当地特色的饮食文化、礼仪文化、时令文化、养生文化等传统文化融入其中，增强乡村旅游的吸引力。

以乡村民宿为例，乡村旅游从农家乐初级阶段转型升级为乡村民宿业态，民宿主人的生活品位、文化修养、热情程度等共同构成了乡村民宿的性格特点，成为乡村旅游的新兴吸引物。中国的乡村民宿向游客展示了中国的家文化，以至于很多游客把乡村民宿服务称为"有温度的服务"。

（二）有利于村民安居乐业，营造和谐共生的乡村旅游软环境

村民如果通过参与乡村旅游获得收益，就能够同城市居民一样，体面地生活，享受城镇化给乡村带来的教育、医疗、卫生等福利。甚至有很多村民将下一代送到城市中小学去读书，与城市居民享受同等的教育资源。这一切都来源于村民参与乡村旅游经营或管理活动。

村民不再为生计而背井离乡，外出打工，可以就地安居乐业，乡村旅游发挥着旅游引导的新型城镇化作用。村民尽心尽力地为游客服务，努力挖掘当地传统文化特色，会让游客感受到淳朴的民风、传统的文化，以及村民对待生活积极向上、乐观豁达的态度。这些合在一起，营造出和谐共生的乡村旅游软环境。

（三）有利于村民放眼看世界，树立乡村文化自信和文化认同

在参与乡村旅游发展的过程中，村民能够接触到来自不同地域、不同类型的旅游者，他们带来了村庄之外的价值观念，以及不同的人生观、世界观。当游客凝视村民的时候，村民也在凝视游客。在与各类旅游者打交道的过

程中,村民的眼界得以开阔,并且自然而然会拿自身与游客进行比较。当村民意识到自身的经济收入、文化水平、生活环境、生活质量以及享受的福利待遇不输于城市居民时,村民的自信心和自豪感,以及对家乡的热爱程度均会得以强化。重渡沟景区的研究表明,乡村旅游的发展改变了村民的观念,包括从农村艰苦的观念向农村舒适的观念转变,从为农村羞耻向为农村自豪感转变,村民社区认同全面提高。居民身份认同的变化可归因于三个因素:政府政策的转变、生活水平的提高和主客之间的互动。研究结果表明,旅游发展带来的物质变化会影响居民的乡村认同变化。

（四）有利于发挥村民创造性,激发村民的创新创业新动能

参与乡村旅游的村民,除了在旅游公司工作外,还有相当一部分经营旅游商品、乡村餐饮、乡村民宿等。这些大部分是中小企业主。企业家精神推动着乡村旅游中小企业主参与市场竞争,永立潮头。以安徽省黄山市黟县宏村为例,面对着游客需求向精细化的转向,以及世界遗产地经营规模的限制,部分旅游小企业因地制宜,进行了连锁经营方式上的创新,加上采用模仿、传承、抱团和品牌特许经营等创新方式,实现了旅游小企业的转型升级,提质增效(尹寿兵、郭强、刘云霞,2018)。

二、村民参与是乡村旅游可持续发展的根本性依托

（一）有利于激发村民的主人认同感

村民既是乡村的原住民,更是乡村的主人。一方水土养一方人,世世代代生活在乡村的村民,不仅依托乡村而生活,而且为乡村生产、生活、生态三生空间的保护、发展和利用提供了人力支持。无论乡村旅游怎么发展,出于内心深处对传统的依恋,村民都追求和渴望回归真正意义上的传统的"家"(刘美新、蔡晓梅、麻国庆,2019)。

村民是乡村文化的活态传承主体,是呈现乡村生活真实的载体,是乡村中最具有活力和能动性的元素。村民只有通过经营民宿、餐饮、购物、娱乐等多种方式,切实参与到乡村旅游发展中来,提高经济收入、文化水平,改善生活状况,才能真正激发村民的主人认同感,巩固自身的乡村主体地位,激发热爱家乡的自觉性和自豪感,从而为乡村游客提供真实的、活态传承的乡村生活景观和体验。

（二）有利于营造良好的旅游软环境

友善、好客、勤劳、勇敢的村民形象,构成了独特的旅游软环境,是游客

乡村旅游体验的重要组成部分。村民之所以支持乡村旅游的发展,源于对乡村旅游提高自身收入的期盼。通过积极参与乡村旅游经营活动,村民能够从旅游发展中获利,从而提高参与乡村旅游的积极性。

当村民参与乡村旅游的积极性被有效地激发出来时,村民从事乡村旅游的主动性和创造性才会被激活。他们会主动与游客进行交流,对游客热情友善,主动为游客提供必要的帮助,提高乡村旅游的服务水平,将乡村中质朴、恬淡、纯真、美好的生活呈现在游客面前,提高村民和游客的双重幸福感,真正实现乡村旅游"看得见山,望得见水,记得住乡愁"的美好愿景。

(三)有利于村民自觉维护乡村环境

至臻至淳的乡村自然环境、舒适整洁的乡居村落环境、优雅的庭院布景,是乡村旅游吸引游客的硬件环境条件。这些乡村环境的保护、美化和维护,都离不开村民的参与。

村民通过参与乡村旅游经营和服务,提高了收入水平,才能有经济能力采用清洁能源,改水改厕,营造舒适整洁的乡居村落环境。当游客表达出对乡村自然环境的欣赏和喜爱时,参与乡村旅游的村民会更加珍视乡村自然环境,更加自觉地维护乡村自然环境,增强乡村旅游的吸引力。当村民参与的乡村旅游升级到营造美好生活的新阶段时,优雅的庭院布景成为美好乡村生活的缩影,村民会升级庭院环境,以适应游客高层次审美需要,从而使乡村庭院更加自然和优雅,具有乡村性和高品位。

(四)有利于乡村治理能力提档升级

乡村治理体系包括法治、德治、自治等层面。

在法治方面,在村民参与乡村旅游的过程中,随着源源不断的游客的到来,村民在与游客交流的过程中,可以提高自身的整体素质,使市场观念和法律意识深入人心,村民知法、懂法、不违法,营造出和谐发展的乡村治理环境,对于增强乡村治理能力、维持社会和谐秩序具有重要的现实意义。

德治方面,中国传统乡村遵循中国社会"情、理、法"治理规则,在村民参与乡村旅游过程中,村规民约、公共信誉等传统道德体系,起到了规范村民旅游经营行为的作用,在乡村治理过程中发挥着重要的作用。在家庭和宗族等社会组织道德规范的约束下,乡村旅游经营户能够自觉遵守"诚信为本""诚信至上"等道德约束,以吸引更多的回头客。

自治方面,乡村旅游的发展,有助于乡村自治能力的提高。在乡村旅游由粗放经营向精细化经营转变的过程中,很多地区成立了村民参与的协会组织,在旅游产品价格、旅游服务标准、旅游人才培训等方面,进行统一和规范。这种协会形式的自治方式,有效地稳定了旅游经营秩序和乡村社会秩序,实现了乡村治理升级。

第三节　村民参与乡村旅游可持续发展的经验借鉴

一、国外村民参与乡村旅游可持续发展的典型案例

(一)英国

英国是现代乡村旅游的发源地之一,健全的乡村交通网络和特色的田园乡野景观促进了英国乡村旅游的发展,为英国人在休息日开展乡村旅游活动提供了便利条件,使其成功跻身世界乡村旅游的前列(Beeton,2010)。英国乡村旅游从1880年到20世纪晚期,先后经历了萌芽阶段和发展阶段,最后趋于成熟,其发展阶段如图3-1所示。在萌芽阶段,传统乡村受到英国工业化和城市化的影响,无论在国家政策还是民众注意力上逐渐被边缘化,传统乡村趋于没落。在发展阶段,英国为了促进乡村发展,颁布了《城乡规划法》,常年遭受城市工作生活压力压迫的城市居民迫切期望通过乡村旅游来释放紧张情绪,乡村旅游得到关注,乡村旅游顺势发展。几十年的乡村旅游发展使得英国乡村旅游趋于成熟,乡村旅游基础设备设施的完善和英国人思想观念上的转变使得人们期望回到乡村享受质朴的乡土生活。据英国旅游业联盟的最新数据,2018年旅游业收入占据了全国总经济收入的7.2%(Tourism Alliance,2018),其中,按照英国环境、食品与乡村事务部官方统计,2017年乡村旅游业GVA值为133亿英镑,占据农村地区总GVA的5%,旅游相关的就业占总就业的14%(Department for Environment Food and Rural Affairs,2017)。

图 3-1　英国乡村旅游发展阶段

英国乡村旅游的供给模式可以归结为三方力量的集合:政府、旅游行业

协会和乡村旅游经营者,如图 3-2 所示。政府在英国乡村旅游战略方向的正确指导和各项政策的措施上给予的大力支持构成了英国乡村旅游可持续发展的有力前提(John,1997),例如就乡村旅游环境恶化问题,国家政府先后成立了环境、食品和农村事务部,英格兰及威尔士环境署,苏格兰环境保护署和北爱尔兰环境和遗产服务局,旨在能够及时对乡村旅游发展过程中造成的环境问题进行管理和修缮。旅游行业协会则在政府和乡村居民之间发挥了协调和沟通的搭桥作用,例如为英国乡村旅游做出巨大贡献的英国乡村保护协会,该协会在 20 世纪 50 年代推动了《绿化带建设法》的实施,在 70 年代展开了树篱保护运动。乡村旅游经营者之间则共谋创新,积极开发特色乡村旅游产品,其中值得关注的是做出伟大实践成绩的南彭布鲁克与农村社区联合行动委员会(SPARC)。

图 3-2　英国乡村旅游供给模式

SPARC 将社区居民参与乡村旅游作为乡村旅游可持续发展的重要方面,表现在 SPARC 的目标是制订一体式计划,旨在最大程度地提升社区居民的生活质量和经济状况,并且在乡村旅游发展过程中注重乡村环境的改善和保护。SPARC 的核心是在乡村旅游的所有发展阶段都鼓励和支持社区居民的参与,几乎让社区居民参与了乡村旅游的各个方面(林海丽,2016)。首先,社区居民会在该委员会的帮助下对当地乡村旅游开发过程中的难点进行评估,并制定相应的应对措施和符合当地特色的乡村旅游规划;然后,社区居民在自身资金和人力不足的情况下可向该委员会申请资金和服务上的支持,以确保乡村旅游的开发进入正确的轨道并能够获得稳定的经济收入。随着乡村旅游在英国的推进,英国的乡村旅游呈现经营主体私营化的特征(杨丽君,2014),例如以农场为主体的乡村旅游通常是在私营农场的基础上发展而来的,原有的私营农场主要以产出农作物作为主要经济来源,受到可观的旅游经济的诱因推动,将主要的经济来源转变为为游客提供各类旅游服务,但也并未取消农业的主体地位。从英国的例子来看,政府在乡村旅游开发中并未过多干预,主要扮演了引导社区居民参与乡村旅游,加强市场监管和对市场失灵的调控以及提高社区居民旅游经营者的素质的角色,以便更好地为游客创新旅游产品和提供旅游服务。社区居民作为当地旅游活动的经营主体,对于当地乡村旅游的发展方向拥有最大的话语权,有权利拒绝对当地文化和环境造成极大负面影响的乡村旅游模式。此外,吸收社区居民的资金进入乡村旅游开发中有助于当地村民在乡村旅游开发过程中保护乡村资源,保持高度的责任精神,私营化使经营者的付出和收益成正比,增加了社区居民对乡村旅游开发的支持程度和关注程度。

（二）法国

法国的乡村旅游起步于20世纪50年代。由于法国城镇化加速,乡村社会空心化严重,为消除地方不平等和农村老年化问题,法国政府开始实施"领土整治"政策,这项政策的主要出发点在于促进乡村发展,通过在乡村既发展农业又发展旅游业的形式来实现。为了支持这项政策的实现和保证乡村旅游业顺利发展,国家和地方投入资金支持乡村民宿改造,例如将村民用于储存货物和饲养牲畜的仓库和马厩改造成符合当地农场特色的旅馆,即便是贫穷的村民也能够在国家和地区资金的支持下参与到乡村旅游的开发中来。这项举措在某种程度上丰富了乡村村民的收入来源,村民不仅可以通过在农场中种植农作物和饲养牲畜来获得经济收入,还可以在节假日和假期通过接待旅游者来增加收入,促使乡村旅游很快就在法国的其他乡村地区得到了推广。

法国的乡村旅游在几十年的发展过程中,形成了"村民＋协会＋企业＋政府"的乡村旅游供给模式（祝捷等,2017）。法国的乡村旅游一直是在政府的主导下发展,法国政府在1955年向村民发放信贷,利用财政支出支持村民将资金用于改造房屋、疏通道路、开发旅游活动等。近年来,随着官方正式乡村旅游行业协会和民间旅游组织的兴起,政府的职能减弱,政府的角色从管理者向监管者转变,顺应市场的发展和变化,监督乡村旅游市场的绿色发展。协会则在政府和村民之间扮演了桥梁的角色,一方面协助政府完成农业的行政事务,另一方面聆听村民的需求,与政府协商乡村旅游的发展方向,向政府传达村民的心声,为村民提供在乡村旅游发展过程中所需要的各项服务。其中,法国农会常设委员会（APCA）制定了严格的乡村旅游管理条例,旨在规范乡村旅游经营者的行为,形成良好的乡村旅游经营市场,保护乡村旅游消费者的权益。例如,农场主必须向游客介绍农场的历史、经营范围等信息,使得游客在旅游期间能够有机会更好地了解农场和当地的风土人情。协会还承担起了在乡村旅游发展过程中指导村民经营、传达经营理念、提高村民素质和知识的责任,该协会在民宿的改造、修缮,以及乡村旅游产品的特色开发方面都给予了及时的指导和培训(娄在凤,2015)。

但是法国乡村旅游的经营主体既不是政府,也不是行业协会或外来投资者,而是本土的乡村居民。乡村居民作为乡村旅游发展的主体,对于提高村民收入和保障乡村旅游可持续发展具有重要意义。例如,一些法国的村民从农业经营直接转型旅游经营,以农场中的特色农产品和体验活动来吸引游客,将农场出产的农产品直接销售给游客,而不是再作为经济产品推向传统市场,在某种程度上避免了中间商赚差价和获取利润的行为,村民的收入远远高于传统的农场经营。而且,法国在旅游开发前必须考虑到当地村民的接纳意愿和乡村旅游开发对当地居民生活和工作的影响,村民有权利直接驳回政府和协会的乡村旅游开发提议(王宁,2015)。

(三)日本

与英国情况相似的是,日本在 20 世纪 60 年代经济飞速发展,城市化进程加快,农村跟不上城市发展的节奏,无法向年轻人提供合适的岗位,遂促使大量的年轻劳动力为寻求工作机会和提高生活水平而从农村向城市迁移,农村老龄化严重,土地失去耕种,农业发展遭受打击。为了缓和这些问题和促进城市与乡村之间的平衡发展,政府推出了一系列政策以推动绿色旅游(乡村旅游)发展,复活乡村经济并保护乡村传统文化(杨华,2015)。

日本的乡村旅游主要得益于政府和村民的活跃参与。政府在日本乡村旅游的发展过程中起到了重要的主导作用(李巧莎,2020),无论是在政策松绑还是帮扶措施等方面都给予了乡村旅游极大的支持,比如为促进村民参与乡村旅游,设置了国库补助金,发行地方债券和地方税收补偿。为了弥补流失和匮乏的乡村人才,以村长作为标杆,利用其具备的优势将其培养为乡村旅游产业发展的带头人,其主要目标在于通过专门的课程指导和技术培训来帮助乡村发展精英和人才。例如日本的上野县四贺村和美山町北村在当地政府的支持和村长的带头发展下,结合市场需求开发特色旅游产品,都实现了乡村旅游发展的巨大成功。而日本村民在乡村旅游中的参与比重较大,积极配合政府需求,其旅游产品的开发主要围绕村民自家的土地和房屋,无论是在乡村旅游活动的设计还是民宿的改造方面都结合了村民自身的资源。在乡村旅游活动中,一方面,村民组织游客观赏乡村优美的自然风景,陪同游客在乡村中散步,传播乡村文化,让游客减轻城市生活带来的紧张感和压力感。另一方面,村民可通过乡村体验活动来吸引游客,游客在此过程中与村民一起耕种,还可以烹饪自己在田园中采摘的蔬菜和水果。此外,日本的民宿也为游客们提供了不一样的乡村旅游体验,游客可通过入住由村民自家房屋改造的民宿来体验当地村民的生活和传统文化(雷鸣、潘勇辉,2008)。

二、中国村民参与乡村旅游可持续发展的典型案例

(一)云南香格里拉梅里雪山雨崩藏族村

雨崩村位于云南梅里雪山东麓德钦县云岭乡境内,四面群山簇拥,地理环境独特,海拔3000米,仅有一条驿道与外界相通。因目前无公路可通,进入雨崩村仅有西当方向和尼农方向两条驿道。雨崩村地理环境独特,人烟稀少,全村只有20多户人家,到2008年,全村仅有34户人家。几百年来,雨崩人始终延续农耕畜牧的传统生活方式,雨崩村的传统生产关系比较松散,生产方式较为落后,经济效益具有局限性。在参与旅游开发前,村民的主要经济来源是农业、畜牧业、林业和采集业,而且产业依赖程度较高。农业提供了村民日常生活需要的粮食,林业主要用于建筑房屋和提供燃料,畜牧业提供了乳制品,采集业是唯一可获得货币收入的产业,但是收入较少,生活水平低下。该村受到当地地理位置限制,也很难在政府或者社会的帮助下有效实现工业化和农业现代化,因此,旅游开发成了当地村民摆脱贫穷和走向小康生活的唯一选择。2000年之后,旅游业几乎成为雨崩村居民经济收入的唯一来源,2001年至2008年,雨崩村全村旅游业收入从13.93万元增长至308万元,旅游业成为最重要的产业(彭泽军,2017)。

雨崩村最初发展乡村旅游是始于中日联合登山队在1989—1996年于雨崩村附近搭建大本营准备攀登卡格博峰这一契机,雨崩村的文化和地理环境此时才被外人所了解。随后一些冒险徒步者、背包客等被其不被污染并且带有挑战意味的地理优势所吸引,开始进入雨崩村(王丽丽、李磊,2010)。1997年后,在政府的引导和资助下,雨崩村凭借得天独厚的自然资源和民俗风情开始吸引国内外游客,但由于当地交通不便,甚至很少有平地,为了方便游客欣赏自然风光、增加旅游满意度,当地村民借此机会,推出了针对游客的"马帮"服务,即当地居民牵引当地的马匹来为游客提供游览服务。这一服务成为最原始的雨崩村居民参与乡村旅游的方式。雨崩村居民由于在为游客提供马帮服务的过程中获取了超过以往的经济收益,逐渐

意识到旅游活动带来的好处(郭文,2010)。因此,在之后的乡村旅游开发过程中,为了增加游客停留的时间和消费,雨崩村居民在政府的帮扶下将自家的房屋改造成了家庭旅馆和特色民宿,旅游收入大大增加。在2009年,当地已有独立客栈19家,可供游客停留过夜。在之后的乡村旅游发展过程中,雨崩村居民仍旧以为游客提供多样化的旅游服务作为主要的经济来源,但在经济利益的诱使下,又缺乏政府介入和相关的政策约束,村民在乡村旅游活动当中出现了包办、拉客、宰客等行为,这些行为一方面破坏了当地民风淳朴的形象,另一方面导致游客的利益受到了损害。为了及时遏制这一问题的恶化,在管理部门和村民的协商和讨论下,遵照"资源共享、利益共享、共同致富"的理念诞生了"轮流"制模式。在模式的管理下,各家各户在游客分配上互相约束监督,旅游活动中的不良行为逐渐减少(普荣、白海霞,2012)。

雨崩村是国内典型的社区参与乡村旅游可持续发展的案例(郭文,2010)。起初的雨崩村居民受限于贫瘠的地理条件和有限的经济来源,普遍生活水平较差,文化水平较低,但在政府的帮扶和引导,以及社会各方力量的帮助下,雨崩村的乡村旅游得以发展成型,雨崩村的各家各户几乎都参与了当地的乡村旅游开发的各个阶段当中,而且雨崩村的旅游产品也在发展过程中逐渐完整和全面化,能够为游客提供的旅游活动也愈加多样化,从只能提供牵马服务到提供住宿服务,社区村民收获的经济收益愈加稳定(陈志永、杨桂华,2009)。

(二)浙江遂昌、安吉和德清模式

浙江省是我国最早发展乡村旅游的省份,也是乡村旅游业最为发达的省份之一。浙江省的乡村旅游可大致分为以下三个阶段(黄璜,2011):①从1978年至1998年,浙江省的乡村旅游处于萌芽阶段,具体特征表现为规模有限,乡村旅游产品单一重复,基础设施和配套服务设施尚不完善,仅在经济较为可观和交通比较发达的城市郊区和乡村开展。②从1998年至2006年,浙江省的乡村旅游处于快速扩张阶段,随着城市化进程的加快,城市居民面临日常工作生活带来的巨大压力,越来越多的城市居民选择到乡村游览和度假,同时伴随着外来游客的增加和旅游经济收入的占比加倍,为了能够向游客提供更好的服务,浙江乡村旅游开发逐渐注重乡村旅游产品的多样化和丰富化,住宿条件升级,向高端住宿产品发展,而且值得注意的是,乡村旅游的经营方式从独门独户的农户经营中脱离出来,正式转为集体经营、政府主导经营甚至是股份制经营等方式,乡村旅游的参与群体越来越多。
③2006年以后,浙江省的乡村旅游进入质量提升阶段,为推进农村扶贫开
发,实现全面进入小康社会的社会总体目标,文化和旅游部推出了一系列帮
扶政策和优惠措施。在此背景下,浙江省全面启动了政府主导的乡村旅游
发展工程,涉及旅游乡镇建设、乡村旅游产业发展、服务质量标准化、旅游人
才培养等重大方面(徐林强、童逸璇,2018)。浙江省从"八八战略"到"两美"
浙江建设,到"五水共治""三改一拆"和绿色发展,再到2005年8月,习近平
同志赴安吉余村考察,正式提出了"绿水青山就是金山银山"理念。浙江省
各乡村在总结国内外先进经验的基础上,走出了各具特色的乡村旅游特色
道路,其中以遂昌、安吉和德清的发展模式最具典型性。

1. 遂昌模式

浙江省遂昌县是一个"九山半水半田"的山区县。它既有自然旅游资
源,又有文化旅游资源,为乡村旅游的发展提供了良好的资源条件。由于山
区交通有限,遂昌县以休闲旅游为龙头,带动一、二、三产业协调发展,乡村
旅游是旅游经济收入的重要组成部分。遂昌县制定的乡村旅游模式是以高
坪村为代表的"农家乐协会＋农民"发展模式和统一宣传、统一标准、统一价
格、统一组团转移的"四统一"综合模式。其中,农家乐是社区居民参与乡村
旅游的直接形式,全民参与成为高坪村发展乡村旅游的重要特征,几乎全部
的农家乐经营者即社区居民都加入了农家乐协会,成为农家会协会的会员。
首先,社区居民利用自家的房屋,借助乡村自然环境吸引游客,通过农家乐
的形式为游客提供包括餐饮、娱乐、休闲等旅游活动,社区居民成为农家乐
经营者的主体,主动参与到乡村旅游开发的农家乐旅游产品中。其次,在
"四统一"综合模式中,由政府统一品牌和营销,村组织选择股份合作方式,
遂昌县各个村以村民作为主体来建立旅游股份合作社,村民入股,分工合
作,自主经营。游客由合作社统一接待,然后再分配给村民。遂昌县的"公
社模式"就是一种在符合乡村特色前提下由政府引导社区居民参与乡村旅
游的发展模式(周永广等,2011)。

2. 安吉模式

在"绿水青山就是金山银山"理念的背景下,安吉县于2008年正式提出
了"中国最美乡村建设"(舒川根,2010)。作为重要的旅游产品,安吉县生态
博物馆以"美丽乡村、一村一景"为指导原则,确立了"中心馆＋专题展示馆
＋村落文化展示馆"的安吉模式,生态博物馆共有大小50个展馆,分布在村

落周边,展馆的展示内容覆盖面广,旨在宣扬安吉县传统文化。安吉县著名旅游品牌——生态博物馆群的建设是在政府和各相关部门的责任落实和政策引导下,安吉县社区居民的积极参与中实现的(李叔君、李明华,2011)。大多数展示馆都是由当地的村民自发建设和自发管理的。当地村民主动承担起了保护本土文化和向外宣传乡村传统文化的责任和角色,对日后的乡村旅游发展奠定了资源基础。在安吉县乡村旅游开发之初,针对挖掘传统文化的乡村旅游活动,当地社区居民主动将自家的老物件、带有传统文化色彩的文物不计报酬地捐献给博物馆供展示之用,不少村民甚至将自家的老房子改造成了展示馆。这与发达国家德国在开发古堡旅游中设立的一元钱购买古堡的概念相似(林源源,2009)。与其他发展乡村旅游的乡村不同,安吉县社区居民在乡村旅游开发过程中具备高度的文化自觉,对本土的传统文化充满了天然的自豪感,拥有自主对外来文化进行判断和选择的能力(杜宗斌等,2012)。当安吉县设定乡村文化旅游路线时,社区村民能够主动参与其中并扮演了对本土文化保护和宣传的角色,是安吉县乡村旅游成功开展的重要原因。

3. 德清模式

浙江省德清县是国家级生态示范区,自然环境优美,森林覆盖率近50%。无论是独特的自然风光还是优越的地理位置,都为该县乡村旅游的发展提供了便利条件。德清县乡村旅游发展模式的主要特点是新的动力来源、新的运行机制和新的营销渠道(黄璜,2011)。其中,在创新运行机制方面,探索出多种乡村旅游经营管理模式,如政府引导企业投资、"公司+村民"、"协会+村民"、个体经营户等,甚至首次推动了外资企业在华经营的"洋家乐"(李风等,2016)。表面上看,德清县乡村旅游的主要参与者和主要获利者是开办洋家乐的外国人,但实际上,借助不同于其他乡村的农家乐模式,德清社区居民在乡村旅游发展过程的参与模式别具一格。一是社区居民将自己的房屋出租给外国人,租金费用和改造费用从原先的1万~2万元增加到3万~5万元,甚至更多,为村民带来了一笔可观的租金收入。二是部分村民直接参与到洋家乐的民宿当中成为员工,获得了稳定的工资和社会福利。三是村民将自家的蔬菜瓜果或者是德清特色农产品出售给洋家乐,为当地的农产品获取了稳定的销售渠道(刘传喜、唐代剑,2015)。在洋家乐带动当地乡村旅游发展的过程中,当地村民无论是直接参与还是间接参与到当地乡村旅游的开发,都增加了经济来源和提升了生活水平。

（三）四川成都三圣乡五朵金花

自古以来,四川省就是我国农业经济最发达的地区之一,发展乡村旅游具有得天独厚的优势(王婷,2016)。四川的乡村旅游在 1987 年起源于郫都区农科村,经过 30 余年的发展变化,四川的乡村旅游发展获得了巨大成功,旅游经济收入中乡村旅游收入占比逐年增加(李左人,2001;杨小英,2006),乡村旅游产品呈现多样化,实现满足游客多方位需求的愿望(诸丹、唐建兵,2009)。四川省统计局的统计数据显示,截至 2014 年,四川省目前有乡村旅游景点 3100 多个。在四川众多地区中,成都锦江区的五朵金花是目前四川省比较成熟的乡村旅游与新农村建设紧密结合的乡村,是全国乡村旅游发展中的典型示范村(郭风华等,2015;许文炜、黄建云,2011)。

三圣乡原先设定的乡村旅游模式可概括为"政府主导、产业带动、公司运作、村民参与"(石眉语、昌广东,2009),但是社区居民在参与三圣乡乡村旅游发展中始终处于被动和消极地位,旅游开发和规划的自主权和发言权逐渐被外来经营者所掌握,尽管社区居民有自主经营乡村旅游和开发乡村旅游活动的意识,但始终受限于自身经验和资金的约束,而外来经营者凭借丰富的乡村旅游规划经验及富足的资金,能更好地在三圣乡开发乡村旅游,导致三圣乡出现了"飞地化"现象(黄子璇,2017)。大量的外来乡村旅游经营者通过一定的价格从当地村民手中获得了对土地的使用权,或者是以股份制或者向土地流转中心租赁的方式获得了土地,在三圣乡居民的土地上展开了乡村旅游经营活动,但是无论是当地政府还是外来投资者都并未权衡好与当地村民的利益分配,导致当地村民感受到被边缘化,失去了对自己土地的主人翁地位。在乡村旅游长期开发的过程中,产生的负面影响逐渐被当地村民感知并被扩大,不满情绪上升,产生了强烈的不公平感。社区居民实际上作为乡村旅游开发的主体和受益主体,在三圣乡乡村旅游开发过程中参与程度较低,无论是在乡村旅游规划还是在乡村旅游产品设计的过程中缺乏绝对的话语权和决策权,长此以往,当地村民出现了对外来经营者的排斥甚至是拒绝游客进入,这不仅不能带动当地的乡村旅游发展,甚至使得当地村民对乡村旅游开发产生了强烈的不信任感,即使在后期进行高强度的调整和利益权衡,也很难让村民感受到乡村旅游实际开发的益处(张颖,2014)。

五朵金花虽然已经发展成为比较成熟的中国乡村旅游地,但是在社区居民参与方面尚欠缺,导致乡村旅游发展后期出现了社区居民与当地政府和外来投资者之间的矛盾增加,社区居民消极排斥任何形式的旅游活动(林晓娜等,2019)。

第四节　村民参与乡村旅游可持续发展的共性经验分析

一、结合乡村文化,开发乡村旅游产品

乡村丰富的文化底蕴和独到的地理位置可以作为开发特色乡村旅游产品的创意来源,由于各个乡村的传统文化、交往习惯甚至语言都存在差异,乡村文化见证了乡村的兴盛与衰败,是一种见证乡村经济、社会和文化变化的无形遗产(吕龙等,2020)。因此,旅游产品的开发也应当体现乡村文化。独具国家或地方文化特色的乡村旅游产品不仅能够吸引目标市场人群,而且能够与其他乡村的旅游产品产生显著差异,形成鲜明特色(丁晓燕、孔静芬,2019)。英国、美国和日本作为乡村旅游发展较为前沿的国家,在乡村旅游产品的打造和开发上都别具匠心。英国乡村旅游注重乡村村民和社区的参与性以及强调旅游者在乡村旅游活动中的亲身体验,因地制宜开展乡村体验活动。根据英国旅游局官网中的数据,英国旅游者最偏爱的乡村旅游活动主要是户外活动、参观历史遗迹和遗产以及游览花园和公园等,这与英国怀旧和喜爱自然的文化密切关联(杨丽君,2014)。美国的乡村旅游主要是参与乡村牧场放牧活动,这既可以观赏田园景色,也可以亲身体验到田园耕作的快乐,受到了游客们的欢迎(石金莲等,2015)。日本的乡村旅游又被称为绿色旅游,其与日本文化紧密结合,无论是富有文化色彩的人造景观还是季节性的自然景观都与日本的历史文化相互关联,形成独具日本特色的乡村旅游产品,此外,在农场开展当地的手工艺表演活动,以及出售当地的纪念品和种植的土特产都对游客产生了强烈的吸引力(杨华,2015)。

社区居民通过直接参与或者间接参与乡村旅游活动,能够分一杯羹,获得稳定的经济来源(Mjalager,1996;Oppermann,1996),改善原有的生活水平,改善乡村基础设施设备,在利益分配机制上作为重要利益相关者得到重视均有助于乡村旅游的可持续发展(李乐京,2013),而特色乡村旅游产品的开发能在一定程度上保障乡村旅游发展过程中不断吸引新游客和提高游客的重游意愿(张善峰,2008),稳定乡村旅游的经济效益(曹世燕,2018),尤其

是文化旅游产品的开发,一方面是本土社区居民对自身文化的了解程度较高,另一方面是能够有效避免市场上旅游产品雷同的现象,增加文化旅游产品的市场竞争力(杨引弟,2016)。

二、发挥政府职能,助力乡村旅游发展

当地政府相关部门对乡村旅游的规划和发展,重视程度和支持程度都是影响当地乡村旅游业发展的大前提。政府无论是在法律法规的制定,还是在利好政策的颁布方面,都对当地居民积极参与乡村旅游规划和发展起到了鼓励的作用,扮演了领头羊的角色(王云才,2002)。政府的作用主要体现在以下几个方面:①乡村的整体发展规划;②根据当地实际情况制定和完善乡村旅游环境保护和管理政策;③设立专门的职能机构和协会帮助乡村旅游的发展,及时反馈民意;④制定市场营销计划,提高市场竞争能力;⑤按照目标市场人群需求开发特色乡村旅游产品,包括土特产和纪念徽章等。

由于乡村居民在开发旅游产品和构建旅游品牌特色等方面缺乏经验和知识,因此政府不仅要在乡村旅游开发和定位前期发挥重要的主导作用,在开发中期更要对乡村旅游进行科学规划和引导,在政策措施、品牌构建、宣传营销等方面扮演重要的角色。美国政府专门设立了委员会来定点设计和编制乡村旅游发展总体规划(汉思,2018),避免外来资本的进入破坏乡村的自然风光。日本则是由国土交通省观光厅和农林水产省两个部门共同开发乡村旅游产品(盛丹萍,2017)。西班牙自1996年起就着手对自然风景好的小镇和乡村实施乡村旅游发展升级计划。社区居民在政府的引导和保障下积极投入资金和人力发展乡村旅游,甚至对于一些具备发展乡村旅游条件但缺乏经济实力的乡村来说,政府带头投入资金才能助力乡村旅游的形成(刘宁宁,2017),政府的职能规划是社区居民能够积极参与到乡村旅游开发中的重要力量。

三、鼓励村民参与,展望乡村发展态势

社区参与是影响当地乡村旅游可持续发展的重要因素,当地村民对外来游客的接纳意愿势必在很大程度上决定了当地旅游业是否能够朝着目标发展(刘德秀、秦远好,2008),"全球旅游伦理规范"在1990年也明确提出了旅游发展必须将当地居民的利益考虑在内,重视乡村旅游发展过程中对当地居民在社会文化、环境和经济方面积极和消极的影响。德国的乡村旅游发展在当地政府的带动下,在联邦和社区等多个公共行政管理层级的管理下,将当地村民组织在一起,具有很强的灵活性和指导性(王磊,2017)。2003年,英国东南乡村旅游集团改变了以往乡村旅游各自为营的状态,将英国东南部的乡村旅游变为一个区域整体,实现1+1>2,使乡村旅游向整体化发展(方忠,2016)。日本的乡村建设及韩国的"新村运动"都是在中央政府主导下,引导村民自发参与到当地的乡村旅游当中来(吴琼莉、郑四渭,2007)。

村民作为乡村旅游中的重要主体和乡村旅游活动中的重要利益相关者(郭安禧等,2020),其在展现当地文化和保持与游客良好的交往关系,增加游客重游意愿和建立当地旅游形象等方面都起到了重要的作用(Long et al.,1990)。村民对当地传统文化承担了传承和代表的责任,外部资本和游客的进入在某种程度上对当地环境、文化和经济的影响难以避免。建立良好的沟通渠道的方法之一就是大力鼓励乡村社区积极参与到乡村旅游开发和运行当中来,在一定程度上缓和村民和游客之间天然的冲突关系,让村民能够在乡村旅游活动中扮演东道主的角色,积极提出对乡村旅游的改善意见,让村民充分感受到乡村旅游的积极效益,克服乡村旅游中过度飞地化的现象(颜文华,2018)。当地村民不再是当地乡村旅游活动当中的旁观者或被动承担者,因为这会对当地乡村旅游的可持续发展产生长期持续的负面影响(李国庆,2018)。

第五节　国内乡村村民参与乡村旅游
可持续发展的实现路径思考

中国乡村发展历程如图3-3所示,中国乡村从新中国成立实行土地改革,到乡村振兴战略的实施,无一不体现了乡村对于中国发展的重要地位(孙凤娟、秦兴方,2020;陈慈、孙素芬,2020),旅游已经成为乡村振兴的重要经济工具(Park and Yoon,2009)。

为了进一步实现乡村脱贫,中央政府及地方政府对某些地理位置偏远、经济发展欠缺动力但自然环境风景优美且各具特色的乡村实行了政府引导的乡村旅游规划。乡村旅游的发展不仅完善了当地的服务设施和优化了交通状况,更是稳定了当地村民的收入来源。在中国乡村占据了中国国土大

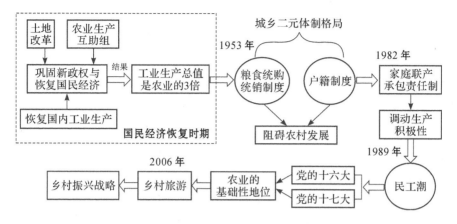

图 3-3　中国乡村发展历史演变概括

资料来源:孙凤娟,秦兴方.中国特色乡村发展动力结构研究:历史变迁、存在问题及重构[J].现代经济探讨,2020(8):119-124;陈慈,孙素芬.中国农业农村发展七十年:成就、经验与展望——中国农业经济学会第十次会员代表大会暨 2019 年学术研讨会综述[J].农业经济问题,2020(1):137-142.

多数的前提下,只有通过城市反哺乡村经济才能实现城乡一体化发展。通过发达国家发展乡村旅游以及国内较为前沿的乡村旅游发展城市的经验来看,促进乡村居民参与乡村旅游发展还需进行以下几点的思考。

一、加大政府支持力度,打造"村民＋乡村"旅游供给模式

政府在乡村旅游更快更好发展中主要充当了指路牌的角色。城市经济反哺乡村旅游发展,促进农村经济进步和社会繁荣,是政府大力支持乡村旅游发展的关键方法。政府支持主要集中在对乡村旅游的资金支持、改造帮扶和人才培训等方面(段会利,2017)。

在资金支持方面,政府对村民在乡村旅游开发前期起到了重要的引领和敲门砖的作用,对于某些位置偏僻、经济收入低下的村落来说,村民的经济收入仅供生活所需,无力全面和正式开展乡村旅游活动,更不用谈丰富乡村旅游产品及多样化乡村旅游活动的问题,只有政府先行将资金、人才和政策等资源投入乡村旅游的发展中,当地村民才会有机会参与到乡村旅游开发中去,才能有机会改善生活条件,只有经济收入来源稳定才能摆脱原有的贫困状态。此外,政府的行为也会在很大程度上影响外来投资者的投资行为,若政府在旅游开发初期对于乡村展开旅游活动的意愿不强烈或者不坚定,则会降低投资企业对政府开发意愿的判断值和对乡村的投资意愿,政府只有在与外来企业的沟通中给予积极的政策倾斜,才会促使企业产生投资获益的信念(马晓龙等,2020)。在改造帮扶方面,政府对于乡村在房屋改造、道路改造等方面应给予积极的支持(苏飞、王中华,2020),尤其是在改造老房子将其作为接待游客的民宿方面,民宿的设计应当以本土文化为方向,例如海南省的船形屋民宿,充分体现了当地特色,让游客在入住期间能够充分感受到当地的传统文化和知晓当地的历史故事。民宿能够给本地村民更多接触游客的机会,是村民主动参与到乡村旅游当中的另一种形式。在人才培训方面,当地村民对于乡村旅游开发既无经验也无资本,如何在借助本地特色文化或者自然环境等资源来开展乡村旅游的问题上难以独自筹谋。因此,政府应主动聘请专业的技术人员,给予针对性的技术指导,对乡村旅游做出全面的规划,引以先进的乡村旅游管理经验(郭蔓,2020),将社区居民引进乡村旅游的大门。此外,政府除了引进先进旅游人才,更应该针对社区居民的素质和服务理念进行培训,只有社区居民意识到如何为游客提供更加全面的服务,了解乡村旅游产品背后的内涵,当地村民才能真正成为乡村旅游开发的主体,即使是在后期无政府引领的情况下,也能实现乡村旅游的可持续发展。

政府在乡村旅游开发前期扮演了重要甚至是主导的角色,涉及参与乡村旅游规划和呼吁当地村民参与乡村旅游等工作,但在乡村旅游步入正轨之后,政府应将自身主导的角色调整为引领的角色,而让市场和社区居民作为乡村旅游发展的真正主体(李彬彬等,2020)。

二、发挥乡村文化特色,强调村民乡村文化主体地位

"十里不同风,百里不同俗",每一个国家、每一个乡村都有其充满魅力的文化特色,如何开发和展现当地本土文化,避免文化商品化和文化旅游品牌重复等问题,在乡村旅游开发过程当中创新和树立自身文化旅游品牌是吸引游客的有力法宝(张洁,2020)。乡村旅游发展主要依赖当地的自然资源和传统文化资源(Knight,1996),其中,乡村旅游地是乡村文化的载体和本体,乡村文化脱离乡村就无法存在。乡村本身实际上并不能作为旅游资源或完整的旅游产品,之所以能够在众多国家兴起并作为一些国家重要的经济带动产业,重要原因是乡村文化和乡村旅游产品是城市游客没有体验过的(Edgell and Harbaugh,1993),乡村旅游产品在一定程度上补充了游客的文化空白(王丽娜等,2020),城市游客通过亲身体验的方式来感受乡村文化,购买乡村旅游产品的方式来重温文化经历(王云才,2002),以乡村文化为核心的乡村旅游品牌和乡村旅游产品成为乡村旅游发展的热点和卖点(Knight,1996)。而社区居民对于本土文化的传承和保护以及了解程度是其他乡村居民或外来投资者所不及的,社区居民主动参与到乡村旅游开发中来,一方面,社区居民能够实现对传统文化的更好保护和传承;另一方面,乡村的本土文化能够成为社区居民获取旅游经济收益的有效途径,在某种程度上实现了"帕累托最优"(Macdonald and Jolliffe,2003)。以日本水上町作为案例来看,这个乡村的村民当初通过种植经济作物作为当地主要经济来源,当地政府通过挖掘当地传统文化,结合当地乡村旅游资源形成了一个完整的乡村旅游村落,不仅增加了经济来源,而且保护了当地逐渐没落的传统文化。因此,乡村旅游应重视对地方特色优势的开发和利用,将带有浓郁地方特色的旅游资源有机结合起来,打造个性化的乡村旅游之路(戴宏伟,2017;张进伟,2015)。

三、引导乡村居民参与,实现乡村旅游可持续发展

乡村旅游是在乡村社区之间展开的社会交往活动,特别是在节假日或者假期中,增加当地基础设施设备的使用频率,会加剧当地的交通拥挤状况,加速当地自然环境和社会文化的积极或消极变化都是在乡村旅游开发过程中不可避免的情形(吴兰卡,2015)。在经济方面,村民是乡村旅游发展中处于被动地位的利益相关者,在某种程度上属于弱势群体。只有在政府的主导下,各方力量重视和支持村民作为乡村东道主的地位,构建稳定公平的村民收益分配机制和科学的土地赔偿协议,才能实现在乡村旅游开发过程中政府、旅游经营者和开发商以及村民三者之间的利益均衡,避免由乡村旅游发展在经济收益上分配不均衡导致的矛盾冲突(赵承华,2020),村民参与到乡村旅游中的利益分配当中能够在一定程度上缓和乡村旅游开发过程中可能带来的消极影响。在文化方面,旅游活动会对当地的传统文化带来显著的积极影响,主要表现在对传统文化的传播和保护,以及增加当地村民对自身文化的骄傲自豪感等方面,进一步促进村民对本土文化的传承,但大量资本及外来文化的进入势必也会不可避免地对当地文化产生影响甚至造成同化,可能会影响到当地年轻人的价值取向和文化倾向。村民参与到乡村旅游当中来能够避免其因外来文化进入而导致的盲目排斥或者接纳的情况,乡村旅游活动能够促进村民和外来游客的社会交往,使两者交流频率增加,在交往过程中,村民通过对外来文化更深层次的了解,自主对外来文化的优缺点进行判断,更好地对外来文化和自身传统文化进行对比、选择和吸收(Yang et al.,2018)。在环境方面,村民参与到乡村旅游活动当中来,对于当地环境的改造和规劝外来游客的不合理行为更有主动权,能够参与到当地环境和设施设备的改善当中,纠正外来游客破坏当地环境的行为,能够进一步减少游客和村民之间在环境保护上的摩擦。

　　"村民参与,村民受益"是发展乡村旅游的出发点和落脚点,只有真正让村民感受到乡村旅游带来的积极变化才是真正实现了乡村旅游的成功(张环宙等,2007;Hong et al.,2003)。村民作为乡村旅游开发、建设和服务的主体,同时也作为利益获取和发展成果享受的主体(Wilson et al.,2001),只有让全体村民都主动参与和融入本地的乡村旅游活动当中来,切身感受到旅游活动带来的实际收益,才能实现同发展和共富裕的目标(Murphy,1985;Perdu et al.,1995)。乡村旅游的发展要能够切实改善村民生活水平(赵毅,2011;朱琳琳,2014;Fleischer and Felsenstein,2000),第一,要增加村民的就业机会,一是使广大村民不离家,减少前往一线城市打工的村民数量,这能够缓解甚至解决留守儿童等社会问题,使村民依靠自己的土地就能通过参与乡村旅游活动直接获得稳定工作和收入来源;二是能够让村民通过依托当地乡村旅游发展和大批量的游客而展开多种经营方式,间接带动村民就业。第二,多渠道增加村民收入,保证村民通过乡村旅游活动得到收益,直接增加村民的旅游收入,如果开发乡村旅游活动让村民出租了自己的土地,却不能够保障村民的收入和正常生活,乡村旅游就失去了原本存在的意义。第三,要将乡村旅游开发与村民的精神文明建设结合起来,村民通过参与乡村旅游活动充裕了工作以外的生活,丰富了村民的精神生活。第四,在乡村旅游开发过程中同时要注重对村民的技能培训,只有更好地为游客提供乡村旅游服务,明确乡村旅游产品的丰富内涵,才能实现乡村旅游的可持续发展。

第六节　乡村振兴战略下村民参与乡村旅游
可持续发展的目标和要求

一、坚持村民主体地位

坚持村民的主体地位,是深入贯彻落实党的群众路线的具体行动。中国共产党的群众路线,是指一切为了群众,一切依靠群众,从群众中来,到群众中去的思想和行动。实施乡村振兴战略,需要全面调动"广大农民的积极性、主动性、创造性",目的是"促进广大农民共同富裕"。乡村振兴战略下,村民参与乡村旅游可持续发展的目标,与建设中国特色社会主义的目标是完全一致的,即实现广大农民共同富裕。

共同富裕是中国特色社会主义的根本原则。村民在乡村旅游中扮演着主人的角色。只有坚持广大村民在乡村旅游中的主体地位,调动村民主人的积极性、主动性和创造性,激发出主人的内生动力,才能促进乡村旅游可持续发展。只有村民安居乐业、收入稳定、生活幸福,才能将自己和乡村最美好、最真实的精神面貌呈现给游客,助力美丽乡村建设,使城市与乡村各美其美,美美与共。

二、深化村民自治实践

深化村民自治实践,建设法治、德治和平安乡村,是乡村振兴战略下村民参与乡村旅游可持续发展的基本要求。

乡村旅游要想实现可持续发展,必须建立村民广泛参与的社区主导型乡村旅游经营模式。社区主导型乡村旅游开发方式,能够有效地吸纳村民广泛参与,建立起内生式的"造血机制",有利于乡村的经济、社会和环境等各方面的可持续发展。社区主导的乡村旅游经营模式,可分为基层组织主导、股份制公司主导和专业合作社主导等类型(周永广、姜佳将、王晓平,2009)。

(一)基层组织主导模式

以村委会为主体,组建乡村旅游公司或协会,进行乡村旅游经营、管理、服务等工作。这一自治类型对村委会等基层组织有很高的要求,如基层组织有健全的规章制度,如评议制度、财务制度和选举制度等。而且,还要有一定的经济实力和治理能力等能力。基层组织主导模式与精英治理密切相关。村主任往往是村里的带头人,扮演着精英的角色。基层组织将权力交给精英。在精英的主导下,开展乡村旅游经营与管理工作。精英治理需要带头人有奉献精神和治理能力。村庄中的能人、富人和乡绅等精英群体,在自己富裕殷实的基础上,发挥奉献精神,全心全意带领村民群众发展乡村旅游业,在村民中树立起威望,赢得村民的尊重,从"德治"的角度实现基层组织"自治"。同时,要建立公平、正义、规范的评议制度,确保基层组织主导的乡村旅游经营模式顺利运转。

(二)股份制公司主导模式

股份制的乡村旅游经营模式对乡村旅游资源有较高的要求(郑群明、钟林生,2004)。拥有深厚历史文化或生态环境条件优良的乡村,在发展乡村旅游时,将乡村旅游资源、技术和劳动等作价入股,明确了国家、集体、投资者、村民等各方的产权归属和利益分配,能够协调各方利益。但最大的难题是各类旅游资源的价格如何量化、如何作价入股的问题。而且,为了防止产生"飞地化"的不良后果,村民需要掌握控股权。这种模式适用于当地基层组织的力量较小、缺乏乡村旅游启动资金和发展经验的乡村旅游起步期。

(三)专业合作社主导

实行这一模式的乡村旅游地,需要先具备产业基础。以优势产业的专业生产合作社为主体,融合旅游产业的农产品销售、乡村民宿、餐饮、娱乐等各项旅游功能,通过产业发展带动旅游业发展,实现共赢。此种模式对村民的合作能力有较高的要求,村民要具有合作共赢的思想境界。同时,由于专业生产合作社存在组织形式不够紧密、组织机构不够完善,发展初期资金不够充足等局限,专业合作社主导的乡村旅游模式需要有政府的支持,特别是人力资源支持、基础设施支持、营销推广支持等。

第七节　本章小结

乡村振兴战略与乡村旅游是一个相互促进的耦合协调系统(李志龙,2019)。一方面,乡村旅游发展是助推乡村振兴的重要产业支撑。乡村旅游具有产业融合度高、关联带动性强等特点,能够推进乡村的经济、社会、文化和生态发展,与乡村振兴战略提出的乡村发展愿景相一致;另一方面,乡村是乡村旅游活动赖以开展的载体,其纯净健康的自然环境和丰富多样的乡村文化是核心吸引物,乡村振兴的过程中,治理生态环境,美化村容村貌,资金和人才向乡村流动,有利于乡村旅游高质量健康发展。

乡村旅游的发展,依赖广泛的公共和私人拥有的自然和文化资源、相关的基础设施和服务设施,以及住宿、餐饮等要素的支持。如果过度追求短期利益,会导致乡村环境质量下降,会因发展的类型和规模以及吸引游客的人次超过环境容量,而对物质环境、社会结构和文化质量等造成威胁(Garrod,Wornell,and Youell,2006)。因此,在乡村旅游的背景下,可持续性问题日益受到重视(Butler,1999)。

乡村旅游的利益相关者涉及地方政府、当地村民、游客、旅游投资者和旅游管理者等。其中,当地村民扮演着乡村旅游的主人、乡村旅游的经营者、乡村旅游的受益者、乡村旅游环境的营造者、乡村传统文化的传承者等多重角色,是乡村旅游赖以生存和发展的根本性依托。国内外村民参与乡村旅游的大量案例表明,村民参与是实现乡村旅游可持续发展的根本保障。在乡村振兴战略背景下,村民参与乡村旅游可持续发展,需要坚持村民的主体地位,深化村民的自治实践。

第四章　乡村振兴战略下村民参与乡村旅游发展的路径分析

乡村振兴战略自提出以来，日益受到学术研究和社会实践的关注。2019 年中央一号文件进一步指出乡村振兴战略是农业农村发展的总抓手，而乡村旅游发展作为乡村振兴的主要实现路径备受关注。

在乡村旅游发展繁荣的今天，乡村振兴战略赋予了乡村旅游更为丰富的内涵。以往乡村旅游多是作为产业看待，强调对乡村的经济贡献，而如今的新型乡村旅游关系到乡村产业、人才、文化、生态、社会等多个维度的全面振兴。在该背景下，村民参与成为乡村旅游发展的关键，如何促进村民的有效参与，成为当前乡村旅游可持续发展的重要课题。

在产业方面，村民参与乡村旅游能够让产业发展普惠更多的老百姓，让利益分配更均衡；在人才方面，村民参与乡村旅游为乡村留住优秀人才，以本地化就业、创业维持村民家庭生活与工作的平衡，实现家庭和睦、乡村和谐、社会稳定；从文化上来说，村民是当地传统文化、民族文化和民俗的载体，村民参与能使乡村旅游充分体现当地文化的原真性，使优秀民族传统文化得以传承并动态地向前发展；从生态上来看，村民参与促进当地生态环境的改善与优化，促进乡村旅游的可持续发展。从社会发展上看，村民参与乡村旅游有利于盘活乡村闲置资源，减少留守儿童、独居老人和空心村数量。

如果说注重经济效益的乡村旅游发展更多依赖的是外来资本推动的外生动力，那么推动村庄全面振兴的乡村旅游，需要村民内部自发组织的内生增长模式。受到学识、眼界、能力、资源条件及当地环境等因素限制，村民参与乡村旅游，实现乡村振兴，还面临着不少的困难和阻力。

近年来，国内外关于社区参与的理论日渐成熟，针对案例地有关参与路径与保障机制的探讨也取得了阶段性的成果，但关于参与路径的不同分类以及从不同分类探讨阻碍因素的研究还很少。本章节重点研究乡村振兴背景下村民参与乡村旅游发展的多种路径,在实地调研与文献总结的基础上,从多个角度对参与路径进行了分析,并以浙江松阳县、金华磐安仰头村为案例地进行了实证检验。最后从协调、引导、决策等角度提出村民参与乡村旅游的保障机制,提升村民获得感,从而推动乡村旅游全面发展和乡村振兴。

第一节　村民参与乡村旅游发展路径的文献评述

一、村民参与乡村旅游发展的意义研究

人们在一定地域范围内聚居而组成的社会共同体称为社区(魏娜,2003),学者们将村镇行政区划看作一个社区,对于村民参与的研究是嵌套在社区环境之中的(Simmons,1994;Tosun,2006;Keogh,1990)。社区参与是指在旅游发展制定目标、决策规划、执行监督的全过程中,考虑村民诉求,尊重村民利益,将其视作旅游开发和参与的主要对象,从而促进乡村旅游的健康可持续与社区的全面发展(保继刚、孙九霞,2008)。社区参与的研究源自发达国家,并为国内学者所重视,中西方在参与主体、参与程度、参与方式、参与途径等方面有显著不同,与西方相比,中国社区参与乡村旅游更为被动(Tosun,2000;保继刚、孙九霞,2006;翁时秀、彭华,2010)。

而村民参与则更聚焦于原住民这样的一个群体。联合国发布的《21世纪议程》中将村民视为旅游业发展过程中必须考虑的对象之一,而原住民更是在旅游业规划决策、环境保护、文化展示等环节中扮演着不可或缺的角色。乡村旅游中的村民参与已成为乡村旅游开发的核心问题。

村民参与乡村旅游对村民个人、乡村、社会有重要意义,主要可从四个方面来表述:经济、文化、生态与社会。从社会经济学的角度来看,村民参与式乡村旅游可增加村民受益,促进乡村经济转型(郑群民,2004)。在文化上,村民作为地方历史文化的见证者和承载者,有利于集中展现乡村地区的风土人情,激活本地特色资源,促进传统文化传承与发展,增强乡村旅游的独特魅力(郭文,2010)。在生态方面,吸纳村民参与乡村旅游的发展有利于改善村民生活环境,促进生态可持续发展(王琼英,2006)。在社会层面,通过发展壮大乡村旅游,以此促进乡村振兴、解决空心村问题、提高返乡创业率。村民参与乡村旅游有利于经济、社会、生态、文化四个层面的综合发展,

激发乡村地区的活力,推动乡村振兴。

二、村民参与乡村旅游发展的影响因素研究

影响社区居民参与乡村旅游发展的因素是多方面的,我们在查阅多种资料后将其归纳为内因与外因。内因主要指影响村民参与决策的内在驱动力,如居民对发展乡村旅游所持态度、居民受教育程度、旅游从业技能与知识、生活方式等;外因则包括政治、经济、文化、环境等多种宏观因素。

村民在乡村旅游发展的过程中居于主体地位,其参与旅游程度的深浅对乡村旅游的开发建设与乡村经济的可持续发展产生重要影响(郑群明、钟林生,2004)。反之,积极的社区参与也是增强村民正面旅游感知,提高村民社区归属感的重要途径(杜宗斌,苏勤,2011)。Kam Hung 将 MOA 模型运用于社区参与中,将村民的动机、机会、能力视为决定参与的关键因素,他认为获取可观的收益并不是村民参与旅游的绝对动机,而参与能力和知识水平与村民参与水平呈正相关(Hung and Sirakaya-Turk,2011)。部分村民认为自己缺乏创办企业的技能,也不了解游客的兴趣点(Ertuna,2012),因此为村民提供教育(Simmons,1994),通过电视、报纸、宣传册发布、分享信息,以及提供外语、文化、小企业管理和会计方面的短期课程(Timothy and Tosun,2003),都能够有效提高居民参与的积极性与参与能力。在当前经济社会中缺乏话语权、政治参与意愿低下、不关心外界事务等都是居民在乡村旅游规划决策中参与缺失的重要原因(Wang,2007)。

在外因上,村民、当地商人和地方政府是乡村旅游的主要参与者,政府渴望通过村民参与建立乡村企业来发展乡村旅游,村民却因本身资源匮乏或对所拥有资源所有权的法律缺失、受到当地商人的限制和挑战而处于弱势地位,亟需政府通过制定和有效传递相应规章条例及优惠政策、兴建公共基础设施、发展人力资本、公平分配教育资源等措施赋予村民对旅游资源的所有权,协调三者关系,提高治理能力,从而激发村民参与的创造力(Situmorang and Trilaksono,2019;唐兵、惠红,2014)。Tosun 对土耳其某旅游地进行了实地调研,研究证实社会、文化环境、所在地旅游业发展等因素影响着居民对旅游发展的态度(Tosun,2006)。Iorioa 对意大利撒丁岛的实地研究,补充论述了政治、经济、文化等外在因素对村民参与的影响,由当地村民组成非官方机构与外部个人或社会组织的频繁接触,将对其他社区村民的旅游参与产生促进作用(Iorioa,2012)。

综合以上研究,村民参与旅游发展主要从个人内在阻碍(居民参与意识薄弱、知识技能资本人脉不足)、人际关系阻碍(社区归属感弱、社会关联程度低)、结构性阻碍(参与机制不健全、政策法律缺失、参与渠道单一)等三个方面阻碍村民参与本地乡村旅游(Tosun,2000;时少华,2012),这三个层面涵盖了影响居民参与乡村旅游的宏观和微观因素。

三、村民参与乡村旅游发展的类型研究

村民参与乡村旅游,根据不同的标准有不同的分类。从参与内容出发,对 Sarawak 地区乡村旅游的研究中,研究者从参与效能感角度构建了社区参与的框架,他将社区参与乡村旅游的活动分为决策参与、知识共享、社区赋权(Fun,2014)。而在《参与和民主理论》一书中,Pateman 从是否参与决策的过程角度出发,将参与活动分为真参与和假参与,真参与又分为部分参与和充分参与(Pateman,2006)。杨涛对城市社区参与的探讨中,将社区参与内容从横向进行分类,分为娱乐性参与、维权性参与、事务性参与和公益性参与(杨涛,2012)。

从参与的利益相关者出发,金颖若和周玲强系统地梳理了我国东西部地区乡村旅游的发展情况,将乡村旅游的开发、经营与管理模式归纳为自主经营型(包括自发型和政府主导型)、协会推动型、景区—经营户联动型和服务中心带动型等多种类型(金颖若,周玲强,2011)。不同的主体组合会形成不同的参与风格,有研究将城市居民的参与风格分为治疗型参与、单向通知型参与等诸多类型(Arnstein,1969)。还有学者从参与的主体性出发,将之分为协商型、自我动员型等(Petty,1995)。

四、村民参与乡村旅游发展的路径和机制研究

乡村旅游村民参与模型涉及政府、非政府组织、企业、村民等不同相关利益者(何喜刚,2009),根据参与主体的构成不同可分为以下几种类型,其主要特征如表 4-1 所示。又有学者从社区增权角度出发,就经济增权、心理增权、政治增权、社会增权、教育增权五个方面提出村民参与路径和模式的相关建议(郑群明、钟林生,2004;彭敏、付华,2007;陆明华,2015;彭如月,2019;郭凌、周荣华,2012)。

表 4-1　社区参与模式及主要特征

社区参与主体模式	操作方式	主要特征	典型代表
个体农庄	农业个体户发展	改造或重新建设自己经营的农牧果林场,使之成为一个旅游景点(区),能够进行旅游接待和服务。该模式能吸纳附近闲散劳动力,形成以点带面的发展格局	内蒙古乌拉特中旗"瑙干塔拉"
村民＋村民	村民间自由组合共同开发	资金投入少,管理水平较低,接待量和带动效应有限;真实保留乡村习俗和文化	湖南汉寿县"鹿溪人家"
政府＋村民	规划后由政府带头成立公司对乡村景区进行管理,在其中工作	改善乡村旅游环境,增加就业机会,提高村民收入;少数村民获益增加村民矛盾;信息滞后和管理不善导致政府信任感下降	四川丹巴县甲居藏寨、贵州西江苗寨
公司(＋社区)＋村民	公司开发、经营和管理,直接与村民签订合作合同,责权利关系明确	公司在旅游产品整合、市场开拓、技术创新等方面的优势有利于树立旅游品牌;村民经公司培训上岗,公司对其行为进行规范;但村民参与程度较低	湖南浏阳市"中源农家"、西双版纳傣族园
社区＋村民＋非政府组织	社区成立股份制企业,村民参与开发;非政府组织提供资金技术援助	旅游开发完全由社区自主,利益分配由居民自定;居民生态保护意识较好;社区经济社会发展水平有所提高,但幅度不大	云南迪庆哈玛谷
政府＋公司＋非政府组织＋村民	由非政府组织牵头,由政府和业界人士组成委员会协商决定各种决策,村民和公司参与其中	注重参与者的能力建设;旅游企业以当地农产品、食品等带动当地相关产业,村民主要参与当地艺术、民俗、传统的保护和复兴,以建立独特的地方文化形象	捷克和斯洛伐克中部地区的摩拉维亚乡村遗产廊道
政府＋公司＋农村旅游协会＋旅行社	政府负责整体规划和基础建设,公司经营管理,农村旅游协会组织村民参与、协调公司与村民利益;旅行社组织市场客源	可避免乡村旅游的过度商业化,保持当地文化的真实性;村民文化素质和经济收入提升;社区环境得到改善;旅游业带动效应明显	贵州平坝县(现安顺市平坝区)天龙镇天龙屯堡

续表

社区参与主体模式	操作方式	主要特征	典型代表
股份制	多方合作创立股份制企业,以资源、技术、劳动入股,收益按股和按劳分红相结合	股份制合作经营,居民直接参与旅游开发决策、生产经营活动和利益分配;入股各方有共同利益和目标;就业机会多,收入增加;旅游资源和环境能得到较好保护;有效树立乡村旅游地品牌形象	四川成都市三圣乡红纱村

资料来源:彭敏,付华. 中国乡村社区参与旅游开发研究[J]. 中国农学通报,2007(1):172-175.

在乡村旅游村民参与机制方面,学者研究提出要建立:①公开的决策咨询机制,充分反映社情民意;②完善的利益保障分配机制,扶持村民并提供机会;③有效的教育培训机制,培养意识,提高知识与技能;④公平的产权交易机制,维护村民所有者地位;⑤平等的对话机制,保证村民对旅游业发展的发言权(刘玮华,2000;李东和等,2004);⑥完善立法机制,对乡村旅游产权进行明晰,综合协调机制等。陈永昶指出健康的村民参与得益于合理有效的"利益—激励机制",其重点体现在村民人力、资源投入与乡村成本收益协调两个方面(陈永昶等,2006)。

健全参与机制,丰富参与方式,能够有效调动村民参与乡村旅游的积极性。众多学者把路径与机制联系在一起进行研究,提出推动村民参与乡村旅游发展的路径与机制,包括发挥政府的主导作用,提高村民参与意识;丰富乡村旅游项目,提升活动品质,从而不断加深村民参与层次,提高参与范围;为村民提供相关的课程和培训;成立农村旅游管理委员会等(周丽君等,2010;Murphy,1985)。时少华认为破解村民参与乡村旅游发展困境的路径为完善各项农村土地政策,从国家角度实现村级公共权力的重塑(时少华,2012)。由此可得村民参与乡村旅游发展的路径与机制主要有三大类型:村民自发型、社区动员型与国家激励型。

第二节   村民参与乡村旅游发展路径的相关理论

一、增权理论

增权意味着权力的增加,这隐含了去权、无权到增权的过程,外界的侵害导致权力受损或被剥夺,使个人及群体因权力的缺失而感受到软弱与无力,从而要求通过积极的外部力量赋予个体权力,增强其参与政治、社会事务的权利与能力,以提高自我效能感与获得感。自 1976 年所罗门提出该理论以来,增权理论已成为多学科领域研究的新热点,学者们在不同情境下对增权的概念、主体、目标、过程进行广泛而深入的研究(唐咏,2009)。1999年,斯彻文思正式将增权理论引入旅游学科,在生态旅游的范畴内对其进行探讨(Scheyvens, 1999)。

学者以增权涉及对象为依据进行划分,将其分为个人增权、组织增权和社区增权。个人增权,即个体以获取知识技能、充分自我认知和提升自我肯定,实现对自我心理和外界事物的控制和影响。组织增权的目的在于扩大组织影响力,通过组织成员的共同领导发挥组织内在优势,发展组织技巧与能力(范斌,2004)。社区增权则将对象瞄准社区这个大的社会集合体,以具有约束性的政治制度、普及的义务制教育和便捷的信息传播,使居民、组织、企业、政府各方拥有更加势均力敌的权力关系。无论从实践还是理论层面,将增权理论引入居民参与旅游开发的研究中都是非常必要的,权力的增加能够有效激发居民的参与热情,提高参与能力;同时,也促进参与理论进一步的补充与发展。学者对个人、组织与社区三者间的权力关系进行研究,认为在有政治制度牵制三方权力的前提下,构建科学的利益共享机制,维系好三者间相对均衡的权力关系是实现旅游可持续发展的关键,同时重视个人增权的作用,使个人增权优先于其他两者(左冰、保继刚,2008;黄娅,2010)。

目前,学者们更多地将研究重点集中于个人增权与社区增权层面,在讨论时并不严格区分两者界限,通过对案例地的调查研究,依据当前国情与经济社会发展现状,在经济、政治、心理、社会层面提出增权建议。在经济方面,通过优化村庄的利益分配制度,推行优惠政策、鼓励股份制经济,保障居民权力;政治方面,保继刚以雨崩村为案例村,分析其由村民自行建立的特殊的利益分配机制,并指出国家层面提供的制度保障才是该机制健康运行的关键;在心理增权层面,依靠培训教育提高居民的知识技能,引导居民主动参与到旅游开发、文化推广与资源环境保护当中,从而产生自我肯定与满足;在社会层面,权利的增加使得更多资金和人力被集中于教育投入、基础设施建设和资源保护,社会得到进一步的发展,社区内部凝聚力提高(保继刚,2008;陈娟等,2012;郭华,2012;胡北明等,2019)。

二、激励理论

在乡村旅游发展的过程中,要想发挥村民的主动性和丰富的创造性,就需要从不同角度出发,通过激励机制极大程度地调动、激发村民参与乡村旅游的积极性,将由政府、非政府组织的外在推动转换为村民由内向外的内在动力。

激励是通过寻找人的多种需要以设置不同的目标,从而激发动机,最终导致行为的发生。对激励的理论研究起源于西方,从获得基本需求的经济报酬到满足人的社交、尊重和自我实现的需要,激励理论在学者的研究下不断完善(吴云,1996)。赫兹伯格研究了内外部的激励因素在不同情境下对人的影响,提出"双因素理论",他将对人起影响作用的因素分为保健因素和激励因素。激励因素是指可以使人得到满足与成就感的因素,包括在工作中获得的赞赏与自我发展,以及工作带来的挑战性和人生意义等;保健因素则是容易产生不满情绪的因素,包括工作环境、监督体制、薪酬、同事关系等外部因素。保健因素的改善只能对人们工作的积极性起到维持作用,只有与工作相关的因素得到满足,即激励因素的提高,才能对人们起到真正的激励作用(Herzberg,2016)。

除了对激励基础的研究,学者还在过程激励方面进行了探索。弗鲁姆的"期望理论"认为激励的大小受目标效价和期望值高低的影响,即:M(激励力量)=V(目标效价)×E(期望值)。目标效价的大小取决于目标对人们的吸引力大小,而期望值则是人们对是否能够达成目标的主观预测,目标对人们的吸引力越大,预测实现程度越高,目标对人们的激励作用就越显著,反之,人们的积极性就会降低。亚当斯的"公平理论"进一步探讨了过程激励理论在人际关系中的应用。他认为,激励的效果并不取决于获得物质或金钱的多少,而是受比较过程中公平感的影响,这种公平感既来自人们对自身现在获得的奖酬与付出的劳动和过去作纵向的对比,也来自将自己和他人作横向的对比,对比过程中对公平的感知将直接影响人们的行为活动。

可以将以上的激励因素总结如图 4-1 所示。

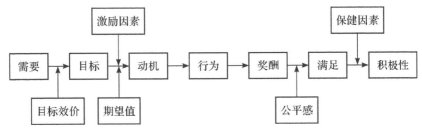

图 4-1　激励过程

资料来源:吴云.西方激励理论的历史演进及其启示[J].学习与探索,1996(6):88-93.

目前运用激励理论对乡村旅游的研究多集中在乡村旅游相关主体的利益保障及村民参与的引导激励机制构建方面。以相关利益主体划分,有学者从政府角度,就提供政策资金支持、基础设施改善、激励村民人力资本投资、完善公共服务体系等方面提出激励机制的建设方案(陈梓楠,2018;崔佳春等,2014)。赵刚等学者从非政府组织角度提出建议,认为景区类乡村应制定相关条例以明确划分参与者的权、责、利,同时积极建立自管、自治组织以激发积极性(赵刚等,2013)。以激励的内外因素分类,学者提出应赋予原住民受教育权,开展有关企业家精神和乡村旅游业的培训与咨询,从内部提高原住民参与产业经营的专业性及积极性;同时应改善政府与村民之间的沟通渠道,并为村民和外来企业在乡村旅游地的发展制定规范和条例(王鹏飞等,2017;Situmoranga,2019)。

三、社会资本理论

法国社会学家布尔迪厄首次对"社会资本"进行系统分析后,社会资本成为社会研究的热门课题。社会资本是与物质资本、人力资本相对应的一个概念(钟涨宝等,2001),国内外学者对其做了不同程度的研究。科尔曼等认为,社会资源是一种个人通过所拥有的社会结构和人际关系,来为结构内部的个人提供便利的集合体(科尔曼,1992)。国内学者将其界定为,社会资本是个人通过社会成员关系和人际社会网络获取稀缺资源的能力。

其中,社会成员关系与人际社会网络是人们获得社会资源的两种途径,社会成员关系来源于社会团体或社会组织,人们是组织的一分子,并依靠组织提供的服务或声望获得资源;人际社会网络则是在人与人的互动与交往中建立和发展的(边燕杰、丘海雄,2000)。这些社会组织与人际关系都涵盖了社会资本的特征,即"社会关系网络"、"互惠规范"和随之产生的"社会信任"(Putnam,1993),雷叙川将"互惠规范"视为与民俗文化、乡规民约相符合的价值观,而将"社会信任"解释为社会成员对他人主观的认同感(雷叙川、赵海堂,2017)。

学者研究发现,社会资本在获得资源、识别机会等方面对乡村创业行为有显著的积极影响(杨学儒等,2017)。但不同类型的村民对社会资本的利用程度不同,同时农牧民社会资本可利用度受民俗文化、中心城镇可达性和居住集聚性等因素的影响(李文龙等,2019)。乡村精英是社会资本在乡村旅游发展中一个重要的研究群体,他们由于拥有比普通村民更多的社会、人力、经济资源,往往比普通村民拥有更多的机会与话语权,也更加愿意参与到乡村旅游中来,但有时过度的社会资本集中所导致的"精英俘获"会使普通村民福利下降,合作社利益分配不均(李祖佩等,2012;温涛等,2016),甚至形成对国家发展资源的过度依赖(孙九霞等,2019)。

第三节　村民参与乡村旅游发展路径的体系构建

一、乡村旅游涉及的利益主体

乡村旅游涉及的利益主体是对乡村旅游发展有重要影响或者受乡村旅游发展影响较大的各种组织、群体或者个人,包括村民、政府、非政府组织(农村合作社等)及企业。

(一)村民

村民在乡村旅游发展过程中起关键性作用。村民创造了当地的风俗人情、乡村文化和特色风俗,村民的日常活动也成为一种旅游资源,村民成为乡村旅游中不可或缺的一部分。村民通过提供服务、土地或房屋等参与到乡村旅游中,从而获得经济收入,拓宽眼界,学习到更多的知识和技术。同时,村民的服务质量、服务水平直接影响着乡村旅游业的发展,从而影响当地经济收入和发展速度。因此村民不但是旅游活动的经营者、参与者,旅游产品的提供者,也是乡村旅游的受益者。

（二）政府

政府在乡村发展旅游产业时起到重要的引导规范作用,对旅游资源进行整合并且制定出相关的规章制度,政府的目标是有效推动乡村旅游产业的发展并带动乡村经济发展,使居民生活质量得到明显提高,保障村民、企业和其他利益相关者的利益。在乡村旅游发展中,政府为乡村提供资金与政策支持,乡村旅游的发展也为政府提供了税收。

（三）非政府组织

非政府组织主要指第三方力量(非政府旅游环境保护组织、乡村旅游协会、农村合作社等),它在乡村旅游发展过程中是非常重要的资源和群体之一。首先,可以协调政府和村民之间的关系,将政府政策贯彻落实到村民中,促进村民参与,同时也可作为村民代表向政府部门反映村民的各种需求和建议。其次,可以解决旅游开发建设中出现的问题,结合各大相关主体的利益,共同维护和推动乡村旅游的稳步向前发展。最后,可以为当地乡村旅游发展提供各项支持,比如各项培训、专业性意见和评价、实质性建议等。

（四）企业

企业对乡村旅游资源进行投资,是乡村旅游发展的主要受益者。企业活动有助于为村民拓展就业渠道,提供就业机会,从而更好地带动农村经济,解决村民收入问题。

二、村民参与乡村旅游发展的内容与目标

（一）参与旅游决策

乡村旅游的关键主体是村民,村民在旅游决策中占有重要地位,主要内容包括村委会采取集体开会、举办赛事活动等方式广泛收集村民意见,引导村民自行拟定旅游发展规划并参与到旅游产品开发、乡村旅游宣传中来。

（二）参与旅游经营管理

乡村旅游的创收来源于为游客提供的服务,村民通过在旅游企业就业、自主经营、投资、景区管理等方式参与到乡村旅游的经营管理当中。

（三）参与当地文化传承与生态保护

以往的乡村旅游发展多为外来企业投资,他们的开发以获取经济利益为目的,忽视当地文化的原真性及生态环境的承载力。作为当地人的居民参与到乡村旅游发展当中,会对这两方面加以重视,促进旅游目的地形象的树立,保障日后的可持续发展。

（四）参与利益分配

旅游发展带来的利益涉及多个主体,产生的利益也较为广泛,在参与旅游发展的过程中,村民有权分享经济利益,参与利益分配的讨论与决策。

（五）村民参与目标

基于乡村振兴的背景,村民参与乡村旅游发展的总目标是协调旅游业经济收益、游客体验感、社区各部分的整合、旅游地资源环境,主要从四个方面分别展开论述,如表 4-2 所示。

表 4-2　乡村旅游发展中的村民参与目标

经济	文化	社会	生态
实现经济收益最大化	保障当地文化原真性	盘活乡村资源	改善当地生态环境
确保村民在旅游业中获益	促进文化传承与发展	促进村民交流合作	实现可持续发展
促进旅游产业发展	树立旅游目的地特色形象	缓解空心村问题	

三、村民参与乡村旅游发展的阶段划分

（一）初创期

处于这一阶段的村民在建设乡村旅游发展中参与意识较弱,对于乡村旅游发展过程中的乡村改造和建设,持不理解甚至不认同的态度。同时,身处该阶段的村民在参与乡村旅游发展中参与层次较低,参与内容较少,参与途径单一,主要以提供相对廉价的旅游服务为主,例如贩卖小吃、提供基础的旅游信息等。在这一阶段,会有个别、少数无组织的个体在乡村旅游发展日益兴盛的情况下,选择自发参与其中,例如,开办小型农家乐、建设简单的民宿等。整体来看,景区呈现较为无完善秩序的状态,当地政府、景区负责组织及村民之间,三者联系少,互相孤立,甚至会因为利益分配等问题产生对立情绪。

（二）中间期

中间期是初创期和成熟期的过渡阶段,是成熟期顺利实现的重要衔接阶段。该阶段中,村民对于乡村旅游发展的"阻挠"情绪逐渐转化为"理解"情绪。政府、景区组织、村委会和村民这几者之间的孤立状态被打破,村民的意见和诉求得到正视。政府主导着村民进行乡村旅游发展建设。村民的

积极性得到提升,在初创期,当地乡村旅游发展的雏形,在该阶段得到更进一步的提升。景区的日常管理得以加强,村民参与的层次更高,参与的内容也从简单的服务逐渐向管理层面转变。在政府和景区组织的指导下,村民会更多参与对于乡村旅游景区基础建设的保护、管理,对于当地乡村旅游的文化自信和认同在该阶段得以加强。同时,政府、景区组织、村民这三者之间的对话机制得到重视和建立,利益分配也得到重新考量,村民的主人翁意识更加强烈。

(三)成熟期

在成熟期,借由无组织个体和政府主导的村民参与乡村旅游发展状态逐渐成为"非常态",取而代之的是在其原有基础上,社区精英群体主导的大众参与,即在"城归"青年或者当地村民组织的"主力军"领导下,实现村民参与乡村旅游发展的大众化、普遍化。村民对于乡村旅游发展的态度从"理解"转变为"支持"态度,与几大主体之间的矛盾、摩擦减少,更加和谐、融洽。在该阶段,村民自治、政府监督、景区协助的协同管理局面逐渐形成。村民参与乡村旅游发展的积极性旺盛,参与途径和内容更加多样,参与层次提升,参与水平提高,角色转变丰富(如从最初的旅游服务提供者逐渐化身为旅游组织的合伙人、参股人等)。同时,完善的村民参与机制得以建立,如政府驱动机制、决策对话机制、激励机制、利益分配机制等,这一系列机制成为保护村民参与的重要前提和必然条件。最终结果是实现该阶段全村上下村民"共享""互利"的主动性模式。

四、村民参与乡村旅游发展的具体路径

依据前期调研文献研究和实地调研,本书总结归纳了村民参与路径的结构类型,将其分类总结为下列七种结构。

(一)"被动—主动"型

该路径以参与主体的参与意识强弱与参与程度高低划分为主动型参与和被动型参与,也可以称为自主型参与和动员型参与。主动参与以参与主体的明确意图和积极行动作为主要特征,而被动参与中的村民主体参与意识薄弱且参与程度低,多为政府引导。

通过调研及查阅文献,我们针对被动—主动型参与路径来分析典型案例。诸葛八卦村位于浙江兰溪,随着近几年旅游业的不断深入,诸葛八卦村的居民参与制度日渐完善,政府制定资金援助、店面出租等优惠政策,鼓励更多的人参与到旅游行业中,居民参与旅游发展的人数呈现逐渐增多的趋势。根据资料得知,近90%的当地居民愿意参与到旅游活动当中,60%的居民明确表示赞同并愿意投入旅游发展规划当中去,且接受调查的大多数居民目前正通过从事酒店旅馆、经营街边商铺、提供旅游服务等方式切身参与古村落旅游发展。诸葛八卦村村民参与意识强烈,参与程度较高,为主动型参与(侯宝锁,2010)。

仰头村位于浙江磐安县,地处半山腰,村内具有较多待开发的文化旅游资源,如杆秤工艺、织带工艺、磐安炼火等,村里目前正在尝试进行旅游开发。经过调研,我们得知仰头村村民对于发展乡村旅游大多持肯定态度,但受到资金缺乏、利益分配、无人带头等因素的影响,村民没有明确的行为表示,参与程度不高,为被动型参与。北京密云区北石城村西拥有独特的自然资源,但村民在参与乡村旅游时对景区并购不知情,被动接受租金赔偿分配方案,在参与时知情权与决策权缺失,参与相对被动,且有效性低(时少华,2012)。

(二)"深层—边缘"型

该路径以村民参与乡村发展中的参与层次高低和参与内容简单复杂为主要判断依据。参与层次和内容主要以旅游餐饮、住宿服务、活动表演为主(吃住行游购娱),参与层次低、获利渠道单一且参与内容简单者为边缘型。以松阳县西坑村为例,精品民宿过云山居由外来企业投资建设,雇佣当地村民为游客提供住宿餐饮等服务;惠安县崇武镇大岞村村民以其独特的民俗风情吸引众多旅游者,当地村民以穿惠安女服饰、传播惠安女民俗文化、销售村庄土特产品等形式参与到乡村旅游当中(聂芳,2015)。边缘型参与者通常由乡村旅游开发带动,在政府、非政府组织和企业的支持下被动地加入乡村旅游,享受政府提供的政策保障、资金支持与基础设施建设,服从或依赖企业的经营管理及提供教育培训;部分边缘参与者除参与旅游外有别的谋生途径,例如农业种植、装修施工、礼品生产等,他们自身缺乏专业知识、商业经验与现实资源(房产、金钱、社会网络),经营压力小、期望值低,对旅游发展决策不关注或关注较少。

反之,参与内容和层次以规划、管理、经营等有关决策为主的参与内容复杂和层次高者则为深层型。丽水市松阳县四都乡西坑村村民丁某一家是深层参与典型,他们利用村内自有房屋开办农家乐,通过自主经营提高家庭收入,并与当地的村庄管理者保持较好的关系。松阳县平田村的云上平田民宿由村民(个人)和政府共同投资建设,聘请当地村民作为公司合伙人进行日常经营管理,除民宿外又陆续投资引进其他配套设施,如自行车租车点、农产品加工销售等,在乡村内部形成较完善的民宿生态系统。杭州市富阳区东洲街道黄公望村集体经济发达,由村内的旅游经营者组成"富阳白鹤农家旅游协会",对村内的旅游事务进行统一规划协调管理(蔡碧凡,2013)。综上,深层型参与者通常是乡村的体制精英或非体制精英,他们掌握较为充足的经济、社会资源,拥有更强的获取信息的能力,对乡村有较高的认同感与归属感。深层参与者主动加入乡村旅游的发展中,推动乡村旅游的发展,通过规划、管理、经营等途径维护自己的利益。

(三)"经营—管理—服务"型

该路径的划分依据与参与主体参与层次的差异以及担任的角色成分相关,村民以经营者身份经营与旅游相关的企业,参与吃、住、行、购、娱等乡村旅游项目,则该类型为经营型;以管理者身份运用组织资源,管理旅游企业的经营活动和参与旅游事宜的决策,最终实现组织经营目标的为管理型;以旅游企业员工或服务员身份为主,参与乡村旅游企业的旅游经营业务,即为住宿、餐饮、购物提供专门服务的为服务型参与。

在三种类型中,经营型参与处在较高的参与层次,该类型的参与者通常对旅游市场及政府政策的变化有较强的敏感性,了解最新、最受欢迎的旅游产品,具有极强的信息获取、机会把握与创新能力。该类型的参与者在资金获取与人脉关系上有一定优势,是乡村旅游发展的先行者与带动者。以重庆市为例,其优越的自然人文资源带动当地小型家庭民宿的经营与发展,该地的民宿多利用自有房屋开展经营,参与者多为男性,既是老板,同时也扮演厨师、采购、客房服务等角色。在获得较丰厚经济回报与提高社会地位的同时,经营型参与者也面临着更大的经营压力与经营风险,民宿利益相关主体和旅游业大环境的变化,以及突发公共卫生事件和自然灾害的发生,都会对其经营造成不同程度的影响(赵越、黎霞,2010)。

管理型参与较少考虑旅游市场的变化,而是将精力投入旅游企业内部,在经营者的大方向下对目的地人员安排、旅游产品生产、资金运转等进行管理。管理型参与者多受雇于乡村旅游企业或供职于政府单位,其个人素质与能力是促使其有效参与的重要因素。在贵州天龙屯堡,天龙旅游开发投资经营有限责任公司聘用当地村民对景区日常营运和接待进行管理,景区由公司制定发展方向、规划旅游项目,而后交由村民具体执行(周杰、陈志永,2012)。

在服务型参与中,村民通过为游客提供各类服务参与到乡村旅游之中,从而获得经济报酬。以长江三峡的神农溪景区为例,当地村民被雇佣为船工和纤夫,按小时或次数得到酬劳,或是在沿路兜售地方特产和旅游纪念品,为餐饮和住宿企业提供服务等。该类型参与对知识和个人能力要求较低,村民只能从中获取基本的薪酬,且有较强的依赖性,其工作时间在一定程度上受到客流量和季节的限制。在这两种参与类型下,由于村民作为管理者与服务人员在旅游开发中缺少决策权,故村民更看重经济效益,而忽视了乡村旅游在文化传承、环境保护等方面的作用(赵刚等,2013)。

(四)资金/劳动四象限型

该路径对参与主体参与乡村旅游发展的方式进行分类。依据村民参与乡村旅游发展的旅游产业经营和旅游产业投资的情况,以及参与主体在旅游发展中以入股形式参与旅游产业或以在该产业投入服务和管理职能为主的情况分成四类(见图4-2)。

图 4-2　资金/劳动四象限

在浙江云上平田农业旅游开发有限公司的公司结构和日常运营中,我们可以清晰地看到村民在投资、经营和服务方面三种不同的参与方式。平田村老书记以投资形式参与乡村旅游,投入大量资金,租赁村民房屋建设云上平田民宿;民宿管家是民宿的主要经营者,民宿日常运营中负责保洁、餐饮、采购等的人员都是民宿的服务者,经营者与服务者相对于投资者需要投入更多的劳动,民宿的日常运营、宣传,包括农产品的销售都需要他们付出劳动。而经营者与服务者相比,在资金上会有更多的投入,以满足个人的学习培训及公司的日常周转。

以入股形式参与乡村旅游,村民投入较少资金和劳动,其典型代表是股份合作制模式。股份合作制模式多应用于景区依托型的乡村旅游开发地,如广西博白县村民将旅游资源、土地、技术、资金、劳动力等要素转化成股本,入股参与开发"岭南西游记主题乐园"旅游项目,村民作为股东和员工参与景区事务的决策、经营和管理(广西发展委员会);浙江松阳县大东坝镇的石仓豆腐工坊,政府、合作社、村民共同成立公司投资入股,共享收益,以劳动力入股的村民只在其中承担部分劳动,而享受公司分红。在非景区依托型乡村中,以山东淄博市中郝峪村为例,由村委会起头成立旅游开发公司,吸引村民入股,由公司负责乡村旅游项目规划、开发、运营,村民承包公司项目,获得经营收入和分红(范雯雯、陈东田,2018)。在入股这一参与路径中,所有乡村旅游项目由公司统一负责运营管理,村民凭借自己的闲置资产入股获得分红,而较少担心公司整体经营状况。

(五)"经济—文化—生态—社会"型

该路径以村民参与乡村旅游发展的内容类型方向为主要依据。参与内容以经济获利、经济发展为主的则为经济型。这一参与内容类型,以素有"香格里拉"之称的雨崩村为例。其中的村民参与乡村旅游发展的方式,主要为提供旅游服务,获取经济收益。其中旅游服务方式包括向导服务、食宿接待、马匹租用等,最终体现出的旅游发展成果为当地村民家庭年收入增加,雨崩村经济水平提升(保继刚,2008)。

参与内容主要涉及村落文化和当地人文保护的则为文化型。这一类型以巴拿马库拉人生活地和汤加为例,当地人参与当地乡村旅游,主要内容是在尊重本地文化基础上进行的。其中参与的方式包括拒绝公路进入保留地,保护传统、珍贵的手工艺品等。在追求旅游经济效益时,不会迎合大众旅游者口味而抛弃传统、风俗。尊重文化内核和精神,保护对于当地人格形成的重要精神,并考虑为其立法。最终实现的成果为将传统文化融入大众旅游(保继刚,2006)。

参与内容侧重于当地生态环境保护和生态资源开发的,称其为生态型。以大理州洱源县为例。村民主要是主动参与对洱源生态湿地的保护,对多亩湿地积极进行海菜种植,从而保证"洱源净,洱源清"。并在此基础上,村民们积极参与了恢复建设碧湖、草海、海西海、西湖、东湖等,充当天保员、护林员、保洁员、河道管理员等,合理地开发当地生态资源和保护当地生态环境,从而实现参与发展乡村旅游。

参与内容以当地就业发展或者公共设施设备为主的,则称其为社会型。以浙江省楠溪江芙蓉古村的旅游发展前期为例,此时村民参与乡村旅游发展的内容主要为改善芙蓉村的道路设施。村民及老人协会筹集资金,对芙蓉古村的道路进行修葺。最终体现出的结果为芙蓉村道路修建完成,为后期的旅游发展提供基础(翁时秀,2010)。

(六)"持续—升级—转换—退出"型

乡村旅游的发展是一个动态的过程,该路径以村民在发展过程中不断对外界刺激做出的反应为主要依据,学习创新与环境选择贯穿动态参与四个过程的始终。持续型参与常见于乡村旅游发展的成熟期,是一种民主村治、生计多元、生态友好、文化自信的参与方式。以广东丹霞山断石村为例,乡村旅游发展以自下而上形成的民主村治、土地征租、利益分配制度为基础,村民在参与乡村旅游时有较强的参与、维权、环保意识,重视培训教育,对村庄有归属感与认同感,并能持续地从旅游发展中获益(王华,2015)。持续性参与实现了村民在政治、经济、心理、社会多方面的增权,对乡村旅游的可持续发展有重要意义。

升级型参与和转换型参与多发生于乡村旅游各发展阶段的过渡期,是乡村旅游向更高级阶段迈进的根本动力。其中升级型参与建立在现有参与模式基础之上,常伴随着知识增长、技能进步与技术的革新,以陕西省礼泉县袁家村为例,从打造民俗文化体验基地到乡村度假再到打造农副产品品牌,村庄教育的重视与村民视野的不断开阔促使越来越多的村民参与到乡村旅游的产业革新中,形成客栈街、酒吧街,创办第一家文创工作室、书屋,创立品牌体验店等(张凌云,2017)。

当现有的参与模式已不能适应乡村旅游的发展,或与乡村旅游发展相悖时,村民往往采用转换型参与模式参与乡村旅游。潍坊市寒亭区村民在快速城镇化、工业化的背景下,面临农业效益低、收入少、产业水平低、缺少特色等问题,改变参与观念,将参与重点转向延长家庭农场产业链,打造以生态农业旅游为主的休闲农庄(向素容,2019)。这两种参与路径都需要村民在乡村旅游的发展中不被旧模式所束缚,不断创新与自我升级。

当现有的外部环境不支持乡村旅游的发展时,如经济下滑、产业衰退、社会问题加剧等,或村民现有能力不足以支撑其参与乡村旅游,如资金不足、人力资源缺乏时,村民会选择退出。

(七)"生存—机会—生活方式"型

该路径依据村民的参与动机和目标涉及的不同方面划分为生存型、机会型和生活方式型参与。生存型参与即村民在村内整体旅游发展的带动下,以获得收益、维持家庭日常生活为目的而参与,村民将参与乡村旅游视为一种谋生方式,期望尽快摆脱贫困境地。在该参与模式下,村民拥有极少的物质、社会、人力资源,对参与的具体内容拥有较少的选择余地。例如,松阳县平田村村民依靠村庄旅游发展影响力,在村口兜售自家种植的农特产品,招募村民参与民宿的施工建造,招聘村民负责民宿的客房卫生;在磐安县仰头村部分村民以上山采摘、贩卖药材为生,或为村内加工点干活等。

机会型参与多见于返乡创业者中,他们拥有较丰富的各类资源,对当前政策有较好的了解,能够预见乡村旅游较好的发展前景,或发掘乡村旅游中的新亮点,期望通过参与把握乡村旅游发展新方向,寻求自我实现的机会。以福鼎市赤溪村为例,村庄乡贤作为协调者与投资人,紧密联系政府和社区,成立种植合作社、风情园、打造乡村特色品牌,创新"企业＋合作社＋村民"的乡村旅游开发新模式,以引领整体乡村旅游发展(钟荣凤,詹岚,2019)。

生活方式型参与即村民在参与过程中将其日常生活中的作息习惯、劳动工作、休闲娱乐、社会交往与乡村旅游发展相融合,其目的在于帮助村民实现工作与家庭间的平衡,使村民的正常生活与旅游业发展不互相抵触,是维护目的地良好环境、保持旅游原真性的最好方式。以中山市新伦村为例,村内妇女基于照顾家庭、抚养孩子等原因,在家庭经济条件较为宽裕的前提下从事表演、导游、水果采摘等时间自由的工作,实现了满足兴趣爱好、轻松人际交往、紧抓孩子教育等目标(龙良富,2012)。

五、村民参与乡村旅游发展的路径优化

(一)不同路径下村民参与感与参与障碍分析

通过前期资料搜集与访谈记录整理,我们总结出在不同的路径中阻碍村民参与乡村旅游的因素,将阻碍因素分为个人内在阻碍、人际关系阻碍、结构性阻碍三个层次,三种阻碍因素并不是分离割裂的,通常参与的各个阶段存在着一种或多种阻碍因素,同时三种阻碍内部存在一定关联性,一种阻碍往往会导致另一种阻碍的产生。具体因素如表 4-3 所示。

表 4-3　村民参与乡村旅游的阻碍因素

阻碍层次	阻碍因素
个人内在阻碍	性别、个性、能力、资源(自然、物质、金融、人力、地方性文化)、受教育程度
人际关系阻碍	社会阶层、民俗文化、乡规民约、参考群体态度、旅游开发负面感知、社区归属感、社会关联程度、利益分配
结构性阻碍	季节性波动、突发性公共事件、外部竞争、城镇化趋势、政府的政策法律(金融、税收、土地等支持制度;环境、遗产保护等规章制度)、社会合作(外来企业、金融机构、非政府组织、社区组织)、基础设施建设、市场变动、信息接收渠道单一

1.个人内在阻碍

个人内在阻碍来源于 Crawford 和 Godbey 提出的休闲制约的第一个层次——个人内在制约(Crawford,1991;Crawford and Godbey,1987),即个体性别、个性差异、能力、资源等不足影响个人内在态度和心理状态,抑制旅游参与偏好的形成,从而导致参与程度下降。针对被动型、边缘型和服务型参与者,个人内在阻碍通过改变村民的参与偏好而对参与水平产生影响,是制约村民参与乡村旅游的内化因素。

金华市磐安县仰头村是乡村旅游发展的初级形态,村内旅游发展尚未成型,游客到访少。结合问卷调查与访谈,我们发现,当地村民普遍认为自身在解决和处理问题、财务管理、发掘顾客和营销、沟通交流和谈判、领导和激励员工等方面的能力不强,这与个体的生活环境和个人经历息息相关。村庄多数居民从事农业生产、在外务工等,简单、基础的工作不会带来营销、谈判、领导力等能力的实践与提高,使其对自身技能和能力产生强烈的畏缩与不自信,进而对乡村旅游的参与度产生制约。

不同的性别对参与阻碍的感知程度也不同,通过交叉分析发现,女性更赞同乡村旅游的自主开发,愿意作为经营管理者参与到其中,对参与乡村文化演出节庆活动、环境保护整治和主动宣传家乡旅游有更高的热情;而男性对自己的交际、抗压、财务管理、营销等能力较不自信,这使得他们更偏向于负责旅游企业的一般工作,以个体户角色参与到旅游开发中。

优美的自然景观、独特的生态物质资源与丰富的地方性文化是重要的旅游吸引物,也是乡村进行旅游开发的优先考虑因素,村庄自然、物质、文化的匮乏促使村民产生"村庄资源无法支撑旅游发展、对外地游客没有吸引力"的想法,进而影响村民参与乡村旅游的态度。

　　资本是阻碍村民参与的重要因素,调研的多数村民不认为自己有充裕的资金参与经营投资,认为自己家庭收入结余一般或较少。由于务农、采药和外出打工为村民主要的工作方式,受访地区的村民年收入大多在 10 万元左右,面对现今的高品质民宿和服务设施所需的高成本,较低的收入和不多的家庭储蓄限制了村民参与旅游项目投资建设和经营的闲置资金。

　　除此之外,村民自身的受教育程度与知识素养也会影响旅游参与程度。在接受访谈的村民中,仅有极少数的村民为本科及以上学历,而初中及以下学历的村民占绝大部分。由于学历较低和没有旅游相关的学习经历,村民普遍学习能力不强,不具备开办民宿、开发乡村旅游方面的知识储备和商业经验,在参与旅游开发时受到较大阻碍。另外,由于个性等主观因素和村庄缺乏有吸引力的旅游资源、村庄权力结构等客观因素,村民的参与意识较为薄弱。具体表现在,村民在参与问卷调查与访谈时的羞涩与抗拒,以及绝大部分村民更倾向于政府主导开发和外来资本开发,自主开发意识不强,对于乡村旅游并不积极,从而对其参与旅游开发有较大阻碍。

　　2. 人际关系阻碍

　　人际关系阻碍是在人与人交往中形成的阻碍因素,主要受社会文化和村庄传统文化的影响。对一个或多个不能克服的人际关系阻碍的预期,可能会抑制村民的参与欲望。村民因资源的不平均分配而被分割成相对稳定的社会群体,这些从事职业、获得收入不同和声望高低不等的村民在参与乡村旅游时面临的制约也各有不同。其中,处于低社会阶层的村民(例如普通农业劳动者和雇佣农民工)相较于高阶层村民(例如私营企业主、农村社会管理者等体制精英)拥有更少的资源分配、更低的社会声望与地位,也面临着更大的参与阻碍。此外,低阶层村民基数大,有限的资源和各个阶层之间交流的隔阂导致低阶层村民相对固化,难以向上流动。

　　村民生活在乡村这一大社区中,其行为态度必定会受周围人群的影响,参考群体的态度是阻碍村民参与乡村旅游的因素之一。我们通过调查发现,村民在参与过程中往往会与亲属或非亲属(邻居、乡村干部)进行沟通,并试图获得他们的支持,更容易获得他人支持和帮助的村民在乡村旅游的参与中表现出更积极强烈的意愿,群体支持与参与意愿基本成正比,而消极的参考群体态度则会在一定程度上削弱村民的参与意愿,制约村民参与。

　　在乡村旅游发展的中期,村民对开发旅游带来影响的负面感知也会影响他们的参与度。如在经济型参与中,乡村旅游开发导致商品价格和服务价格不断上涨、村民生活成本增加以及社会不良现象增多,而在文化型社区参与中,大量涌入的游客会与乡村传统文化产生冲突,冲击乡风民俗;在生态型的社区参与中,乡村旅游发展对村庄环境造成污染,破坏村庄宁静生活氛围,这些都会对村民的参与造成制约。

在被动型参与中,社区归属感弱和社会关联程度低是造成村民参与阻碍的重要原因。其中,社区归属感是一种村民将自己归入村庄的心理状态,较弱的社区归属感具体体现为:村民不喜爱自己的村庄,村民彼此关系淡薄,不关注村庄的日常事务与发展,且对村庄并不留恋。这些会进一步导致村民的社区参与意识下降,阻碍村民参与旅游发展。社会关联程度则体现了村民在村落内部关系网络中调用资源的能力,若缺乏社会关联程度,则会造成村庄社会凝聚力低下、经济协作困难、秩序难以建立、治安不良、缺少监督的困境。另外,村落历史文化的丢失、乡规民约的淡化、利益的不公平分配等都是造成以上两种情况的重要因素。

3.结构性阻碍

村民参与不仅受个人内在因素和人际关系的影响,还直接或间接地受外在社会环境结构的影响,参与偏好形成后,在实际参与时村民所遭遇的制约因素就是结构性阻碍。结构性阻碍涵盖了村民所面临社会大环境中的经济、政治、社会、教育、法律等机制体制,涉及各级政府、企业、乡村合作社、非政府组织等多类型的参与主体。造成参与的结构性阻碍的主要有以下几个原因:

乡村旅游的季节性波动。大多数乡村旅游景区的淡旺季受气候、节气、国家法定节假日、节事活动等影响,因经营淡旺季而带来的"假期和周末的生意好,平时游客相对较少"影响,松阳县部分民宿主选择在旺季经营民宿,在淡季进行茶叶的种植与采摘,淡旺季差异明显不利于村民的全年参与。另外,淡旺季给乡村旅游企业也带来较大的经营风险,使得部分企业在淡季不得不通过裁员减少经营压力,间接地阻碍村民参与。

突发性公共事件的影响。以新冠肺炎疫情为例,其对交通、餐饮、住宿、旅游等行业造成巨大冲击,在疫情传播至结束后的较长一段时间内,人们对外出旅行将抱有戒备心理,人们旅行、住宿的消费欲望大大降低。村民的参与热情会遭受疫情本身和游客减少的双重打击。

激烈的外部竞争。这里的外部竞争由两部分组成,其一是外来企业对村民的挑战,拥有大量金融、物质、人力、知识资源和更丰富商业经验的外来企业加入乡村旅游的开发中,将会限制村民的热情与参与机会;其二是具有同质性的邻近乡村旅游目的地加剧了外部竞争,整体规划、资源开发、项目建设的同质化导致目的地失去吸引力与竞争力,进一步使村民对开发乡村旅游感到气馁。

城镇化的不断推进。随着非农产业的不断扩大与城镇空间的持续扩张,在传统城镇化发展下,劳动密集型企业搬迁与资源的粗放消耗给乡村带来大量生态问题。同时,乡村的城镇化也使村民不断追求城市的生活方式与公共服务,年轻人离开乡村前往城市工作生活,村庄的老龄化程度加剧,人力资源紧缺;越来越多的村庄在城镇化的脚步下拆除原有的具有乡土风情的老房子,建造统一整齐的现代住宅楼,尽管这改善了村民的居住条件,但使村落的乡土风貌遭到破坏,乡村旅游资源的生态价值与开发价值降低,加大了村民开发乡村旅游的难度。

政府政策与法律的缺失。这里的政策不仅指金融、税收、土地等优惠制度,还包括环境、遗产保护等制度。针对乡村旅游制定相适应的政策往往能激发村民参与的积极性,反之则会抑制村民的参与,对于经营、管理型的村民来说,政策的倾向性是参与的风向标。对比松阳县四都乡与磐安县仰头村,松阳县政府成立民宿办,每年整合资金 3000 万元用于民宿发展和公共基础设施配套,对乡村民宿改造、经营、营销及特色村建设等进行补助等措施促使四都乡村民纷纷回乡开办民宿;反观仰头村,村庄在旅游开发中缺少政府的政策扶持,无论是土地获得还是资金物资支持都捉襟见肘,使得村民在参与乡村旅游时感到无力。

村庄人力资源缺乏,村民知情决策受限。一方面,乡村的决策群体缺乏乡村旅游的专业知识,乡村旅游的经营团队缺少统一的标准与规范;另一方面,不科学的政治结构使得作为乡村旅游发展关键的村民不能合理地参与到旅游开发的讨论和决策中,尽管有少部分非体制精英能够提出自己的意见,但更多的普通村民往往扮演服从者的角色,有一半以上的村民表示"不知道通过何种渠道提出意见、无法参与重要决策当中",甚至"村里有关旅游发展的决策和我没什么关系"。权力运作得到高度集中和无监督进一步限制村民的参与机会。

基础设施落后。具体体现在：村庄的可进入性差（交通设施）、村庄师资水平较低（教育设施）、村庄卫生环境脏乱等。仰头村海拔八百米，唯一进村道路狭窄崎岖，交通路况糟糕，村口开阔处是一个大型的建筑垃圾堆，村内"道路坑坑洼洼、高低不平，垃圾到处都是"，猪鸭鸡等的饲养没有统一的管理与卫生标准，整个村庄处于无人管理的真空状态，这些都放大了村民的懒散与惰性，制约村民的参与。

市场需求变动与旅游发展信息缺失、传播渠道受阻。在主动型和深层型参与中，旅游相关信息的传递至关重要，如果村民不能了解当前旅游发展的热点与趋势，就很难创造出吸引国内外游客的旅游产品，提供让游客满意的服务；除此以外，政策制定者与村民间的沟通渠道受阻，政策规章条例无法及时传递给村民，这些都使得村民无法意识到自己能以何种方式参与到乡村旅游中。

社会各界合作缺失，村民参与渠道单一。在调研过程中我们发现，目前在乡村旅游中最为常见的参与方式是"村民＋企业"，村民为企业提供服务参与经营管理，以及"个体户"，经营农家乐，旅游产品售卖，农家乐与民宿的饱和让更多的村民很难再插足其中分一杯羹，造成渠道单一的重要原因是农村合作社、政府、企业和非政府组织之间的合作较少。

（二）村民参与乡村旅游发展的路径优化措施

1.民主决策机制

基于利益相关者理论，我们认为，一个乡村的旅游发展涉及多个利益主体，如公共组织、旅游产业协会、旅游企业、村民、特殊利益群体等等，这些利益相关者在旅游发展上的观点可能是大相径庭的。在这种情况下，为了确保当地社区经济的健康和社区旅游发展的可持续性，我们应当较多地关注社区的最大主体——村民的利益，把村民放在核心位置。确保村民的关键地位，就要赋予村民参与乡村旅游发展的权利，让他们成为乡村旅游发展的决策者而非旁观者，促使参与意识转变为参与实践。

在乡村旅游发展的过程中，村民介入旅游决策主要包括以下几方面内容：旅游发展总体规划、旅游项目与产品的开发、旅游目标市场的确定与拓展、乡村旅游宣传、乡村旅游利益分配。具体内容如表4-4所示。

表 4-4 社区居民介入旅游决策的内容

主要内容	旅游发展总体规划	旅游项目与产品的开发	旅游目标市场的确定与拓展	乡村旅游宣传	乡村旅游利益分配
决策方式	社区居民与旅游业学者、专家、相关部门一起参加会议进行讨论。社区居民对本村较为了解，且为乡村旅游发展关键主体，所发表的意见需要多加关注	村委会可举办旅游产品设计大赛，最终项目由全体村民根据个人喜好投票选出，让村民有竞争意识，参与到旅游开发的决策中来，并激发村民参与的积极性	社区居民与旅游专家、相关部门一起讨论，并进行市场调研	可与旅行社、广告公司进行合作，村民可建立该村的官方网站，并为线上、线下宣传出谋划策	各利益相关主体进行会议，对该村当年度的收益分配做出决策，着重考虑村民利益，并针对村民参与乡村旅游制定出相关扶持措施
决策内容	初期规划：对乡村旅游发展初期阶段做好总体部署 远期规划：为乡村旅游日后的可持续发展做出整体规划	项目与产品开发：基于本村现有资源与优势，设计出有竞争性的产品 项目与产品创新：在产品开发的基础上，根据市场需求进行创新	市场确定：合适的目标市场决定乡村旅游收益 市场拓展：由一个市场拓展为多个市场；拓展每个市场内的客源主体	树立旅游地形象：根据村落的特色确定宣传标语，打造专属该村落的文化氛围 具体旅游项目的宣传：对各旅游项目着重进行说明与宣传	各利益相关者分配利益

　　本研究选取两个处于不同乡村旅游发展阶段的案例地点进行调研，在不同的时期，居民介入旅游决策的内容侧重也有所不同。在发展初期，乡村多为迎合国家乡村振兴的政策或受周边村落的带动而开始发展乡村旅游，对本村的特色与优势尚未了解透彻，乡村旅游发展处于探索阶段，村民介入旅游决策的首要内容为做好旅游发展总体规划，规划本村的初期发展目标与远期发展目标，为近期的乡村旅游发展以及日后的可持续发展打下基础。进入中间期，旅游者数量增加，外界关注也逐渐增加，旅游地形象被确立起来，旅游地居民介入旅游发展的动力加大，主要表现在旅游经营、旅游宣传等方面。在该阶段，村民可发挥原生居民的优势，根据本村的资源有针对性地开发旅游项目，并参与到这些活动的目标市场确定与拓展的决策当中。此外，乡村应当树立起竞争意识，运用多种宣传方法打造良好的旅游目的地形象，保障村民有途径参与到旅游宣传相关的旅游决策中去。进入成熟期，

乡村已经成为一个标准的旅游目的地,游客数量仍在增加,但增长率开始下降,由于到访人数的不断增多,各种负面评论与反馈也开始出现,村民介入旅游决策的主要任务是维护该旅游目的地的良好形象;其次,该阶段的收益较多,应与其他利益相关者制定出合理的利益分配方案。

2. 综合协调机制

乡村居民是乡村旅游发展的主人,是乡村旅游文化的创造者,也是乡村旅游发展的奋斗者。乡村旅游发展离不开乡村居民的切实参与。这需要政府、当地旅游部门、村委会等多方力量共同进行科学有效的引导和调控,建立健全的综合协调机制,提升乡村旅游发展的村民参与度。

(1)政策法律层面

要加快完善实现乡村旅游可持续发展的相关政策和法律法规体系。改变与乡村旅游发展日益蓬勃现实不符的相对滞后的法律法规与政策。努力提升、推进乡村旅游管理上的法制化、规范化和程序化进程。鼓励乡村居民参与乡村旅游发展,对于在旅游发展中,村民自主创业、返乡创业等行为,提供政策支持和福利性保障。对于当地的旅游部门,明确各部门职责和权力,强调根据现实因地制宜,提出可行性的精细化设计。明确协调当地其机制的框架、分工,保证各环节、各流程运行,能让村民看得见、看得懂、看得清。对于投入乡村旅游发展的企业,提出规范化的措施和要求,防止侵害当地村民利益,提供完善法律制度,以供村民反映问题和保障切身利益。对于实现提升乡村旅游发展中村民就业率的企业,提供资金借贷的优惠性政策;对于具有示范性的优秀企业、乡村,政府给予资金鼓励和扶持。

(2)管理沟通层面

强化各级旅游行政部门的管理职能和强调村委会旅游发展的管理职能。其中要求各部门应密切配合,各司其职,对当地乡村旅游业发展实行有效的行业管理,防止"群龙无首"和"多头"管理的局面。例如:在拆建村民房屋、村民用地进行旅游建设时,经由旅游部门、村委会等统一管理,赔付拆迁款项和重建款项,安置和管理村民居住。在建设旅游设施时,让村民在合理、有效的管理安排下,可以积极参与乡村旅游发展基础设施等建设。建立乡村共管组织——乡村旅游利益协调委员会。建立四方主体代表参与的平等对话机构,实现公平对话机制。乡村旅游利益协调委员会主要由当地乡村旅游部门相关主要负责人、外来投资的旅游企业负责人、村委会代表,以及乡村村民代表等四方主体组成,就当地乡村旅游发展中的重要问题进行探讨、协调和解决,如旅游就业、扶贫、环境保护等。在不损害各村民主体利益的基础上,实现有效沟通,协调各方意见,整理出利益最大化的真实方案,全面协调这四方主体之间的关系,达到一定标准的平衡,让村民的真实声音得到反映和反馈,促进村民参与意愿。

(3)教育培训层面

首先,政府、旅游部门、村委会、企业等多方协调,进而加强乡村教育投资,长远提升村民参与乡村旅游发展能力。文化水平层次将影响村民参与乡村旅游发展的态度和意愿,对于村民提供和实施基础教育、技能培训等相关教育,加深村民对于乡村旅游理解的同时,也提升了村民参与乡村旅游创业、致富的能力。将适用于当地的旅游经济和教育实际情况相结合,以实现当地旅游发展需要的人才需求为教育目标,提供技能和职业技术的学习,培养出适合的人才。其次,根据不同标准的群体,如男、女、老、少,根据当地旅游发展的职业选择,进行定向培育。同时,根据村民这一身份的特殊性,协调时间,开设三种时间强度的培训班:固定性培训班、季节性培训班、临时性培训班。投资企业等提出需求,村委会依据村民的真实情况安排其接受教育和培训。最终,通过政府引导、各部门协同合作,提升村民文化素质、职业能力和就业能力,让村民从真正意义上认同当地旅游,提升参与度。

3.利益保障机制

(1)完善居民利益保障机制

乡村旅游发展中居民的参与模式不同,相应的经济利益来源和分配方式也不同。针对村民参与乡村旅游的不同模式,我们提出相应的利益保障机制完善方案(见表4-5)。

表 4-5　不同参与模式下的利益保障机制

参与模式	村民个体经营、村民＋村民	村民＋公司	村办旅游企业	社区＋村民＋公司	股份制
参与主要限制因素	资金不足	难以公平地分配利益	资金和管理水平有限	难以扩大乡村旅游产业规模	集体的管理和统一决策易出现分歧
主导地位	村民	公司	村委会	三方制约	地位平等

续表

参与模式	村民个体经营、村民＋村民	村民＋公司	村办旅游企业	社区＋村民＋公司	股份制
利益保障机制	此模式下乡村旅游处于初创阶段。首先，政府应着力进行乡村基础设施的建设与村居环境改善，为后续乡村旅游进一步开发提供保障；其次，乡村旅游初步发展基础薄弱，政府需要提供一定的资金支持政策，为当地企业和村民提供融资渠道，给予企业一定的贷款优惠政策，激励更多企业到当地进行投资	首先，政府应当以方针政策的形式，将适合本地区乡村旅游利益分配的模式固定下来，保证其有效性；其次，在分配政策执行过程中，政府应起到监督和管理的作用；最后，政府可以对当地居民就业率中应由旅游企业承担的比例进行明文规定，以确保居民获得工作机会	首先，当地政府可以扩大贷款优惠力度，减小村办企业筹资难度；其次，政府可以鼓励保险公司为村办旅游企业承保，尽量规避其经营风险，从而促进村民出资；最后，政府可以为村办企业引进优秀管理人才，降低经营风险		持股人地位均等，村民的权益得到最大限度的保护，其参与的积极性也比较高

（2）改进居民利益补偿制度

乡村旅游发展的过程中会不同程度地对原有乡村环境带来损害，这种损害的结果由乡村居民来承担，因此政府和旅游企业必须为此给予当地居民经济补偿。当地政府可以出台生态补偿办法，对旅游开发商征收一定的税费，对主动有环境保护行为的旅游企业给予奖励，对生态破坏较大的旅游项目进行罚款。

随着乡村旅游规模的扩大和开发的深入化，土地占用问题在所难免。村委和政府出于短期利益的考量将土地长期出售给旅游开发商，村民仅在最初获得一笔补偿金，之后长时间内的生活保障丧失，这种土地补偿机制对村民是不公平的，因此是不合理的。对此，旅游开发商在征用土地前必须征求村民意见，尽量不采用征地、拆迁等容易引起矛盾的方式。对于需要长期征用的土地，应根据国家相关法律法规和市场价格对居民进行合理补偿，当地政府可出台具体的土地补偿管理办法并落实到位。

（3）搭建居民利益诉求平台

鉴于乡村旅游中村民的弱势地位，在旅游开发和发展中很容易造成村民利益受损且投诉无门的情况，进而导致当地居民对发展乡村旅游的强烈抵抗，因此建立村民利益诉求的完整渠道，确保居民、社区与政府之间的信息互通非常重要。政府可以搭建线上、线下利益诉求平台，线上在政府门户网站上设立单独的留言区，由专门的政府人员处理居民诉求并及时反馈结果，线下在各级政府中成立垂直的旅游监督小组，明确各级监督小组的职责，最低一级的监督小组可通过居民民主选举和自愿结合的方式选出，以保障社区居民的正当权益不受侵害。

第四节　村民参与乡村旅游发展路径的典型案例

本研究结合前期研究结果、文献搜集整理与案例地资料，设计访谈提纲，通过严密讨论，在注重其逻辑性和科学性的原则下，完成了访谈提纲与问卷设计，进入更加深入的阶段。其中访谈提纲主要包括：村民参与方式、参与阻碍等内容的调查；问卷内容主要包括：村民参与意愿、参与能力、可获得资源、参与阻碍及个人基本情况五个方面，其中个人基本情况包括村民性别、年龄、教育水平、职业、收入等，针对案例地居民展开实地访谈和入户问卷调研，以期了解村民在旅游发展过程中的实际参与情况。

一、丽水市松阳县四都乡

松阳县是全国传统村落保护示范县，自然条件优越，人文历史悠久，全县共有 75 个由住建部批准的中国国家级传统村落，县政府将旅游养生作为首推的战略性新产业，提出"田园松阳"的口号，大力发展乡村旅游。目前，松阳县已被评为"中国最佳养生休闲旅游名县"。因此，本书将其作为乡村旅游发展成熟期的典型案例进行调研。

2019 年 2 月，课题组前往浙江省丽水市松阳县大东坝镇，松阳县四都乡平田村、西坑村、陈家铺村，以及松阳县农办，共调研一镇、一乡、三村。调研小组选择了五位具有代表性的调研对象，如表 4-6 所示。

表 4-6　松阳县调研名单

编号	姓名	性别	单位	职位
1	宋某	男	松阳县农办	松阳县民宿办工作人员
2	李某某	男	大东坝镇	大东坝镇副镇长
3	陈某某	男	四都乡	四都乡扶贫专干
4	叶某某	女	平田村	云上平田管家
5	丁某某	女	西坑村	观云阁老板娘

　　松阳县依托众多国家级传统古村落,发展以乡村民宿为重点的乡村旅游经济,结合当地特色与村庄文化,打造乡村博物馆、企业博物馆,包括契约博物馆、豆腐工坊、红糖工坊等。集主题民宿、文化创意、生态农业、乡村休闲度假为一体,建设白丰村民宿综合体,当地村民们非常支持乡村旅游的开发。乡村旅游增加了村庄的人流量,带动农村经济发展,村民收入增加,也开阔了眼界。村民丁某某的民宿由于村庄旅游开发带动经营,家庭收入翻倍,回乡创业,使工作与家庭也得到平衡。目前,四都乡已有自营民宿农家乐、村民集资成立旅游开发公司、再包装特色农产品、成立番薯干生产合作社、展示和售卖文创产品等多种乡村旅游发展模式,村民的参与渠道增多,大大地提高了村民参与度(见表 4-7)。

表 4-7　四都乡乡村旅游发展情况

村庄	基本概况
平田村	2015 年,由平田村村民投资成立云上平田农业旅游开发有限公司,公司租赁村内闲置房屋,将其改造成集农耕文化展示、甜品工坊、民居住宿、农产品销售等于一体的农家乐民宿综合体。综合体注重乡村文化传承与村庄环境保护,为村民就业增收提供多样化解决方案。云上平田推出融合松阳茶业文化的缬染,形成富有当地特色的农、文、旅产品体系,帮助农妇创收。2018 年,云上平田的民宿建设为本村及隔壁村庄村民提供了大量的劳动力岗位,参与建设的小工工资为每天 150 元,技术工则为 200～300 元每天不等,月收入达到 4000 元以上。同时,综合体雇佣当地村民从事餐饮、保洁、养护等服务工作,月均收入在 2000 元以上,使本地村民实现家门口就业
西坑村	西坑村鼓励村民或村集体以闲置房屋或土地的使用权入股,联合工商资本发展民宿,村民享有分红收益,村民丁某某以房屋未来 20 年的租金收入入股"云端觅境"民宿,每年享有稳定的分红收益。由村庄旅游发展带动,村民丁某某及其妻子返乡利用老房子开办观云阁农家乐,乡村旅游的开发带动自家农家乐经营,不仅增加家庭收入,使工作与家庭之间得到了平衡,也提高了村民的参与意识

续表

村庄	基本概况
陈家铺村	陈家铺村以"工商资本＋村集体＋村民"的农村合作社模式售卖农产品,村民种植高山水稻、高山萝卜、番薯等农作物,由村集体按照统一标准与价格收购,经过重新精细化包装,通过淘宝等方式进行售卖,使得原本十二三元一份的番薯干卖到 30 元左右,大大提高了村民的收入。村内老旧房屋由村集体向村民租赁后再转租给工商资本,既盘活村庄闲置资源,带动村民增收,又在村民与外来企业的接触过程中,保障村民利益

松阳当地政府为乡村旅游的发展提供诸多助力。调研小组在对松阳县(农办)民宿办工作人员访谈中了解到,当地政府成立民宿办,对民宿改造营销特色村进行补助、招商引资以发展精品民宿、举办技能培训会免费提供培训课程、校企合作为乡村引进人才等,这一系列措施鼓励和引导松阳民宿业的快速发展。在大东坝镇,政府投资 600 多万元开办乡村博物馆和各类工坊,收回成本后无偿退出,股份转让给村民和村集体。成立松阳县田园强村投资有限公司,整合农办、财政、水利、文化、旅游等部门资金,对合适项目进行投资。在四都乡,政府邀请专家帮助民宿进行设计并帮助宣传推广,在乡村推行厕所革命时对厕所改造提升给予补贴。

松阳县的旅游发展也存在很多阻碍,其中主要是结构性阻碍。首先,松阳为非景区依托型目的地,缺乏旅游吸引物与旅游标的物,且在景区推广过程中受资金不足和渠道单一的限制,带来的游客数量有限,与周边景区相比客流量较少。其次,交通状况对于旅游产业有着重要影响,关乎游客的旅游体验,而松阳县目前仍以公路交通为主,铁路尚不完善,旅游交通耗时较长,容易影响游客满意度。再次,松阳的旅游客源市场集中在江浙沪地区,目标群体较为单一。最后,在民宿经济成为松阳乡村振兴战略实施的重要手段的今天,政府部门还需进一步提高民宿经营的质量和规范性要求。

通过对松阳县进行实地调研,调研小组对松阳县村民参与乡村旅游的具体方式、获利情况及参与阻碍进行如下总结。

(一)充分利用现有资源,增加村民收入

得益于游客对本地食材的浓厚兴趣,乡村旅游直接带动了农产品的种植与本地销售,部分村民将自种的农产品在村口向游客兜售,民宿与农家乐食品的原材料采购也大多来源于此,既使村民的收入得到了保障,也节省了其在县城售卖的时间成本。在乡村旅游发展的带动下,村民的参与方式不断丰富，获得收入的渠道持续增加。乡村民宿的修建与运营为村庄带来大量空闲岗位，从参与建设的小工、技术工，到前台、厨师、保洁等，满足了村民本地就业的需求，同时，村民将闲置老旧房屋租赁给外来企业，获得额外的租金收入。另有部分村民受旅游经济影响，自发返乡创业，出于改善自己居住环境的考虑，将老房子改造成农家乐，获得较好收益，且经营压力不大。

（二）提供服务培训，提高居民参与能力

县、市针对民宿经营者提供基本服务技能培训和管家培训，通过一系列的课程学习相关技能，提升经营能力。目前所授课程包括服务技能，如客房整理、前台接待，以及消防、食品安全、公共卫生等，培训内容根据实际情况进行调整，民宿经营者也在这一过程中感受到自身经营水平和服务技能的提高，认识到参加培训学习的重要性，部分企业甚至选拔优秀员工参与，而后将学习内容教授企业其他员工，实现了对培训内容的二次传播。

（三）注重村庄文化传承与环境保护

乡村旅游的发展从整体上促进乡村形象的提升，带动村民素质提升与乡村文明建设。村庄每年有定期的活动或音乐节，村民的文化生活丰富多彩；政府重视乡村垃圾分类与厕所革命，为厕所改造提升提供补助；规范民宿污水排放和厨余垃圾处理，设置隔油池；注重村落古民居的原真性保护，一方面对老旧房屋进行改造，保持村庄原有形态与格局，严禁外来资本开发与兴建房屋；另一方面以住代养，积极发挥村民能动性对古建筑进行保护。

（四）维持村民、工商资本与村集体间的平衡

在乡村旅游的带动下，村民收入大幅提高，通过收取房屋租金或为民宿提供、供给食材，每年大概有几千元到上万元的额外收入。村集体出于维护村民利益和发展村庄经济的目的，积极发挥村民与外来企业间交往和经济沟通的纽带作用。工商资本进入能够促进村庄经济发展，但村民参与乡村旅游，依然是促进乡村旅游可持续发展的最为重要的方式。

（五）农业收入为主，乡村旅游收入为辅

尽管乡村旅游开展如火如荼，但在现阶段的参与中，村民也看到了民宿经营的不易，多数村民仍从事较为边缘和浅层的服务类工作，对经营民宿还处在观望期，且旅游业、农家乐民宿只是松阳县的补充产业。松阳县的主导产业是茶叶，在春茶采摘期，村民们不愿意花费更多的时间去接待游客。

二、金华市磐安县仰头村

2019 年 7 月,笔者前往浙江省金华市磐安县仰头村。仰头村属深泽乡,全村 200 余户村民。磐安县内山水秀丽,林木苍翠,环境优美,气候宜人,有"浙中承德"之称。凭借极高的森林覆盖率和优良的水质、大气质量,磐安县积极发展生态景观游、康乐养生游、古村文化游,将休闲养生旅游作为本县的"一号产业"。仰头村位于半山腰上,站在村口往下望,整个县城的风光尽收眼底。村里自然资源丰富,村庄整体布局与自然风水紧密结合,整体建筑也保留着浓厚的古朴气息。但由于位置偏僻、交通不便,当地经济发展水平相对落后,村内正在尝试进行旅游开发,笔者将其作为乡村旅游发展初创期的典型案例进行调研。笔者对村委会主任等 4 位村民进行了深度访谈,并在村中发放问卷,对村中现居村民们进行了问卷调查,如表 4-8 所示。

表 4-8　仰头村调研名单

编号	姓名	性别	基本信息
1	马某彪	男	仰头村村委会主任,孩子刚刚上大学
2	马某国	男	仰头村村民,务农
3	马某斌	男	仰头村村民,承接室内外装修
4	马某飞	女	仰头村村民,在外开办企业

仰头村具有较多待开发的文化旅游资源,包括杆秤工艺、织带工艺、磐安炼火等,乡村旅游尚处在开发阶段。目前,外出务工、种植中药材和材料加工是村民的主要经济来源,仰头村周边的村子已经陆续进行旅游开发并从中受益,因此仰头村村民对于发展乡村旅游大多持肯定态度,愿意参与的乡村旅游的方式主要是房屋出租和自主经营民宿,但目前村内旅游开发进展并不顺利,笔者通过访谈得知村民们认为制约乡村旅游发展的原因主要有以下几点:①政府的政策(土地)不到位;②资金缺乏;③游客缺乏,导致其不敢投资;④整个村的村民思想不一致,个别村民对村干部缺乏信任;⑤村庄处在半山腰上,进村的交通路况差;⑥村中经济长期得不到发展;⑦思想落后;⑧年轻人流失,现在年轻人对村庄的发展漠不关心。

此次调研,共发放问卷 77 份。对问卷数据进行分析,我们得到关于村民对本村发展旅游的参与意愿情况,如图 4-3 所示。从图中可以看出,"非常愿意"参与到发展旅游中的村民占 63.64%,持反对意见的村民占 2.60%,因此村民对于旅游发展的支持程度高,参与意愿强烈。

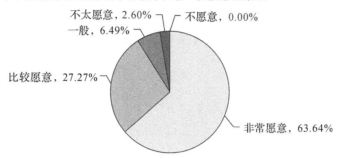

图 4-3　仰头村村民发展旅游意愿

从问卷中得出村民对外来资本开发、村民自主开发、政府主导开发、乡村合作社开发 4 种开发模式的接受程度,如图 4-4 所示。横向来看,村民对这 4 种开发模式的支持度都要远远高于不支持度,且支持比重均在 50% 以上;纵向来看,村民对于"政府主导开发"这一模式的支持度最高,其中"非常支持"占 75%,"不支持"仅占 1%,而对于"村民自主开发"这一模式的支持度最低,其中"非常支持"占 45%,"不支持"占 8%。由此说明,村民更倾向于依赖政府和外来资本发展当地旅游业。

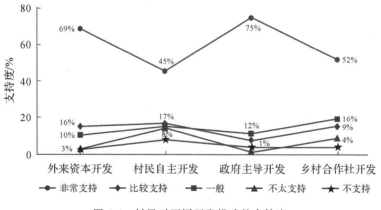

图 4-4　村民对不同开发模式的支持度

通过对仰头村的实地调研,调研小组对仰头村村民参与乡村旅游的具体方式、获利情况及参与阻碍等有如下总结。

(一)缺乏旅游开发带头人

仰头村的乡村旅游和民宿人才队伍建设有待提升,懂经营管理、营销推广的专业性人才或复合型人才十分缺乏,乡村旅游行业从业人员整体素质有待进一步提高。整个村庄青壮年大多外出务工,较多老年人独自留守村中,年轻人流失严重。在对村委会主任的访谈中,我们进一步了解到村民内部对于开发旅游意见不统一,是仰头村旅游开发无法继续进行的一个非常重要的制约因素。

（二）缺乏资金支持

据当地村民反映,仰头村周围的多个村子都已进行旅游开发,有些村子已开始接待游客,而仰头村在初期进行旅游开发的尝试后,便因缺乏资金支持无果而终。

（三）村内基础设施不完善

由于国家投入和社会各界支持力度有限,村集体经济实力薄弱,受现有政策和农村实际现状的影响,村民自主投资建设家园的积极性不高,导致农村基础设施建设投入严重不足,管理服务跟不上,作用难以发挥,主要表现在交通、住宿、餐饮、通讯、卫生、停车、购物、医疗等基础设施不齐全、标准不规范,食、住、行等方面的接待服务设施档次低,食品卫生、公共卫生、村容村貌等方面的接待条件达不到接待游客的要求。

（四）村中待开发点不具备强竞争力

总体来说,仰头村乡村旅游开发建设力度小。村中待开发的旅游产品存在档次不高、挖掘深度不够的问题,乡村旅游的文化民俗内涵等有待进一步挖掘,缺乏对"乡土乡味""民俗风情"的有效保护与传承。例如位于仰头村山上的城隍庙,目前只作为村民日常节庆祭祀用途,文化内涵有待深入挖掘。村中的非遗文化旅游资源也缺乏包装和营销。

（五）地理位置不够优越

仰头村位于海拔 700 米的半山腰上,从外面进入仰头村只有一条山路,进村出村非常不方便,难以吸引游客前来。仰头村地理位置上的闭塞,一定程度上导致了村中经济落后、思想观念保守、劳动力流失等问题。

（六）村民专业技能不足

从问卷分析结果来看,愿意从事旅游企业一般工作,为游客提供服务（如到宾馆、餐厅、景区打工）的村民占 51.95%,愿意做个体户（比如卖特产、旅游纪念品给游客）的村民占 72.73%,村民大多愿意从事服务性的简单工作,且村民没有经过任何旅游相关的培训,专业技能不足。

综合以上研究,我们发现,目前四都乡和仰头村普通村民参与乡村旅游依然以被动型参与、边缘型参与和服务型参与为主,总体参与层次浅、参与内容简单、参与路径较为单一,种植贩卖农特产品、为乡村旅游企业(包括民宿、农家乐)提供服务、出租闲置房屋等是最常见的村民参与方式,四都乡村民的总体参与情况要优于仰头村。因此在路径优化方面,仰头村应更关注村民在旅游发展总体规划与旅游产品开发中所扮演的角色,将其意见与建议纳入旅游发展决策中,畅通村民、村委会与上级政府三者间的对话渠道,以政策法律保障村民权益。乡村精英(乡贤)比一般村民拥有更多的资金、人力、信息等资源,使其在参与过程中获得优势与主动性,更加偏向于主动型参与、深层型参与、投资型参与及经营管理型参与。随着外来工商资本的进入、政府对旅游发展的引导及政策的倾斜,普通村民受政策激励与村庄旅游发展影响,其参与路径也在不断拓宽,参与方式多元化,参与层次提升,由原先的经济型参与逐渐向文化型、生态型、社会型参与扩展。与此同时,政府对村民教育的重视与技能培训、政策信息传播渠道的更加开放透明和对乡村旅游、可持续发展的呼吁都推动村民参与不断向持续型、升级型和转换型参与发展。在此基础上,四都乡应鼓励村民积极参与旅游宣传,将推介会式的政府宣传转变为村民参与的商业宣传,并完善利益分配,设置乡村旅游/民宿农家乐监管单位,进一步优化村民参与路径。

第五节　本章小结

作为乡村旅游发展的核心,村民参与能够提高村民生活水平,为乡村留住更多优秀人才,有效解决现有农村人口老龄化、空心村等问题,促进乡村旅游向文化乡土化、生态可持续、利益惠百姓方向发展。

本章通过文献总结以及对松阳县四都乡、磐安县仰头村的实地调研,将乡村旅游的发展阶段划分为初创期、中间期与成熟期,从当地村民、政府、非政府组织、企业四种利益主体出发,根据不同的分类依据总结出村民参与乡村旅游的七种划分类型:按照村民参与意愿的高低,分成被动参与和主动参与;按照实际参与程度的深浅,分为深层型参与和边缘型参与;按照村民参与层次的差异,分成经营参与、管理参与和服务参与;按照村民的参与方式不同,将参与类型按照所付出资金和劳动的高低,分为资金—劳动四象限;按照参与内容,分成经济参与、文化参与、生态参与和社会参与;按照参与的动态变化过程,分成持续、升级、转换和退出;按照村民的参与目标,分成生存型、机会型和生活方式型参与。并就不同型参与的类型分别以案例进行详细说明,展示了村民参与乡村旅游路径的多变性与灵活性,为处在类似发展期的其他村庄提供了可供借鉴的解决方案。

在此基础上,本章分析了不同路径下村民的参与障碍,多样化的阻碍因素从村民内在、人际关系以及其他结构性层面影响村民参与乡村旅游的积极性、降低村民参与的意愿。并针对村民参与现状,从民主决策、综合保障和利益协调三个方面提出村民参与乡村旅游发展的路径优化措施。但特别要指出的是,村民参与的路径受所在地区各种因素的影响,每个成功案例的实践都有其独特性与局限性,本书未能全方位考虑村庄在实际参与时的社会文化背景与经济政治现状,还需要通过更多的乡村实践对其进行研究。

第五章 乡村振兴战略下村民参与乡村旅游发展的模式分析

近年来,乡村旅游的发展不仅使我国广大乡村地区的旅游资源得到充分的利用与保护,而且极大地发挥了旅游业的关联效应与乘数效应,积极带动相关产业发展,在促进农业转型升级、村民增收致富、乡村美丽繁荣方面发挥着巨大作用。正因此,乡村旅游凭借着广泛的适用性与强大的造血能力,拥有极高的社区参与度,广大村民的积极性、主动性、创造性得以充分调动。同时,政府、企业及其他社会组织也在村民参与乡村旅游发展的过程中,给予了多种支持。

国外乡村旅游的发展十分重视政府的扶持作用(Fleischer and Felsenstein,2000)。很多发达国家通过政府干预的手段,制定土地规划政策和资源整合计划,提供相应的人力、物力、财力支持,促进地方乡村旅游振兴。然而,由于政府的"手"无法伸向乡村旅游发展的各个环节,自上而下的模式有时会不太灵活(Koscak,1998),因此,完全依靠政府干预是不可取的,更多的是要靠当地驱动(Joppe,1996)。非政府组织在此时起了关键的作用,他们既是规划者、管理者,同时也是计划的推动者、执行者。良好的非政府组织运作可以在一定程度上补充政府管理的不足。

村民参与乡村旅游的组织模式大致可分为三个阶段:扶持—发展—内生。根据乡村旅游投资经营主体的不同,这三个阶段可对应以下三种经营方式:政府主导型、外来投资型、自主经营型,其中自主经营型模式包括村集体主导模式和村民自主开发模式。乡村旅游组织运营的构成部分、组织部分和外部环境部分对乡村旅游发展有显著正向作用;政府主导型模式下乡村旅游的发展和村民受益情况较好;外来投资型模式乡村旅游发展较好,但村民受益情况较差;自主经营型模式的发展情况不如以上两种,村民受益情况也不佳。

本章节主要对政府主导型、外来投资型、自主经营型三种基础模式进行剖析。在此三种模式中，村民都有参与，只是参与的角色、地位和程度各有不同。在政府主导型和外来投资型模式下，村民在其中以配角的身份参与开发过程，而在自主经营型模式下，村民是主导者，对项目事务进行决策和经营，并进行自我管理。

第一节 村民参与乡村旅游发展模式的文献述评

社区是乡村发展的载体，对乡村旅游的可持续发展有着不容忽视的作用。村民参与乡村旅游发展大致经历"扶持—发展—内生"三个不同的阶段，各乡村旅游地的发展基础与条件有所差异，村民参与模式也不尽相同。当前我国乡村旅游发展过程中普遍存在资本强势介入与控制乡村旅游开发的现象，再加上村民参与意识淡薄、参与能力弱、参与层次低等问题，直接导致了村民与旅游开发商等利益相关者群体之间矛盾突出，乡村旅游发展的可持续性也因此受到了影响。如何积极有效地提高当地社区参与度已成为学术研究的热点话题。

一、乡村旅游社区参与模式类型研究

学者从不同的维度对乡村旅游社区参与模式类型进行了研究。胡志毅(2002)提出乡村旅游社区参与存在个别参与、组织参与、大众参与和全面参与四个不同阶段。何喜刚(2009)提出甘肃乡村旅游社区参与的主体系统应该包括政府、旅游组织、企业和社区居民，这四者缺一不可。但考虑到各主体的价值诉求有所差异，在模式的架构中应当互相协调。郭文(2010)从增权理论的角度出发分析了香格里拉梅里雪山周边雨崩藏族村的社区参与"轮流制"模式。徐燕(2011)认为在中国乡村旅游发展过程中，社区参与模式主要可分为居民自发型、动员型、互动合作型。通过对比发现，居民自发型参与模式的兴起主要得益于政府、市场之外的第三空间的出现和不断扩大化。同时随着社区居民生活水平的不断提高，其自身素质也得到了很大的提升，自发型参与模式又可细化成共同兴趣型参与、共同利益型参与、利他服务型参与。叶银宁(2011)提出乡村旅游社区参与模式需考虑到角色制定、利益分配及教育培训三个方面。基于此，应成立股份制旅游公司及村民

旅协并对村民进行素质、技能的教育培训。陈海鹰(2011)从利益相关者的视角构建了龙鳞村旅游社区参与模式,区政府、乡村旅游协会、学术研究机构、旅游公司、村合作社、旅游者及社区居民构成了整个社区参与系统,互通有无、互惠互利,促进了该村生态旅游的可持续发展。陈佳娜(2011)指出以往的乡村旅游社区参与模式多将社区居民置于弱势地位并大大增加了政府及企业的负担,而这种不平衡的模式无法解决乡村旅游地的实际问题。傣族园景区的社区参与模式为乡村特色型旅游业提供了很好的借鉴,在这种模式中,政府、投资商、村民以不同方式进入并组建股份制有限公司,紧密配合、良好运转,形成一个稳定有效的三方结构。周常春(2013)以云南怒江州秋那桶社区参与模式为例,总结出不同时期依托资源的乡村旅游社区参与模式:进入期为"政府+社区+居民";成长期为"政府+社区+旅游协会+居民";成熟期为"政府+旅游协会+公司+社区委员会+居民"。蔡碧凡等(2013)选取浙江省三个典型乡村旅游地进行案例分析,并总结出其社区参与模式的共性在于参与模式多元化、参与层次表面化及阶段性差异化。严海涛(2014)以新农村建设的角度对甘肃乡村旅游社区参与的影响因素及模式选择进行了分析,主张以经济发展程度和区域旅游业发展进程为标准,因地制宜确定参与模式。谭芳丽(2014)运用社区参与的相关理论,从参与主体的职责角度切入构建乡村旅游开发模式,最终发现"政府+企业+村民+村委会"的模式能最大限度地实现"共赢"。陆明华(2015)提出应结合南京各休闲农业旅游地自身的特性采取差异化的社区参与方式,并提出四种主要的参与模式:政府主导下的社区旅协与企业合作模式、优秀村民带动模式、社区主导下的企业村民合作模式、特色农庄经营模式。熊金银(2015)以开发主体为标准将社区参与乡村旅游的模式分为村民间结合、村民与企业结合、旅行社、企业与政府结合以及股份制模式。这些模式的进入、经营、管理方式皆有所差异,最终直接影响投资与回报比。影响这四种模式发展水平的因素主要在于制度、资源、经济。蒯兴望(2016)提出我国目前的三种社区参与模式有村民自发型、农村社区动员型、农村社区互助合作型。然而在这几种模式中,农村社区暂时处于从属的地位;且由于村民的参与意识淡薄,乡村旅游的发展尚停留在注重形式而忽略内在运行机制的层面。黄军杰(2017)运用典型调查法、实地考察法及深度访谈法对浙江省丽水市三处山地乡村旅游地进行了调研分析,并对其村民参与模式进行了总结,分别为政府主导、基层组织主导下的景区带动、基层组织引导下的村民主导模式。

这三种模式的社区主导参与程度逐渐加深,"内生"特征逐渐明显,可持续化发展前景逐渐明朗。刘红等(2017)利用演化博弈模型对"公司+村民"的参与模式进行了分析,并得出合作收益与相互信任水平对积极策略的选择有促进作用的结论,而合作成本与风险则反之。彭如月等(2019)运用利益相关者理论提出乡村旅游社区参与的五种优化模式:"乡镇政府+旅游带头人+旅游业人才""乡镇政府+产业项目负责人+投资者""村民+企业""村民自发""游客+旅行社+乡镇政府",并对这几种模式的核心特点做了分析。刘燕峰等(2019)通过对浙江省遂昌县"公社模式"的研究分析发现,在这种模式中,"集体化"是重要的标签,村级农家乐协会、农业合作社、基层行政组织三者联系较为紧密,形成了有效的合作共赢关系。村民的组织化水平因此得到了大幅提升,乡村旅游发展过程中村民参与的多维度化基本得以实现。

二、乡村旅游社区参与模式的影响因素研究

影响乡村旅游村民参与模式选择的主要因素主要有以下两点:乡村个体差异及乡村发展阶段的不同。一方面,乡村旅游发展模式的选择是一个长期变化的动态过程。不同的乡村出于地理位置、经济发展水平、村落分布、基础设施建设、当地居民文化水平等因素,在模式的选择上会有所区别。而不同的旅游开发模式,会形成与社区不同的合作态势(刘昌雪、汪德根,2003),离城市较近的乡村相对经济水平较高,与城市的联系较为紧密,当地居民的理念也比较前卫,因此把握市场、积极发展旅游业的意识较强,这类乡村大多依靠外来投资和自主经营模式,村民参与程度较高;地处偏远的乡村较为闭塞,交通发达程度不高,与外界的沟通匮乏,因此当地居民很少会有自主经营发展旅游业的头脑,但往往这些乡村具有独特的风貌,资源优势明显,这类乡村更多地依靠政府的引导和外来投资协助,村民的角色较为淡化。另一方面,同一个乡村各方面的条件并非一成不变,如果沿用一种模式,必定是无益于乡村旅游产业结构的发展升级的。乡村内部要善于发现旅游业发展情况的变化并总结,及时对发展模式进行调整优化,以适应乡村未来的发展。在发展初期,政府的干预十分关键,但如果政府一直"专权",村民的自主性得不到提升,则村民始终无法真正"富"起来。因此,适当的放权是有必要的。需要注意的是,政府的干预也应建立在尊重村民意愿的基础上,推动并不代表大小事宜都要大包大揽,而是应该承担"助燃剂"的角色,积极规划指导、制定产业发展方向。其余的影响因素还有制度、资源及经济因素。在制度方面,法律、政策如何介入乡村旅游的发展尤为关键,它们会深刻影响村民参与的模式;在资源方面,各乡村之间的资源差异主要是由个体间历史文化背景、地理区位条件等的不同造成的;在经济方面,我国东部地区的乡村经济水平大多普遍比西部地区高,因此发展乡村旅游的先决条件充足,村民对于发展乡村旅游大多是支持的态度,参与程度也相对较高,易于形成良性循环。

三、乡村旅游社区参与模式的优化策略研究

学者对村民参与乡村旅游模式的优化策略也进行了探讨:从政府角度出发,要提高对乡村旅游的支持力度,包括政策上和资金上,例如推出旅游经营优惠政策、加强乡村旅游基础设施建设等,最重要的是向村民提供知识与技术的相关培训,提高村民的综合素质;在社区方面,一方面要致力于建立健全村民自治制度,维护村民利益的同时调动村民参与的积极性。另一方面要建立人才培养机制,对于优秀人才要实行一定的保障和奖励举措,避免人才流失,如条件允许应与旅游相关院校、企业形成合作关系,实现双赢。

学者们关于社区参与模式的研究可分为两类:一类是从典型案例地横向或纵向对比的视角分析同一乡村在不同时期以及相同时期、不同乡村社区参与模式的差异;另一类是以利益相关者、增权理论的视角从不同参与主体所扮演的角色、需承担的职责以及最终的利益诉求与分配出发,分析当前我国乡村旅游社区参与模式的弊病所在并提出优化模式及创新机制。然而,一方面,在上述研究过程中理论的架构及模型的建立极其缺少;另一方面,姚国荣(2019)提出在参与模式的研究中,虽然学者们鼓励社区居民参与,但在具体的实施过程中,解决措施大多从政府和企业的角度出发,社区居民的参与度无法真正得到提高。这些缺口都是未来社区参与模式研究的方向。

第二节　乡村旅游村民参与模式的基础理论

乡村旅游的建设涉及多个主体,极易引发利益冲突,尤其是村民与当地政府、旅游开发商之间的利益矛盾,一直是乡村旅游建设中的重点与难点,因此,为更好地认识和解决这一困境,必须以基础理论与科学的方法论引领思路。

一、利益相关者理论

利益相关者理论，又称利益主体理论，于 1963 年为斯坦福大学的一个研究小组所提出，其强调利益相关者是指那些没有他们的支持，组织就不能存在的团体（徐绍玲，2010）。Freeman(1984)对利益相关者理论做了进一步研究，并指出利益相关者包括员工、顾客、供货商、股东、政府以及能够帮助或损害公司的其他团体，而利益相关者理论指的是企业为综合平衡所有利益相关者的利益诉求，实现协作共赢、可持续发展目标而进行的管理活动（徐绍玲，2010）。在此之后，西方学者围绕利益相关者的问题展开了大量研究，在 30 余年的时间里给出了 27 种有关利益相关者的定义（Mitchell and Wood,1997），如表 5-1 所示。

表 5-1　利益相关者的定义

提出者	年份	"利益相关者"定义
斯坦福大学研究院	1963	利益相关者是这样一些团体，没有其支持，组织就不可能生存
Rhenman	1964	利益相关者依靠企业来实现其个人目标，而企业也依靠他们来维持生存
Ahlstedt and Jahnukainen	1971	利益相关者是一个企业的参与者，其被自身的利益和目标所驱动，因此必须依靠企业；而企业也需要依赖他们的"赌注"
Freeman and Reed	1983	广义的：利益相关者能够影响一个组织目标的实现，或者他们自身受到一个组织实现其目标过程的影响 狭义的：利益相关者是那些组织为实现其目标而必须依赖的人
Freeman	1984	利益相关者是能够影响一个组织目标的实现，或者受到一个组织实现其目标过程影响的人
Freeman and Gilbert	1987	利益相关者是能够影响一个企业，或受到一个企业影响的人
Comell and Shapiro	1987	利益相关者是那些与企业契约关系的要求权人(Claimants)
Evan and Freeman	1988	利益相关者是在企业中"下了一笔赌注"，或者对企业有要求权的人
Evan and Freeman	1988	利益相关者是这样一些人：他们因公司活动而受益或受损；他们的权利因公司活动而受到侵犯或受到尊重
Bowie	1988	没有他们的支持，组织将无法生存
Alkhafaji	1989	利益相关者是那些公司对其负有责任的人

续表

提出者	年份	"利益相关者"定义
Carroll	1989	利益相关者是在公司中下了一种或多种赌注的人。他们能够以所有权或法律的名义对公司资产或财产行使收益和（法律和道德上的）权利
Freeman and Evan	1990	利益相关者是与企业有契约关系的人
Wartick and Smith	1991	利益相关者是与某个组织有关系的人
Savage，Nix，Whitehead and Blair	1991	利益相关者的利益受组织活动的影响，并且他们有能力影响组织的活动
Hill and Jones	1992	利益相关者是那些对企业有合法要求权的团体，他们通过一个交换关系的存在而建立起联系，即他们向企业提供关键性资源，以换取个人利益目标的满足
Brenner	1993	利益相关者与某个组织有着一些合法的、不平凡的关系，如交易关系、行为影响及道德责任
Carroll	1993	利益相关者在企业中投入一种或多种形式的"赌注"，他们也许影响企业的活动，或受到企业活动的影响
Freeman	1994	利益相关者是联合价值创造的人为过程的参与者
Wicks，Gilbert and Freeman	1994	利益相关者与公司相关联，并赋予公司一定的含义
Langtry	1994	利益相关者对企业拥有道德的或法律的要求权，企业对利益相关者的福利承担明显的责任
Starik	1994	利益相关者可能或正在向企业投入真实的"赌注"，他们会受到企业活动明显或潜在的影响，也可以明显或潜在地影响企业活动
Clarkson	1994	利益相关者在企业中投入了一些实物资本、人力资本、财务资本或一些有价值的东西，并由此承担了某些形式的风险；或者说，他们因企业活动而承担风险
Clarkson	1995	利益相关者是对一个企业及其活动拥有所有权、所有权和利益要求的人
Nasi	1995	利益相关者是与企业有联系的人，他们使企业运营成为可能
Brenner	1995	利益相关者能够影响企业，又受企业活动影响
Donaldon and Preston	1995	利益相关者是那些在公司活动的过程中及活动本身有合法利益的人和团体

资料来源：陈剑平.政府创新政策与利益相关者创新资源投入的关系研究[D].杭州：浙江工商大学，2014；冯臻.影响企业社会责任行为的路径——基于高层管理者的研究[D].上海：复旦大学.2010.

　　根据其研究侧重点的异同,利益相关者理论的研究大致可以分为三个阶段(李洋、王辉,2004):①影响企业生存阶段,20世纪60—80年代,研究者主要认为利益相关者是企业生存的必要条件,两者相互依存;②实施战略管理阶段,20世纪80—90年代,利益相关者在企业战略分析、制定和实施中的重要作用被广泛强调;③参与所有权分配阶段,20世纪80年代中期至今,研究者主张利益相关者应当参与对企业所有权的分配(刘向东,2011)。在此基础上,Mitchel(1997)等系统总结了前人对利益相关者的定义,并提出了利益相关者的具体分类,见图5-1。

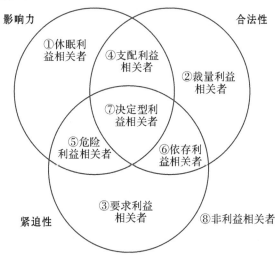

图 5-1　利益相关者类型

　　国内关于利益相关者的研究起步稍晚,20世纪90年代,对利益相关者问题的研究探讨是在企业管理理论和治理机制不断发展的基础上进行的。杨瑞龙(1988)提出"从单边治理到多边治理"以及李维安(2002)提出的"公司治理边界"等重要观点与概念最具代表性。整体上,利益相关者理论已逐渐成熟,国内外学者围绕利益相关者及其理论的定义与分类等展开了大量研究,逐渐丰富利益相关者的内涵,也对其维度划分进行了完善梳理(贾生华、陈宏辉,2002),并在多个领域运用。

　　同时,旅游研究领域在20世纪80年代就引入了利益相关者的概念。Haywood(1988)、Keogh(1990)和Neilkipe(1989)在旅游规划中、社区参与问题和目的地旅游流分析中讨论了利益相关者问题。Ryan(2002)更是提出旅游经营者在从事旅游开发经营活动过程中涉及12种利益相关者:员工、游客、居民、压力集团、其他旅游企业、国家和政府、宾馆酒店、股东、旅游代理商、地方政府、促销中心和媒体。旅游社区的利益主体角色主要分为利益实现者、消费者、归属者。而乡村旅游的利益博弈主要是地方政府、旅游开发商、旅游者及村民四个利益主体间的矛盾与冲突,如图5-2所示。

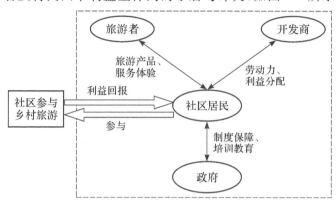

图 5-2 社区参与乡村旅游的利益相关者关系

资料来源:代则光,洪名勇.社区参与乡村旅游利益相关者分析[J].经济与管理,2009(11):27-32.

政府作为乡村旅游发展中的促进者与监管者,既希望村民参与、资本融入、游客青睐,以推动当地经济快速发展,也希望通过乡村旅游促进社会、环境、生态的可持续。在这一过程中,就难免与其他利益主体发生冲突,如政府在土地的开发和利用上,经常难以协调好与村民及旅游开发商之间的矛盾,或是在村民参与乡村旅游过程中,因承诺条件与实际落实情况不符,而引起村民的反感或抵制。

旅游开发商作为乡村旅游建设的重要支持者,为地区旅游与经济发展注入了活力。好的旅游企业不仅为乡村发展带来资金支持,更带来先进的技术、经验与思想,为乡村旅游的成功发展提供了宝贵思路。然而,企业注重短期利益,而忽视社会责任的事不胜枚举,其在参与乡村旅游建设中破坏环境、吞噬村民利益等行为严重影响了其他主体的利益,成为一个虽然需要又备受指责的群体。

旅游者作为受益者与反馈者,是乡村旅游发展中必不可少的一环。科学发展乡村旅游,将极大地提升游客满意度与幸福感,尤其在后疫情时代,让游客体验到乡村的文化性、本土性与生态性等,将为我国旅游整体转型、扩大乡村旅游市场提供契机。反之,若乡村旅游低质发展,以粗放、冷漠的态度为旅游者提供产品与服务,势必会极大地损害旅游者的利益。

村民作为核心要素,在参与乡村旅游的过程中有着举足轻重的作用。一方面,政府的支持、旅游开发商提供的经济机会会激发村民的参与积极性,为乡村旅游的良好发展奠定根基;另一方面,村民作为经营者与参与者,将直接面对游客,其行为与态度也直接影响着乡村旅游发展的水平与质量。

因此,如何平衡各利益主体在乡村旅游中的角色,促进彼此的和谐共存,将是乡村旅游发展中最关键的难题。

二、博弈论

博弈论初步形成始于 Von Neulnann 和 Morgenstem (1944)合著的《博弈论和经济行为》,该书的出版标志着博弈论科学体系与基本分析框架的问世。此后,著名的"纳什均衡"揭示了博弈论与博弈均衡的内在关系,为博弈论的发展奠定了基础。在 Nash(1950)的观点下,最佳效果即赢利模式为一种稳定状态,此时均衡点上任意一方所提出的利益分配方案都不能超越现有的利益分配而被各方重新接受。随后 Harsanyi (1994)提出贝叶斯纳什均衡的概念,Selten (1994) 提出子博弈和子博弈精炼纳什均衡的概念,为博弈论的发展做出巨大贡献。

博弈论的应用拓展到旅游领域较晚,主要探索各个理性决策主体在旅游参与中的博弈对策及决策均衡。Markwick (2000)运用利益矩阵模型分析了旅游领域中存在的利益相关者问题。Palmer 和 Riera (2003)提出为防止旅游资源的过度使用和开发,政府可以向旅游者和旅游开发商征收环境使用税。吴长文(1997)的《营销观念的发展与博弈均衡——兼论旅游企业的市场决策》和邬爱其(2000)的《旅游市场进入博弈分析》是国内旅游领域运用博弈论的最早探讨。在应用博弈论研究乡村旅游的发展与管理中,公地悲剧成因及治理、乡村旅游利益相关者博弈关系、乡村旅游开发的环境保护、社区参与开发旅游及村民权益保护等几个方面最为突出(鲁明勇,2011)。余意峰(2008)运用博弈论方法分析,认为公地悲剧问题主要是村民之间及村民与游客之间基于个人理性的相互博弈的结果,他必须依赖外部力量的引导以及合理的制度安排,缩短村民从个人理性向集体理性转变的时间距离。代则光、洪名勇(2009)以社区居民为中心,分析了在完全信息动态博弈、不完全信息静态博弈、不完全信息动态博弈情况下社区居民与利益相关者的博弈行为及博弈均衡。王汝辉、幸岭 (2009)提出乡村旅游社区居民之间通过重复博弈,在观察别人的行动时"干中学",以促进开发模式的变迁。罗章(2015)探索了民族乡村旅游开发中三组博弈关系,发现在缺乏沟通与共识的前提下,追求短期效用的"理性经济人"行为是导致冲突产生的根源。杨晗(2017)利用合作博弈论 Shapley 值法探讨乡村旅游利益分配和生态环境等问题。研究发现:当地居民、旅游企业,以及环境所获得利润分配与其在乡村旅游经济中的边际贡献相关。张雪婷、李勇泉(2018)对各个利益主体的利益动因和利益关联展开研究,并绘制了相关主体的博弈关系图,见图 5-3。

图 5-3 乡村旅游社区利益相关主体博弈关系

资料来源:张雪婷,李勇泉.乡村旅游社区利益相关者博弈研究[J].科技创新与生产力,2018(5):14-19.

具体来看,村民参与乡村旅游发展的不同阶段与模式具有不同的博弈重点。在以政府为主导的早期乡村旅游开发中,由于政府占有绝对支配地位,其凭借政治权力处于博弈的强势主体地位,村民作为弱势群体则明显地处于博弈的弱势主体地位(李琴、熊启泉、孙良媛,2005)。此时政府可能大量征用土地,集体建设,从而损害村民的既得利益,若政府缺乏有效监督与问责,打着招商引资的幌子侵蚀村民的利益,则会引起更大的冲突矛盾。

在外来投资型的发展模式中,各主体的利益博弈就会愈发明显,且这种复杂的情况存在于多数乡村旅游发展案例中。随着外来资本的融入,由于村民个体经营能力有限,需要依赖其提供的经验与机会,然而,也由于信息不对称及开发商的营利性质,地区发展乡村旅游的最大受益者极有可能是旅游开发商,而非村民,造成"旅游飞地"现象,降低了地区旅游发展的乘数效应与积极影响。

而在村民自主经营型模式中,村民最大程度地体现主人翁意识,拥有资源与资金使用的绝对话语权,此时,村民与其他利益主体的博弈相对较弱,而村民之间以及村民与旅游者之间的博弈却持续不断。在村民自主经营的初期阶段,由于游客资源相对缺乏,村民个体会尽可能地让自身利益最大化,从而相互竞争,甚至以非理性的方式,运用多种不正当的手段牟取利益,互相拆台诋毁,拉客宰客等等。不仅如此,游客的到来也会使乡村的面貌更新,外来文化会给村民带来一定冲击,同时游客与村民双方追求各自利益最大化的博弈,也会使二者产生资源占有、服务的提供与购买等冲突。

因此,在村民参与乡村旅游的各个模式与阶段中,必须具体问题具体分析,以科学的思路与方式指导工作,提出切实可行的解决方案,才能发挥各利益主体在乡村旅游建设中的作用,也才能协调各方,促进地区经济、社会、文化等的健康可持续发展。

三、增权理论

"增权(Empowerment)"这一概念最早来源于 1976 年美国学者 Solomon 出版的《黑人增权:被压迫社区的社会工作》一书(周林刚,2005)。此后增权理论被学者广泛关注与使用,并运用到多个领域。一般认为,增权理论是由权力(Power)、无权(Powerlessness)、去权(Disempowerment)以及增权(Empowering)等核心概念建构起来的(左冰,保继刚,2008)。其中,无权是去权的结果,当某一利益主体被去权,丧失对关键事件的参与和控制权力,就极易沦为弱势群体,造成更大的利益天平失衡,为打破这一局面,就需要适当赋权。

在旅游研究中,Akamal(1996)针对肯尼亚的生态旅游研究,最早提出了旅游社区增权的必要性。此后增权理论在旅游领域中被广泛运用,国内外学者如 Pearce(1996)、左冰(2009)、Sutawa(2012)等都强调了增权对于地区旅游发展的重要意义,即不仅能有效促进居民的参与积极性,还能协调各方建立新的权力关系,促进各方利益的平衡与实现。并且许多研究者认为若没有旅游增权,将很难实现真正的社区参与和旅游可持续发展(Choi,2010)。事实上,旅游产品的最终形式是政治家、社区和商业伙伴之间权力

互动和合作程度的展示（Pearce，Moscardo，and Ross，1996）。Scheyvens
（1999）也曾指出，旅游增权的对象应当是目的地社区，旅游社区居民增权框
架包括经济、政治、心理和社会四个维度，且这四个维度"既是过程，也是结
果"。然而目前我国的社区参与旅游，尤其是村民参与乡村旅游的过程，其
往往只是一种经济或技术过程，而非政治过程与结果，由于缺乏政治和权力
关系的考量，导致社区参与旅游发展在实践中不能取得真正进步（左冰、保
继刚，2008）。

　　在村民参与乡村旅游的过程中，首先要注重经济增权，即保证村民的可
持续增量利益，无论是哪一种参与模式，都既要鼓励村民积极参与其中，给
予一定的政策扶持、技术指导等，又要协调好各主体的利益分配，确保村民
在经济利益分配时不会处于弱势地位。其次，政治增权也是极为关键的环
节，传统上村民缺乏政治影响力，在很多旅游决策与规划中都缺乏参与，从
而也淡化了自身的政治意识，一旦发生与其他主体的利益冲突时，村民又往
往是形单影只，没有可以抗衡的力量。因此，给予社区政治增权，为村民发
声创造更加制度化、规范化的渠道与平台便十分重要。心理增权是建设新
时代乡村旅游的重要步骤，"对未来充满乐观的态度，对自身生存能力保有
自信，对传统与文化感到骄傲的社区被认为在心理上是强大的"（Sofield，
1996）。村民越是缺乏参与和表达机会，越需要对他们激励，充分挖掘其德
智才干，发挥其首创精神。最后，积极推动乡村基础设施建设、文化传承等
社会增权，也是促进地区协调可持续发展的重要手段。利用乡村旅游的发
展，促进地区经济水平的提高，进而服务于地区基础设施的改善，降低人员
和人才的外流，加强乡村内聚力，使村民成为参与乡村旅游建设的最大推动
者和受益者。

第三节　乡村旅游村民参与模式的体系构建

一、按照乡村旅游发展阶段划分

　　乡村旅游中村民参与模式可依照不同视角进行分类，根据发展阶段的
不同可将其分为政府主导型、外来投资型及自主经营型。

（一）政府主导型（扶持模式）

政府是一个无法清晰界定的概念，在乡村旅游情境下，政府主要指的是各级地方政府及相关管理部门。村委会属于自发的群众型组织，不属于官方政府机构。在这种模式下，政府主要的职能是整体规划、政策扶持、科学引导、人才培训、过程监督。政府采取各种措施助力乡村旅游的发展并起主导作用。

管理是指在特定的环境下，对组织所拥有的资源进行有效的计划、组织、领导和控制，以达成既定的组织目标的过程。引申到乡村旅游环境中，政府主导型模式就是政府的管理过程，即政府通过对资源的梳理再规划，对土地、环境、基础设施、市场营销活动等要素进行统一管理并协调，达到促进当地乡村旅游目的地可持续发展的目的的过程。政府主导存在两种操作方式：一是政府自身通过科学决策进行项目的宏观管理；二是通过成立或引进专业的旅游开发公司制定适宜的发展战略。这两种操作方式的区别在于政府的介入程度，前者是政府高程度介入，政府承揽了各项要素的管理、经营活动；后者是政府低程度介入，政府虽然给予了政策上的扶持，但是资源的开发与项目的策划不由政府负责。

在该模式下，各地政府发展乡村旅游的侧重有所不同，有的注重基础设施的建设，有的注重旅游项目的拓展，还有的注重服务质量的提升。不论是在硬件还是软件设施方面，政府都占据主导地位。在乡村旅游目的地发展初期，政府的有效引导显得尤为重要。一方面，虽然村民参与乡村旅游的积极性高，但其在文化素质、管理能力等方面有所欠缺，对旅游行业的发展欠缺经验，政府可以起到引领与规范的作用，指导村民一步步推动乡村旅游的发展并在各个环节给予支持和帮助，其中也包括一些惩罚与奖励措施，例如：采取积分制，对未达标或是有所懈怠的民宿主进行激励，促进乡村民宿的优化升级。同时各地政府积极作为，充分挖掘和发展特色旅游资源，也有利于新型旅游业态在乡村地区的发展和迅速推广，如自驾游、营地等。另一方面，乡村旅游发展进程中，尤其是初期阶段，各利益主体产生矛盾冲突的可能性较大，为维持公平及保证村民分享旅游带来的利益，政府将起到宏观调控与协调各方的关键作用。

然而，政府主导模式也存在自身的不足：首先，部分政府发展乡村旅游并不是出于促进地方村民创收的目的，而是政绩或是上级要求，因此开发的积极性可想而知，符合当地特色的乡村品牌难以建成，效果也就不言而喻了;其次,过多的政府干涉可能会让乡村旅游目的地变得商业气息较浓而失去其本有的文化风韵;最后,政府干涉的约束性强,但灵活性较差,短期内可能会取得较大成效,可很难保证乡村旅游发展的长期稳定。因此政府主导模式只适用于乡村旅游发展的初级阶段,后期应该更多地让市场发挥作用。

（二）外来投资型（发展模式）

在外来投资型模式中,外来投资者在一定时间内承包下乡村旅游发展的资源以及品牌的经营使用权。这些外来投资者一般都具备雄厚的经济实力和对市场敏锐的洞察力,在乡村旅游发展逐渐步入正轨后使其再上一个台阶。相较于政府部门来说,外来投资者更有商业运作的头脑和预知风险的能力,并且在管理方面,外来投资者对如何吸引客源、控制价格、制订服务标准等都更加有经验。

外来投资者进入乡村旅游目的地之后,对当地的环境整治、文化传承、旅游产品的开发和创新、品牌的塑造都有积极的影响。外来投资模式有两种操作方式:一是外来投资商安排村民进行接待、宣传等事务,村民的依附性较强,因此两者存在隶属关系;二是外来投资商负责主要项目运营,给村民一定的自主权经营农家乐、民宿等业务。

尽管外来投资模式为乡村旅游的发展带来了机遇,但是它存在的弊端也不容忽视。首先,村民的利益得不到有力保障,大多数利润收益都进入了外来投资商的口袋,与让村民富起来的初衷背道而驰,村民始终是"打工者"的身份;其次,由于缺乏有效沟通,在部分村民心目中,外来投资商可能是资源"破坏者"、财富"掠夺者"的形象,因而他们可能对外来投资商存在排斥态度,从而不会积极推动乡村旅游的发展;最后,村民从事的工作偏机械化,并且是劳动力导向,获得的收入较低,因此村民的能力始终得不到大幅提升,生活质量也很难取得质的飞跃。

（三）自主经营型（内生模式）

自主经营型模式是以村民为主导的组织模式。随着乡村旅游的发展,有的村民率先进行业务的开拓创新,吸引外来游客前来休憩,当取得不错的成效时,其余村民便会受其启发,也投身到自主经营的事业中,形成村民带动村民、典型带动一般的局势。这部分具有带动效应的村民通常具备一定的创业意识并且头脑灵活,善于将已有资源进行转化。但由于其他村民的管理经营能力有限,可能无法领悟到优秀农业主经验的精髓,因此,虽然自主经营型模式所需的投入相对较少,但是成效难以得到保证。

在自主经营型模式中,旅游资源的使用、开发权掌握在村民自己手里,村民占据主导地位。该模式可以保证绝大多数旅游收入不会外流,也能免于遭受过多的政府干预;同时,乡村的风土人情可以得到较好的保留和传承,生态环境也不易被人为破坏。该模式的缺点在于村民在市场营销方面没有接受过专门的培训,从而会导致旅游商品销售渠道受限,甚至会出现几家村民争夺客源的情况。同时,村民的管理能力普遍较低,因此对于公共物品、服务接待的管控缺乏经验;在竞争日趋激烈的时候,有的村民可能采取恶意压价的方式,但这种方式最终会造成集体利益受损的后果。

自主经营型模式的先决条件较高,且适用于有一定发展基础的乡村目的地。探索出适合自身的发展模式是一个漫长的过程,需要向发展态势良好的乡村学习先进的经验,并在实践中不断积累经验。同时,对公共物品的使用以及资源的开发、市场的宣传需要达成村民的一致以保证乡村旅游发展的高效性。在此期间可能会出现村民因分配不均而产生矛盾的情况,因此组织内部的多次协商是必要的,这样才能最终形成相对公平、稳定的制度体系。

二、按照乡村旅游开发主体划分

根据开发主体的不同,对村民参与乡村旅游的模式作如下分类:村民之间结合的模式,村民与企业相结合的模式,旅行社、企业、政府相结合的模式以及股份制模式(熊金银,2015)。

(一)村民之间结合的模式

这种模式的选择往往存在于乡村旅游发展的初级阶段。此时,发展乡村旅游的概念在村民心中尚未成熟,村民对企业的信任度较低,因此对土地和资金的管控比较严谨。当他们看到某户村民依靠发展旅游而获得一定的经济效益时,他们会积极学习其中的成功经验并进行自主摸索。在这种模式下,乡村的本土风貌和生态环境一般保存得较好。但由于大部分村民的文化素质和综合素养受限,投资和管理水平也难以跟上,这种模式往往只能停滞在小规模、不成体系的阶段,后劲不足。

(二)村民与企业相结合的模式

此模式主要的特点是旅游经营公司加入村民参与乡村旅游的指导工作中。在此过程中,村民得到旅游公司系统化的培训和指导,充分展现个体经营特色,吸引更多的游客,并从中获取旅游收入、创造经济效益。服务逐渐标准化、规范化,服务质量不断提高,消费者满意度得到大幅提升。然而,在旅游公司对旅游市场进行严格把控、避免了村民之间恶意竞争现象的同时,村民的积极性很难得到有效提升,甚至极有可能因为沟通的缺乏而对旅游公司心生不满。

（三）旅行社、企业、政府相结合的模式

此模式主要的特点是旅游公司通过村委会等社区组织与村民合作,社区组织出面指导村民的旅游经营工作,村民负责接待游客。社区组织在其中起着承上启下的作用,一方面从旅游公司获取经营的规范标准,另一方面统筹村民的经营活动。旅游公司确保服务质量的规范化、标准化,在游客的期望和村民的能力水平之间达成平衡,尽量维护好企业、组织、村民、游客四方的利益不受损。在经营的某一环节出问题时,村委会应起到协调、缓冲的作用,明确问题所在之后积极进行整改,保证乡村旅游发展工作的顺利开展。村民则要努力凸显个体特色,充分展现乡土人情,并做好接待服务工作。

随着乡村旅游发展的不断深入,发展主体更加多元化,这种模式衍生到后期可描述为"政府主导,村民参与,其他组织协助"乡村规划模式。在此种模式中,参与主体是村民、村委会、政府、规划单位、其他非政府经济组织（陈林婧、陈郁青,2019）。政府主要在政策和资金方面提供支持,组织各方主体共同参与;村委会就像是信息的汇集交流中心,负责将政府的意志传递给村民进行贯彻实施,并把村民在经营时遇到的问题集中向上汇报反映;规划单位则要本着可持续发展的原则对乡村进行统一规划,将对生态环境的损害降到最低,并且保持乡村原有的风貌;其他非政府经济组织则起着推动乡村旅游运营活动开展的辅助作用。

以协商、评判的态度与其他参与主体进行互动,参与决策。村民的参与程度有所差异,文化水平较高的村民参与面更加广泛,例如村庄的规划设计以及未来的发展方向。

（四）股份制模式

此模式借鉴了公司运营的机制,将劳动力、特殊技术、资金、土地、旅游资源等核算为股本,按照分红的利润分配方式进行合作经营。国家、集体、村民三方按照比例对盈利收入进行分红。这个模式的兴起证明乡村旅游的发展进入了规模化的阶段,村民参与的积极性得到了大幅提升。

三、按照乡村旅游依托的具体资源和产业划分

按照乡村旅游依托的具体资源和产业分成以下四类:村落式乡村旅游集群发展模式、园林式特色农业产业依托模式、庭院式休闲度假景区依托模式、古街式民俗观光旅游小城镇型模式(马勇等,2007)。

（一）村落式乡村旅游集群发展模式

该模式以村民为基本单元,展现每家独有的风貌,同时集聚乡村特色、统一管理,致力于打造"一户一景"的生态景观,形成"大相同,小有别"的发展格局。在充分调研市场需求和空缺的前提下,开发出一套完备的"农业观光＋餐饮＋休闲娱乐"的产品体系。在品牌塑造方面,突出村庄的优势产业,形成自身独特的品牌。

（二）园林式特色农业产业依托模式

该模式主要依托花卉草木农业的特色产业吸引客源人群。

（三）庭院式休闲度假景区依托模式

该模式主要依托休闲度假景区吸引客源人群。

（四）古街式民俗观光旅游小城镇型模式

该模式主要依托观光古镇或风情步行街吸引客源人群。

第四节　乡村旅游村民参与模式的典型案例

一、成都三圣乡模式

四川省成都市三圣乡的"五朵金花",是指以"花香衣居""幸福梅林""江家菜地""东篱菊园""荷塘月色"(吴增慧,2008)为主题的休闲观光农业区。"五朵金花"从建设到管理,始终体现了政府的强势推动,在规划引导、政策扶持、资金支持的作用下,其将乡村旅游与农业休闲观光、古镇旅游、节庆活动等有机结合,逐渐成为海内外极负盛名的娱乐休闲旅游度假区及国家AAAA级景区。

（一）政府协同规划

为建设国际化的大都市周边环境,成都市区两级政府提出了开发与保护并举、利用与发展并重的思路,将"五朵金花"从"垃圾村""城中村"转变为

未来成都市市区的风口绿地,正式为"五朵金花"的诞生按下了启动键。

　　成都市政府于 21 世纪初就提出用景点的形式,打造国家级品牌"农家乐",这为"五朵金花"的建设奠定了思想基础。不仅要使"五朵金花"为城乡居民提供市郊娱乐休闲场所,更借此契机,为城乡一体化协调发展助力,促进当地农民就地转市民。同时,为建成成都市郊区优美靓丽的风景线,保护大城市的环境,同时突出蜀文化民居风格,"五朵金花"按国家 4A 风景区标准建设应运而生。不仅如此,在"五朵金花"的规划方案制定中,多次举办听证会,广泛听取了社会各界和规划区村民的意见和建议,最终形成"一村一品一业"的产业特色,调动政府、企业和村民形成合力,共同建设与维护"五朵金花"的发展。

　　(二)协调各方利益,注重村民主体地位

　　"五朵金花"的建设范围集中,牵涉 3000 多户、1 万多名村民的切实利益,势必涉及旧村庄改造、拆迁搬迁、土地纠纷等各种现实问题,极易引起利益矛盾冲突。然而,成都市区各级政府并不回避矛盾,在协调各方利益的基础上,始终注重村民的主体地位,在规划设计、建设发展及经营管理等重要环节,充分尊重村民的意愿,坚持让村民受益的原则,充分发挥了村民在传统产业上的优势,促进其产业规模的扩大,并最终落实到其生活水平的提升上。

　　在这一过程中,各级政府按照"宜拆即拆、宜建则建、宜改则改"等办法改造了许多户旧农居,5 年的建设发展中没有因拆迁、占地等问题出现一例村民"告状""上访",非法修建、违法经营等现象(陈辉,2010)。在政府的推动引导下,原来的红砂、幸福、万福、驸马、江家堰、大安桥 6 个行政村合并成5 个乡村旅游风景区,不仅使企业和村民一起投资整修农居、新建花卉市场和游泳馆等经营性项目,形成各村各特色,而且使村民在新景区就地转市民,失地村民也得到就业支持与安置,极大地增进了"五朵金花"的经济效益与社会效益。

　　(三)整体包装与政策引导

　　"五朵金花"的快速发展得益于政府的整体规划包装与政策引导(见表5-2)。规划中的文化注入为旅游区的建设增添了灵魂,不仅有源自陶渊明的"东篱菊园"、朱自清的"荷塘月色"、中国传统的"梅文化",还有借用农业文明与农事谚语打造的产业风景,使"五朵金花"形成乡村休闲、花卉观光、社会主义新农村的鲜明主题。同时,政府大力推动和引导"五朵金花"的连片联户开发,在实现"一区一景一业"错位发展的格局上,让村民在规模化经营模式中共同做大做强,扩大市场空间,规避市场风险,走出了一条专业化、产业化、规模化的发展之路。

表5-2 "五朵金花"整体包装与政策引导

花乡农居	发展科技花卉产业和小型农家乐
幸福梅林	发展梅花种植产业,突出科普教育功能
江家菜地	发展蔬菜种植产业,开展生态体验旅游和度假旅游
荷塘月色	发展乡村艺术体验旅游,开展国学传统观光旅游
东篱菊园	发展菊花观光、养生养老和乡村休闲度假

（四）政府先行投资撬动社会投资

为打造"五朵金花",当地政府先期投入了8300万元,用于景区建设的启动与搭建融资平台,其后撬动和吸引民间资金12100万元（蔡文娟,2011）,不仅大大改善了"五朵金花"的乡村环境,建成了市民休闲的开放式公园,还为村民搭建了增收平台,激发了花卉产值增长、三产收入飙升、农业产值上升、村民资产增值、村民收入增长、国资溢价退出六大方面的经济与社会效应,真正走出了一条推进城乡一体化及美丽乡村发展的成功之路。

（五）"五朵金花"的发展启示

大规模的乡村旅游发展需要极高的投入,政府主导并给予一定的政策倾斜与资金扶持是其发展的重要前提。"五朵金花"的成功经验印证了充分发挥政府在促进乡村旅游发展中主导地位的重要性,各级政府应在政策导向、资金投入、实施建设、市场推介等诸多方面给予乡村旅游初期发展以全力支持。

同时,"五朵金花"的发展充分考虑了推动城乡一体化、产业环境融合及美丽乡村建设等宏观问题,虽然其相距较近,但在政府的统筹引导下,既保证了乡村休闲的主题各自错位发展,又避免了低水平的重复建设与经营中的恶性竞争,以连片联户经营和"一村一景一业"的创意打造出了特色乡村旅游模式,产生了品牌效应,吸引了大量人流、物流、资金流,形成了独有的文化特色,也提升了景区的底蕴和内涵,这更为国内其他地区发展丰富新颖的乡村旅游模式提供了借鉴思路。

二、浙江莫干山模式

莫干山镇位于浙江省德清县。与如今星罗棋布的民宿产业相比,十多年前,莫干山秉持着"靠山吃山"的地方经济发展路径,村民世代生计依赖农业、毛竹、茶叶与果园。同时作为水源保护地,莫干山地区内所有产生污染的产业都被清退,只剩下小散企业发展,旅游业也以粗放的农家乐缓慢起步,经济薄弱,政府年度财政收入不到 4000 万元,村民人均年收入也刚到 1 万元,经济发展水平处于全县倒数,很多村民选择背井离乡,外出寻求发展机遇。

(一)莫干山发展契机

2007 年,南非人高天成无意间被莫干山远离尘嚣的山区景致所吸引,租下 8 幢老宅,在不改变原有房屋结构、不破坏整体风格的基础上融入低碳、环保理念对其进行改建,成立了裸心乡,此后又有瑞典、韩国、荷兰等多个国家的外国友人及上海等地客商来此租房,带动了老树林、枫华、西坡等一批"洋家乐"的民宿诞生,莫干山迎来了经济快速发展的契机。同时,当地政府坚持"绿水青山就是金山银山"的理念,率先在全省实施生态补偿机制,用 3 年时间关停了所有 100 多家涉水排污企业和 108 家畜禽养殖场,并启动"生态立镇、旅游强镇"发展战略,大力发挥莫干山的名山效应,以"原生态养生、国际化休闲"的理念引导产业发展,促进精品民宿、户外运动、农业休闲、文化创意等产业的发展,逐步培育和打造了蜚声海内外的国际乡村旅游度假目的地。

(二)资金融入与建设

此后,莫干山在外地人和在外经商的本地返乡者的投资下,获得了广泛的金融资本支持,当地政府、投资者、村民更是形成合力,使莫干山民宿成为乡村创新发展的出色范本。2015 年 8 月,莫干山镇仙潭村以 307 万元的价格,将乡镇企业地使用权出让给"醉清风"度假酒店,使之成为农村集体经营性建设用地入市试点以来全国首宗入市地块。与此同时,当地鼓励集体组织间通过"调换土地所有权自行入市、建设用地复垦指标交易入市、集体经济组织之间合作入市、镇级统筹整体规划统一入市"等多个路径,并通过农业银行向业主给予贷款授信,成功发放全国首笔集体经营性建设用地使用权抵押贷款。截至 2018 年,全县已经实现入市土地 168 宗,已经入市土地中完成增加投资、项目建设、前期开发的有 125 宗,合计投资约 15 亿元,集体收益达到 2.11 亿元,惠及村民达 10 余万人。

不仅如此,德清农商行推出了"民宿乐"金融产品,并出台相应的贷款管理办法,以解决民宿发展中资金需求强烈,而抵押、担保少的难题。并且该金融产品专门针对民宿修建、材料采购、设施采购、装修、租金交纳等民宿经营必要环节,每位经营者可以得到不高于 500 万元的信用贷款。德清农商行还将农村股权、农房、林权、农村土地流转承包权、农村集体经营性建设用地等产权归属清晰的各类资产、权利纳入贷款抵质押物品范围,创新信贷产品和服务模式,按照"抵押+信用"模式,将农村"资产"转化为"资金"(陈洪杰,2019),减轻了当地民宿业发展的经济负担。截至目前,通过对多个重点建设项目的资金筹集,莫干山在道路交通、节点建设、旅游厕所等方面累计投入资金已达 10.09 亿元,吸引社会资本参与建设,共引进旅游"三产"项目 40 多个,计划投资规模预计达 100 亿元。未来莫干山镇还将通过落实专项资金与有效整合各类资源,加大乡村旅游的建设投入。

(三)莫干山旅游业现状

在高端民宿产业的带动下,莫干山农房的租金连年上涨,当地村民或以房屋出租为收入,或直接参与民宿服务中,更有村民栽种新鲜蔬果,以略高于市场的价格供应给民宿。目前莫干山镇已吸引社会资本实际投资超过 40 亿元,2018 年莫干山镇接待游客人数 260 万人次,实现旅游收入近 25 亿元,其中,以"裸心谷""裸心堡""法国山居"等为代表的莫干山"洋家乐"产业实现营业收入 19.8 亿元。莫干山旅游业的发展带动全镇直接就业人员 5000 余人,为乡村旅游配套的商店、交通等旅游相关行业吸收县内从业人员超过 1 万人,全镇 18 个行政村全部实现脱贫,村集体经济年收入都在 100 万元以上,人均年收入为 4.5 万元。短短 10 余年,莫干山实现了乡村再造,成为乡村旅游发展的又一标杆。

在莫干山的发展模式中,外来投资者的经济实力和对市场敏锐的洞察力,同时尊重市场、发挥市场主体作用是其成功的基石。而德清县政府认定精品民宿是乡村休闲旅游发展的重要方向,通过给予房屋改造宽松政策、发布全国首部县级乡村民宿地方标准规范、成立莫干山民宿学院等多项措施,引导当地民宿差异化发展,并为从业者提供专业化的民宿课程培训,也是莫干山成功的推动力。除此之外,积极争取"多规合一"、集体经营性资产股份制改革、农村集体经营性建设用地入市试点等 25 项国家和省市改革试点,从农地入市改革、本地劳动力培训、资本准入门槛及灵活的贷款政策等多方面支持民宿业发展,更是使莫干山成为乡村旅游带动经济发展范例的重要因素。莫干山乡村旅游的发展无疑是乡村再造、美丽乡村建设的榜样。

三、陕西袁家村模式

袁家村历史上是陕西省咸阳市的一个贫困村,仅有 62 户 286 人。此后通过村民艰苦奋斗及抓住改革开放机遇,经济逐步壮大,成为陕西有名的小康村。20 世纪 90 年代后期,袁家村在国家调整产业政策,淘汰落后产能的政策下,陷入经济困境,一度沦为"空心村"。为打破这一局面,2007 年,袁家村委会主任郭占武带领村民以乡村旅游为突破口,创建以关中民俗文化为核心的村景合一、全民参与的关中印象体验地景区,袁家村开始走向新的历史。

(一)"全民皆兵"的运营模式

村民的支持是乡村旅游发展的关键,袁家村积极推动村民学习相关旅游知识,前往发展较为先进的旅游景区学习经营管理策略,并且在发展旅游业伊始,就为村民的利益着想,致力于将村民生活做成旅游。在率先修建的以关中传统老作坊为主的民风民俗风情街上,油坊、醋坊、纺车、磨盘统一聚集,村民住在原地并自己经营老字号、农家饭,既完好地保留了乡村原生态的生活场景,让游客能体会更多乡村的原真性,也能调动村民的积极性,更好地为村庄集体建设服务。

此外,由袁家村村委会牵头的运营管理工作也是关键,村庄日常管理工作由袁家村投资集团公司下设陕西关中印象地旅游管理公司专门负责。通过精细化与接地气的管理方式避免商户恶性竞争,如小吃街的管理,一方面,尽量保证产品的多样性,让商户各自认领,各有所长,当遇到多家商户报名同一产品时,便通过味道竞争留下最好的一家;另一方面,袁家村管理公司还会对部分产品利润低的商铺有所补贴,以保证产品的种类与村民的利益。同时,管理公司下面还有各个协会,协会成员均是商户自选自荐,同村干部一样义务服务。不仅如此,袁家村的高效运营管理还得益于规范有序的管理机制、健全的村级民主决策机制及完善的"四议两公开"制度,"四议"即党支部提议、两委会商议、党员大会审议、村民代表大会决议;"两公开"即决议公开、实施结果公开(戴振,2017)。袁家村通过全员参与建设,形成和保证了其独特发展模式,也成为乡村旅游中村民自主经营的典范。

（二）注重社区福利，追求集体致富

袁家村将集体致富作为发展目标，十分注重社区的整体福利。袁家村实行土地承包责任制后，在村民自觉自愿的基础上，用产业化和合作社的形式，把村民组织起来，实行集体所有制，力求通过集体的力量探索出乡村振兴的共同富裕道路，同时破解长期困扰各级政府的"三农"问题，让绝大多数村民共享红利，也产生了产业链带动效应。

同时，袁家村在掌握土地与建筑建设的使用权情况下，通过土地流转，高效利用村庄有限土地资源，为村庄的集体产业建设、村庄的可持续发展以及农业优势资源整合、统筹发展提供土地资源，并股份化各大街区资源，保证商户有利可图，不仅强制村民和商户共同入股，而且讲究"穷先富后"的原则进行入股，从而达到共同富裕的目的。在充分考虑与周边村庄及烟霞镇的关系后，袁家村还将周边10个村庄规划建设为袁家社区，既为景区建立中高端商务区域，拓宽面向的游客群体，进一步促进乡村旅游的发展奠定了基础，也为村民盖起了高楼、养老院、水厂等，全方面改善了村民的生活，努力实现资源互享、产业互动、功能互补、空间互通的大格局。

（三）积极更新理念，大胆改革创新

袁家村人具有不断开拓创新与学习的精神。在袁家村项目的发展初期，其领导班子就审时度势，借助昭陵的旅游资源，积极发展旅游业，为游客提供餐饮及住宿服务。其后通过购买"金点子"的方法，确定了建设关中印象体验地的发展目标，逐渐发展成独具特色的关中古镇。通过打造关中特色小吃、景观氛围包装、消费体验优化，袁家村大大满足了游客对关中风情与乡土文化的情感向往，也保证了其现代化与时尚感的现实需求。与此同时，袁家村十分注重食物品质与品牌建设，通过良好的信任体系、食品安全、价格体系等，为自身赢得了良好口碑。由于不断探索市场发展规律和消费者需求，袁家村不断调整发展方向，促进产业升级，从最初的民俗旅游升级到休闲度假旅游，再到发展农副产品产业链，真正在顺应时代与市场中，走出了不同凡响的发展模式。

第五节　本章小结

随着经济的发展，旅游业蓬勃旺盛，乡村旅游也应运而生。乡村的慢步调和城市里的快节奏形成了鲜明的对比,城市居民越来越渴望体验一种新的生活方式。这种消费需求变得越来越大众化,村民们也渐渐投入乡村旅游的开发中。由于经验的缺失,当越来越多的村民参与到进程中,村庄就会遭遇以下问题:对于自身资源认识的不足;乡村基础设施不够完善;统一管理机构的缺乏;对生态环境的保护意识不足等。这些问题导致游客、村民以及其他参与主体的利益无法得到保障,乡村的核心竞争力得不到提升。因此,不断完善村民参与乡村旅游的模式非常有必要。

综合上述所言,政府主导型、外来投资型和自助经营型三种基础的村民参与模式对应的是各乡村发展旅游的过程中可能经历的三个阶段,其中积极引导村民参与、提高村民参与深度是最能促进乡村旅游可持续发展的选择,当然,还需要结合实际情况具体问题具体分析。就我国国情来讲,政府政策扶持、积极引导,企业入股参与、提供资金和经验支持,村民自主经营是最适合的模式。以市场为抓手,充分发挥自身资源优势,开发、创新旅游产品,形成自身特色,锁定目标客户群体并挖掘潜在客户是发展乡村旅游的必经之路。

第六章　乡村振兴战略下村民参与乡村旅游发展的机制分析

党的第十九次全国代表大会提出，实施乡村振兴战略。此时，乡村旅游对于乡村振兴战略来讲，有着重要的支撑作用和深远意义。各地政府开始在方式、制度上改革对乡村治理的政策，乡村治理已成为促进社会发展的一个重要领域。党的十九大报告指出，要重视农村社区的基层工作，并提出"德治、自治、法治"相结合的新型乡村治理体系，这一举措将意味着我们国家在实施乡村振兴战略过程中，"自治、法治、德治"三治融合的新型乡村治理现代化转型，是一项极其重要的战略任务。面对乡村治理中乡村村民自身组织发展落后、参与度不高、低效等问题和困境，构建"三治融合"治理模式是新时代推进乡村振兴战略的必然要求，也是发展乡村旅游可持续发展的合理选择。本章基于系统动力学的视角，乡村旅游可持续发展村民参与机制大致可以从机制构建的推力源和拉力源两大方面来考虑，乡村旅游主体之一的村民参与乡村旅游发展应着重建立村民参与的决策机制、动力机制、保障机制、协调机制、激励机制等五项机制。

第一节　乡村旅游村民参与机制的文献述评

一、村民参与乡村治理的研究

村民是乡村的主体。在自己所在的社会进行生活，一定也参与了乡村的治理。以往我们更多的是关注广大村民在政治权利方面的参与力度和效度，但是实际上，在广大乡村的经济发展和建设推进中，村民也是乡村建设和改变的实际助力者和主力军，直接或间接地参与着乡村的治理活动。

　　对于村民是否有必要参与、能否参与乡村治理和发展，以及参与度高不高等问题，不少学者还是持肯定态度的。比如徐勇（1997）指出，应当推进乡村村民自治能力，这对我国促进社会主义民主政治建设有着极其重要的作用。在认可村民积极参与乡村治理的过程中，有学者还提出了对乡村村民进行社区化管理，主张鼓励乡村村民进行自治，实现将个人意愿与社区利益相结合，通过合理的设计乡村村民管理制度（唐鸣、胡建华，2012），更好地构建良好的乡村社区管理氛围（于建嵘，2010），这样会较好地推进和实现中国基层民主从"主民"到"民主"的发展变迁（辛秋水，2008）。总而言之，村民自治制度，进一步确立了乡村村民民主的村庄治理结构，使得民主选举的制度、程序及方法等都逐渐规范化，这意味着村民的主体意识、民主意识、权利意识得到了极大提升（陈剩勇，2009）。

　　当然，在社会研究过程中，有不少学者也对乡村村民参与乡村决策和治理提出了疑问甚至是反对。有人认为，现有的条件下，村民不能自治也不愿自治。目前乡村村民的自治作用不仅很难发挥，而且还容易制造矛盾和混乱（冯仁，2011）。同时有学者直接认为，村民自治中，村民参与时存在很多问题，主要是乡村治理过程中实际参与主体不平衡、实际参与主体法律授权不足、参与主体内在要求不相符等问题（陈利军，2007）；"村民会议"这一决策参与机制由于各种客观原因而被虚置（王赐江，2009）；从乡村村民参与乡村自治的效果来看，一旦乡村村民参与乡村集体事业的开发或运营后，也出现了假象夹杂、利益分配上的突出问题（陈向军、徐鹏皇，2014）。

　　鉴于上述问题，有学者发出了乡村治理过程中对乡村村民参与的优化思考。一方面，通过发展乡村经济、加大乡村教育投入、培育乡村政治文明、畅通村民政治参与渠道等方式，为乡村村民参与乡村治理提供良好的环境和条件（潘利红、欧阳惠结，2003；罗强强，2006）。另一方面，通过乡村基层组织建设和管理的改进，提高乡村村民的政治参与度（赵修华、谢娟，2008；李蓬，2010），通过设计合理的乡村自治单元的方式（李松有，2017），提高乡村村民在乡村治理中的效度和信度。随着研究的深入，有的学者还针对乡村的不同群体在村民自治中的参与行为进行了研究，并提出了相应的对策建议（潘萍，2008；张超一、王余丁、刘峰，2009）。

二、社区参与乡村旅游的研究

　　关于社区参与乡村旅游，国外对其开展过较早的研究。20世纪90年代,就有外国学者提出:乡村旅游规划、开发过程中,不仅要考虑当地的环境,还要考虑与社区之间的联系,要保证实现居民可以在乡村旅游的发展过程中,不丢失对其周边旅游资源的控制权,从而争取和获得当地社区居民对活动的支持(Kangas and Shave,1995,Parry and Campbell,1992)。还有部分学者,比如 Simmons(1994)、Jamal 和 Getz(1995)、Reid(2000)、Sheldon(2001)、Fallon(2003)、Reid(2004)等,研究了农村旅游的社区参与,他们认为:农村旅游的可持续发展的关键在于社区居民要参与农村旅游发展。只有让社区的居民们参与到旅游规划决策与旅游效益分配中,才能让他们对旅游有更积极的看法,广大居民才能真正地支持发展旅游业。

国内学者对乡村旅游的社区参与研究从 21 世纪开始,持续地关注我国乡村旅游的发展。张互助(2001)、梅燕(2003)等认为:社区旅游的发展一定要取得当地原住居民的认可和配合,这样才能有效发展。在这一基本认同的观点下,有学者又进一步展开了研究。宋章海、马顺卫(2004)提出社区参与乡村旅游发展是一个社会发展的必然要求和必然结果。其后许多学者也进行了深入分析和论证。首先,从具体的一些社区研究入手,去发现不足,比如会出现一些制约社区参与乡村旅游发展的障碍(王敏娴,2005),一些正在发展的乡村旅游地区,在发展过程中应注意地区文化和环境(罗永常,2005)。有的学者则通过更进一步的调研发现,随着社区参与到乡村旅游,特别是参与到乡村旅游发展的红利分配时,更易出现较多较大的问题(黎洁,2005)。其次,随着研究的深入,研究者利用定性和定量等多种方法,进一步进行分析,提出了社区参与中的治理模式(孙九霞,2006),分析了乡村社区参与旅游发展过程中主要利益主体的相互关系(文平等,2006),对社区参与旅游的影响,提出了要充分协调权、责、利,使社区的发展与旅游的发展相互促进。

总体看来,对于社区参与旅游,国内外学者有丰富、广泛的研究,理论探索和实践经验、方法和内容成熟;研究领域方面,大多限于发展中国家和地区,旅游发展与社区的互动、作用、机制、类型、模式、意义,以及对社会参与理论的反思等。国内外的农村旅游,经历了几十年的发展,已经摸索出了较为成功的社区参与模式以及较为全面的社区参与机制。

三、乡村社区参与乡村旅游机制的研究

国内外乡村社区参与乡村旅游机制的研究主要集中于参与机制的建

设。刘卫华(2000)提出了有利于社区居民实现参与旅游发展的对策和措施,他认为居民的参与机制分为以下几种:咨询机制、培训机制和利益分配机制;黄方(2002)认为,在乡村旅游开发过程中应建立科学的资源补偿机制和有效的利益共享机制;郑向敏、刘静(2002)提出应将社区参与从低层次向高水平的方向推进,通过信息的强化交流、管理者和参与者的素质提升、利益分配机制的优化,更好地提高社区居民的参与效度;陈秀琼、黄金火(2003)根据对乡村生态旅游社区参与发展案例的研究,提出乡村生态旅游社区参与的机制应该更多地考虑乡村生态旅游发展的利益协调机制、构建激励机制和治理监管机制等三种重要的机制;王琼英等(2006)还探讨建立乡村旅游社区参与模式的想法,基于对村民权益的保护,通过社区参与乡村旅游的动机和保障机制的分析,提出建立村民利益保护机制、村民表达机制和村民利益监督机制。

第二节　乡村旅游村民参与机制的基础理论

一、福利经济学理论

福利经济学诞生于20世纪初,由英国经济学家霍布斯和庇古创立并提出。福利经济学以基本效用理论为基础,首次系统地证明了整个经济的最大可能性;又基于意大利帕累托的顺序效用理论,研究了"集合的效用最大化"的问题,并提出了"帕累托最温和的条件"。总体而言,福利经济学提出了"分配越平等,社会福利越大"的基本概念。福利经济学一般认为,最好的答案是大多数人的福利可以获得最大的利润,而不是一个人或制造商。如何在福利经济的大部分领域最大化消费者需求?在收入分配条件一定的情况下,只有具有竞争力的边际成本定价才能实现资源的最佳配置。只有当生产中两种商品之间的边际替代率等于一种商品时,才有可能根据消费者的偏好对生产进行最优调整。

二、激励理论

激励理论更多考虑的是人作为社会发展要素的激励问题,主要代表有美国心理学家马斯洛和赫茨伯格等。马斯洛将人的需求分为五个层次:生理需求、安全需求、社会需求、尊重需求和自我实现需求。他们认为人们会根据需要的程度来追求满足,因此,可以设定目标,并在需要时激励人们。赫茨伯格提出的双重因素理论认为,一个人的激励因素不是单一的,而是包含了保健因素和激励因素两类。管理者需要考虑个体受激励因素的不同而采取有效的激励。其中保健因素要解决的是员工的不满意,主要包括组织政策、薪酬、同事和工作环境等;但是消除不满意的因素不一定就能使员工满意。因此需要考虑激励因素,从而使其有更大的工作积极性,这些因素因人而异,属于激励因素。

三、发展理论

产业发展理论研究产业发展过程中的发展规律,它主要是指产业的诞生、增长、扩张、衰退和淘汰。在工业发展中,传统工业理论具有普遍的指导意义,但在新时代有新的规律:在产业选择和产业演变方面,传统产业的位置理论遵循第一、二、三产业的演变顺序,现代经济需要第三产业的发展来推动初级产业的发展。现代工业区位形成的驱动机制是"资源有利于吸引资源",导致了区位间资源配置的不平衡。现代市场经济条件下,区位间资源流动的具体动因有两种:"区位比较效益"是指投资单位在不同地区生产要素产出的相对差异。资源从低相对位置向高相对位置流动的目的是提高区域经济的整体效益。

第三节　乡村旅游村民参与机制的体系构建

乡村旅游可持续发展下,乡村村民参与机制的体系构建是对乡村旅游可持续发展目标要求下村民进一步参与本社区旅游资源开发、旅游服务运营、旅游产品提供和旅游收益分配等过程的大致勾勒,如图 6-1 所示。由此图可以看出,从系统动力学的视角分析,乡村旅游可持续发展村民参与机制大致可以从机制构建的推力源和拉力源两大方面来考虑,乡村旅游主体之一的村民,参与乡村旅游发展应着重建立村民参与的决策机制、保障机制、协调机制、动力机制和激励机制等五项机制。从对于村民的全面保障和调动方面构建乡村旅游发展过程中的村民参与机制。

建设村民参与农村旅游发展机制的基础是,确保农村地区的可持续发

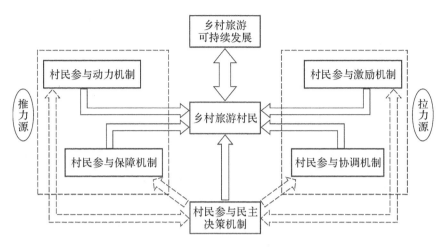

图 6-1　乡村旅游村民参与机制体系

展,即确保农村村民的生存和生活环境的可持续发展,以及农村旅游业的可
持续发展。可持续发展是农村村民参与农村旅游的前提,也是农村村民参
与农村旅游的追求。乡村可持续发展的目标是乡村更好地促进区域资源整
合和开发,促进区域经济、社会和生态协调发展的重要法则和重要标准之
一,也是十九大提出的"乡村振兴"的重要战略目标。乡村旅游的可持续发
展是村民参与机制建设的根本。如果单从可持续发展来看,乡村旅游发展,
所需要的是相关乡村旅游资源的整合、旅游产业的引导以及广大乡村村民
广泛地、积极地和深度地参与,这是乡村旅游与城市旅游发展路径的不同所
决定的。乡村的旅游发展深深依赖创造乡村旅游资源和要素的乡村村民,
从某种意义上讲,脱离了乡村村民的乡村恐怕就不能称其为乡村。乡村旅
游的特色也正是显现在广大乡村村民的乡村生活中间,他们的乡村劳作、乡
间生活和乡味民俗等就是构建乡村旅游可持续发展的重要基础。乡村村民
的生存环境既是乡村存在的基础,也是乡村发展的基础。因此,乡村旅游可
持续发展的目标是乡村发展过程中村民及其相关主客体需要共同面对和思
考的一大命题,这一点是至关重要的。

　　乡村旅游发展村民参与机制的构建,其核心就是要保证乡村旅游村民
的基本权益和合法权益。简而言之,在乡村旅游发展过程中,产业的可持续
发展可以更好地保障乡村村民们的有关权益,造福于乡村村民的生活福祉。
乡村旅游发展环境是乡村村民赖以生活的乡村环境,是乡村村民开展生存、
生产、生活的重要来源。这就要求我们在发展乡村旅游的过程中,既要满足

广大旅游消费者合理的旅游消费需求,满足乡村旅游发展相关企业或组织的经济需求,更要保障和维护广大乡村村民的基本利益和相关权益。这里面包括乡村旅游的山水等资源的开发权益,乡村旅游的宅基地等资源的使用、让渡权益,乡村旅游的资源价值评估及收益分配等权益。首先,乡村村民生活的自然环境承载力是乡村旅游发展的最低标准。在进行乡村旅游开发的时候难免会有一定自然资源的破坏和污染,因此在有关企业等相关利益个体或组织进行资源开发和产业发展时,需要考虑到乡村村民的收益权和受益权。其次,乡村村民世代生活的场所,如各家庭依法所拥有的耕作土地及宅基地等,在乡村旅游开发时需要将这些集体所拥有的土地资源有效率地、有保障地激活、转化或置换等,保证乡村旅游发展的集体资源保值且不流失,保证乡村旅游发展中村民权益保障且不损害。最后,在以村集体为单位整体开展乡村旅游产业开发时,要考虑乡村村民的收益保障、乡村村民的权益维护,要保护和协调乡村村民与有关群体或组织的利益。

乡村旅游发展村民参与的五大重要机制,是村民参与的决策机制、动力机制、激励机制、保障机制和协调机制。这是针对乡村村民为主体核心的考虑基准,是乡村旅游可持续发展战略目标实现的重要保证。村民参与的五大机制的互相协调和运行,在一定程度上保证了乡村旅游发展的核心——乡村村民的基本权益,也在一定程度上实现了乡村旅游发展的目标——乡村旅游可持续发展的远景。村民参与五大机制总体上可以形成"一点两面、一显四辅"的机制构建格局。所谓"一点两面",是指这五大机制突出表现在体现乡村村民参与乡村旅游可持续发展的民主决策这一要点上,形成于乡村旅游决策机制建立的动力源和拉力源两方面的互动;所谓"一显四辅",是指这五大机制着重在于构建乡村村民参与乡村旅游可持续发展的决策过程,需要有关乡村旅游发展过程中的保障机制、协调机制、动力机制和激励机制的通力配合,从而充分显示乡村旅游发展依赖乡村村民、乡村旅游发展造福乡村村民的核心理念。

一、民主决策机制

发展乡村旅游更加有助于提高村民收入,解决乡村空心化、留守儿童的问题,更好地调整和优化农村产业结构,更有效地加强农村现代化建设和基础设施建设。作为乡村旅游"主战场"和"根据地"的美丽乡村,更应注重未来可持续发展的路径;作为乡村旅游"主角"和"主人"的乡村村民更应成为乡村旅游发展的归宿。乡村村民参与乡村民主决策是广大村民积极参与管理村务等"自己的"事的必然要求,也是我国村民自治的重要途径和表现,在一定程度上讲,乡村村民参与乡村旅游民主决策也直接反映出我国基层治理,特别是乡村民主的落实水平和质量。

村民自治是我国广大农村进行自我治理的有效途径。根据我国宪法规定,明确了人民有参政议政的权力。《中华人民共和国村民委员会组织法》《中共中央办公厅、国务院办公厅关于健全和完善村务公开和民主管理制度的意见》《中共中央关于农业和农村工作若干重大问题的决定》等法律和文件都要求"保障农村村民实行自治",真正实现村民依法"办理自己的事情"、真正实行"民主决策",并明确村级民主决策的形式、规范村级民主决策的程序以及建立决策责任追究制度等,明确指出要进一步规范民主决策机制,保障群众的决策权。近年来,我国乡村旅游开展如火如荼,各乡村均看到了发展乡村旅游的广阔市场前景和丰厚经济收益。多数乡村趁着乡村旅游的热潮,就地挖掘乡村旅游资源,打造乡村旅游产业,这期间会产生与乡村村民利益息息相关的产业规划、资源整合和利益分配。

实践证明,推动乡村民主决策机制的建立和完善,有利于提高广大乡村旅游村民们的政治参与热情,有利于调动广大村民参与农村治理的积极性,有利于保护广大村民的合法权益。

(一)村民参与乡村旅游发展的民主决策基础构建

1.理顺关系,明确职责

梳理好村落和村落之间的关系,协调好"两委"的关系,这是民主决策首要的问题。只有澄清责任,才能确定民主决策的主题。浙江省温岭市举行的"民主恳谈会",可以参与村级重大事务的管理和决策,村民们热情高涨,真正做到"村民自己办",明确了民主决策的主体应该是村民。

2.完善村级民主决策的程序

完善的民主决策程序是村级民主决策重要保障之一。相应的规范制度完善了,规范的制度落实了,才能够保证民主决策程序正确运行,也才能更好地保证村级民主决策的代表性和广泛性。在关于进一步完善村级民主决策程序的探索中,各地市都有很好的创新,比如河南省邓州市的"4+2"工作模式,"4+2"即"四议两公开"的工作方法的简称,即民主决策的具体步骤,"4"是指重要村务决策,应该由村党支部提出,通过村"两委"会议审查后由村民代表会议或村民会议决议;"2"是指决策(主要是内容)的开放、实施结果的开放。

3.健全民主决策体制机制

《中华人民共和国村民委员会组织法》的颁布和实施赋予了广大乡村村民直接参与乡村民主决策的合法权益。当地政府应该制定相应的保证系统,基于特定的当地条件,确保实现民主决策和建立健全的制度,以保障村民参与决策可以顺利实施。村庄层面上,民主决策必须有一套比较完善的制度,使得具体的操作过程可以信赖,避免混乱。夯实加强农村村民参与决策的质量,保证乡村旅游决策的发展,取决于决策者的素质。在乡村旅游发展中,村民参与农村发展决策,需要提高村干部和村民们的民主决策能力和水平,以及村民参与的民主意识,只有这样,才能逐步实现乡村旅游发展决策的科学化和民主化。

(二)村民参与乡村旅游的民主决策方式选择

1.通过乡村村民的产权转让来参与

乡村村民通过其所拥有的乡村旅游资源产权转让参与乡村旅游的模式,具体是指乡村社区的居民通过合理的流转和租赁的方式,将自己的所拥有的宅基地、住宅、土地或集体所共有的公共树林等资源提供给旅游开发商,由此获得的相应租金补偿,或者以入股形式定期分得股利,通过有效的合同管理,确保权责利的合理性,保障乡村村民的自身利益,获得合理收入报酬的权责利分配模式。同时,由于外来投资会为乡村带来公共设施改善、生活环境优化、区域知名度提高等一系列变化,因此也会促使地块价值上涨,提高乡村社区土地的创收能力。

2.通过乡村村民的股金入股来参与

乡村旅游发展过程中要调动村民的积极性,除了让村民将现有的身边资源,如自己所拥有的宅基地、住宅、土地或集体所共有的公共树林等资源提供给旅游开发商获得租金或者入股外,也可以资金注入乡村旅游运营组织,以股权的方式参与经营决策和参与利益分配。当然,以资金方式注入,也并非完全的现金,可以与村民进行合理的设计和讨论,可将其拥有的乡村旅游发展必不可少的资源进行估价,再以企业运营的股权比例进行划分,让村民参与到乡村旅游的发展中来。当然,若是能实现乡村村民的资金众筹,直接以购买运营公司的股权来参与乡村旅游项目的开发和经营,也有力推动乡村村民参与乡村旅游开发和管理的积极性,且似乎更加有效,因为这样能让乡村村民有归属感、成就感,最大限度地保护了乡村社区居民的权益。

二、综合协调机制

乡村旅游的发展,在以乡村村民为中心的工作中,不仅需要考虑乡村旅游发展主体之一的乡村村民,还需要考虑在乡村旅游发展过程中所有可能涉及的相关个体或组织。立足我国国情和乡村旅游发展过程的实际,我们可以发现,在乡村旅游工作的开展过程中,可能需要考虑乡村村民、当地政府、旅游组织等中介的力量,通过有效的协调和引导,实现"互惠共赢",更好地提高我国乡村村民的参与度。

（一）乡村旅游发展中参与者分析

1.乡村本地村民

乡村旅游发展的主体是本地村民,同时,本地村民也是乡村旅游资源的一个重要组成部分,某种程度上来讲,乡村村民的乡村文化、生活方式、生产方式共同构成了乡村旅游的文化景观,相对于农村美丽的自然风光,这可以说是最好的互补资源了。与此同时,村民的态度和行为将会直接影响到游客在旅游目的地的旅游体验。那么对乡村旅游的发展而言,农村居民的利益关系是一个必须面对和处理的非常重要的问题。

2.乡村旅游企业

乡村旅游企业,是乡村旅游发展中的"催化剂",乡村旅游企业能够直接影响乡村旅游从资源向资本的转化。目前,就我国的乡村旅游发展而言,大致分为公司制旅游企业、合伙旅游企业、业主制旅游企业和旅游企业集团四类。这四类乡村旅游企业在企业组织管理、产业规模和社会运营效益等方面存在较大差异。这些企业拥有的资源在操作的过程中,不同的利益主体提供的服务也是不同类型的,但由于是利益驱动业务,旅游企业经营将向利润更大的产品类型集中。乡村旅游经营中的旅游企业对于利益的诉求,可能更关注其能否带来持久的高额收益。

3.当地政府

政府是最大的公共旅游资源整合和部署机构,是行业运营和发展的"游戏规则"制定者,乡村旅游的发展涉及相关政府部门,包括工业、农业、林业、渔业、水利、交通、环境保护、土地、宗教和其他部门。从地方政府的角度履行社会责任和保护公共利益,政府主要反映公众的兴趣方向,它是公共利益的代言人和守护者。因此,政府的利益方向不仅反映了公众对提高就业率的兴趣,也反映了公众的利益。

4. 乡村旅游者

乡村旅游需求者,即广大乡村旅游的消费者,是乡村旅游市场的主力需求方和乡村旅游产品的最终消费者。乡村旅游者满意度高低的主要评判因素集中在乡村旅游产品的质量、价格的合理性和服务的质量等。由于乡村旅游市场消费主体的广泛性,乡村旅游者的需求差异极具异质性,因此需要考虑乡村旅游消费者的主体差异性和消费多样性。乡村旅游者所追求的兴趣更多地表现为其在乡村旅游目的地获得的旅游体验和认知的满足度上,更多的快乐和满足,道德权利、风俗信仰被尊重等等。此外,安全的旅游购物等因素和交通便利、周到的金融服务也切实关联于游客的利益。

(二)村民参与乡村旅游发展的协调路径

首先,应注重乡村旅游发展的协会组织建设,积极发挥乡村旅游协会的柔性作用。据调查显示,一般认为乡村旅游发展过程中的相关利益群体,对本地产业发展的关心度和关注度似乎不是很高,但实则不然,他们中大多数还是很关心和关注本地乡村旅游发展的,只是没有合适的机会表达自己的兴趣(吴必虎、张伟)。我们认为,一个行业的协会组织是独立的事业单位,是保护和促进全体会员合理合法利益的组织,是服务政府与企业,协商、监督的社会中介组织,也是生产者和消费者之间沟通、协调的社会中介组织,真正落实和完善协会的责任。与此同时,协会运行好一个网站,作为所有利益相关方的交流平台,虽然区域旅游协会成立已久,并建立了自己的网站,但许多旅游协会的网站上,基本上没有内容,大部分的列表是空的,没有旅游企业和游客反映的情况建议、信息和其他内容,这表明旅游协会的建立网站的目的没有达到,没有发挥政府和旅游业之间的桥梁作用,不能为旅游行业各利益相关方真正提供公平、沟通、关怀、分享的交流平台。

其次,建立乡村旅游利益协调机制。乡村旅游利益的协调更多变现为乡村旅游发展所取得的利润分配,这是发展的目标,也往往会成为乡村旅游发展中各方相关群体关注的重点。因此,为了保证乡村旅游的可持续发展以及乡村村民的旅游权益,建立乡村旅游利益协调机制是十分必要的。基于乡村旅游发展的基础和要素,乡村旅游发展的利益协调机制可以考虑由政府通过联合旅游会议和组织,以及就地进行乡村旅游管理团队组建等方式来建立。乡村旅游利益协调机制的参与人员,可以考虑包括乡村居民代表、乡村旅游本地企业代表,以及乡村旅游利益相关方,参与的地方事务的有关人员,彼此联合研究和决策;共同维护旅游、乡村及乡村村民的共同利益。政府、相关利益组织和团体、乡村村民、外来旅游者等作为乡村旅游发展的相关利益者,其诉求均需保护和对待,因此,多方视角就共同关心的问题,要相互沟通协调,真正构建一个涵盖所有利益相关者的利益合作共同体,以确保乡村旅游的健康发展。

最后,倡导乡村旅游采用参与式旅游的开发模式。所谓参与式旅游开发,其实就是指以乡村社区的空间范围为场所,以乡村旅游社区全体居民对旅游开发和利益的充分参与为核心。参与式旅游发展模式应注重依托乡村社区的资源优势,通过大力发展"农家乐"的经营模式,突出打造乡村旅游的"公司＋村民"发展模式。要确保在发展乡村旅游产业的过程中,乡村居民的长远发展权益不受侵害,让他们分享利润,更好地实现就地经商或就业,让村民获得长期的经济利益,促进乡村旅游的可持续发展。

三、利益保障机制

(一)乡村旅游利益保障机制的建立原则

1.公平与效率兼顾

乡村旅游的开发,一定会涉及许多有关利益群体的权益,协调好这些利益诉求,是保证乡村旅游开发和经营活动持续、顺利进行的一大关键(博茜,2012)。特别是乡村旅游经营和管理中的有关旅游经营利益分配是一个极其敏感的、备受关注的问题。我们应着力解决乡村旅游发展利益的公平分配、合理分配,既调动乡村旅游所涉及的各方利益者的工作积极性,又有利于保障集体发展的工作效率,以更为有效地保证乡村旅游开发活动的可持续发展。

2.参与与共享协调

旅游发展中权利和地位的不平等是乡村旅游社区中弱势群体的利益得不到有效保障的主要原因之一,所以应该从根本上保护弱势群体的权利,提高社区居民参与旅游开发和规划的权利,真正让他们以主人的身份去发展乡村旅游(韩垚、杨晗,2016)。实现乡村旅游发展中各方互利共赢和平等共同的目标,使各方利益积极参与到乡村旅游的发展中,使乡村旅游的经济社会和文化环境可持续发展。

(二)乡村旅游利益保障机制的构建途径

乡村振兴战略提出和实施的进度加快,对于乡村旅游的发展来说是十分有利的。当然在一定程度上,乡村旅游可持续发展是乡村振兴的重要成果,也是涉及三农问题的一项重大民生工程。基于这个出发点来考虑,要保证这一大型工程的顺利启动与发展离不开政府的作用,有且只有政府提供强有力的保障机制,才能支持与保障乡村旅游产业顺利发展。这对我国地方政府,特别是基层政府的工作提出了新的要求和更高的标准。基层政府应在乡村振兴战略实施工作中,更好地履行政府职能,提高行政效能,更为精准地对接乡村发展,助力产业升级,构建服务型政府、强化"互联网+"模式,实现"守土有责、守土负责、守土尽责"。

1. 明确职责定位和职能划分

基层政府应进一步明确定位和职能,强化服务乡村建设和发展的意识。基层政府直接面对乡村资源、面对乡村村民、面对乡村产业,其对乡村的具体管理和职能的实施,直接影响乡村经济和产业发展。随着从上到下推行服务型政府建设,基层应在基础上更有针对性的服务意识、服务措施和服务细则。新时期乡村振兴战略,农业发展、农村建设、农民需求三者统一在"人民美好生活的需要"中,这是我国"三农"工作的新目标和新要求。进一步强化基层政府公共服务能力,构建乡村村民办事"市民化"和"流程化"建设,实现"矛盾不出村、垃圾不出村、办事不出村、创业不出村"治理模式,村民幸福感、安全感、获得感越来越强。党的十九大报告提出了"幼有所育、学有所教、劳有所得、病有所医、老有所养、住有所居、弱有所扶"的保障和改善民生的具体目标,这为乡村振兴战略背景下地方政府切实履行服务者角色明确了方向、任务和政策依据。

2. 完善有关法律和制度建设

进一步加强有关法律和制度的建设,保障乡村村民的权益。一方面,在法律层面,要加强立法、执法的工作。对于涉及乡村旅游发展长远利益的立法要加强,如乡村旅游资源的认定、保护和开发等,就需要政府进行顶层设计,从而有利于乡村旅游发展中村民参与、村民维权、村民发展。杨琴和谢恒(2019)就指出乡村振兴是国家持续发展的根本战略部署,将乡村旅游资源保护写入宪法是从我国法律层面对乡村旅游产业持续发展的合法性与必要性进行确认,是保障乡村旅游产业持续发展的重要基础。另一方面,在制度层面,要建立健全乡村村民产权保护制度,要改善乡村基层组织的绩效考核制度。从长远来看,随着改革的深入,要越来越重视和考虑乡村村民权益的保护,更好地打造服务型基层组织建设。

3. 创新和构建新时代乡村治理模式

借助"互联网＋",构建和完善乡村治理模式,更加方便快捷、公平普惠、优质高效的政务服务体系。提高社会治理的效果也要注重"四化"水平的提高。乡村社会的治理既需要充分发挥乡村各主体的协同联合,努力实现乡村事务的多方共同参与和治理,也需要全体乡村村民在政府的领导下,依法依规行使自己的权利与义务,实现政府治理、社会调节和村民自治的良性互动。乡村治理更应该充分发挥乡村的独特优势,克服乡村村民分布松散等困难,更好地克服在乡村治理过程中的"信息孤岛"问题。乡村治理应充分利用互联网和大数据,建立有效的乡村帮扶机制。有效针对乡村"五保户"、"困难户"和"建档立卡户"等特殊群体的生活和生产帮扶,以社会主义核心价值观全面引领社会主义美丽乡村建设。建立完善信息共享发布平台,充分利用大数据技术,充分借助一些手机终端,以户为单位实施大数据动态管理,使乡村管理更有针对性和有效性,从而实现有预见的管理。通过网络化管理格局和信息化管理模式的构建,更好地抓住信息和数据的作用,实现县乡各级各类职能部门实施信息共享,真正打破专业和部门壁垒与界限,及时破除乡村治理和职能管理过程中的"信息孤岛"。

4. 培育和打造乡村振兴新风尚

培育乡村文明新风尚,推动乡村振兴新局面。一方面,培育优秀乡村文化,倡导"自助、帮助和公助"。挖掘和弘扬乡村优秀的传统文化,再次凝聚和发扬传统的相邻文化,加强特殊时期的教育与关爱。利用特殊时刻的特殊事件开展优秀乡土文化的再唤醒,弘扬社会主义核心价值观、"敬老爱幼""移风易俗"等社会美德,团结全体村民共同克服困难。对于乡村的困难户等特殊人群,积极开展结对帮扶,充分调动大家参与性、积极性,形成攻坚克难的合力,达到各村户能自助、相邻能帮助、团队能公助的良好局面。另一方面,大力推荐"乡贤能人",打造乡村振兴的"多元共同体"。随着时代的进步,现代化的美丽新农村出现了一种"新乡贤""乡村能人"的现象,这些群体是一个时代的缩影。"乡贤能人"在乡村治理的"三治结合"中,能够较好地发挥其推动社会主义核心价值观的传播、引领乡村发展与治理走向纵深,更好地促进乡村可持续发展的村民自治。同时,乡村可持续发展还应关注到与村民利益共生的还有社会其他团体和组织。应该考虑乡村振兴和经济社会发展的决策与管理过程,应注重以资源产权为核心,以产业为载体,以效益为动力的参与机制的构建,更好地带动和强调乡村村民与多元管理的共同参与性,以形成一个强大的乡村振兴"多元共同体"。

因此,在乡村旅游产业可持续发展的过程中,我们要努力构建完善的法律保障体系作为乡村旅游产业持续发展的核心制度保障机制,以法律为准绳,制定合理有效、适时适地的管理制度,打造积极有为、服务奉献的乡村基层管理新政府,为乡村旅游持续发展和乡村村民权益保证提供更加规范化、法治化和制度化的环境。

四、发展动力机制

在社会主义市场经济的影响下,我国乡村旅游发展中的村民在其主体意识、市场意识、平等意识、权利意识上有着强烈的追求性和达成性。在乡村治理"三治"理念的基础上,我国乡村旅游中村民的参与兴趣、能力和意愿被前所未有地激发出来,其内在参政动力与外部制度激励的双重驱动是一重要因素。我国在进一步推进法治建设进程,特别是我国乡村治理的法治环境的完善、体制的完备、条件的便捷;与此同时,乡村村民的政治参与度有所提升,政治参与水平也逐渐提高。他们参与农村治理的理由充分,对问题也有较强的表述和决策能力。在乡村治理过程中,乡村村民积极主动地自主参与,也更有利于村民的乡村自治。在社会主义市场经济体制下,各相关经济利益主体平等关系主要体现在具有主动性特征的政治参与意识中(王俊拴,1999)。不仅如此,人员和其他资源的流动和交换元素在社会开放的环境中正日益加强,这客观上促进了农村村民外部交流和理解,这样他们就可以在从事各种各样的工作外,获得更高的经济收入,市场观念等意识得到强化和改变,在一定程度上也激发了其积极参与乡村旅游发展和社区治理的意愿,为乡村村民更好地参与乡村的旅游发展和社区治理提供了软环境。

(一)营造利益动力机制点

所谓利益动力机制是指充分运用乡村舆论宣传平台,通过对广大乡村村民进行教育教化等方式,有效地形成乡村旅游的发展引导氛围,形成良好的村民参与理念,进而内化为思想和外化为行为的一系列机制和措施(李长健,2011)。而所谓利益动力机制点其实就是影响乡村村民内化为思想和外化为行为的一系列机制和措施的具体表现形式和具体承载载体。具体而言,即挖掘村民参与其中的利益关注点。当然,乡村中的每一个不相同的利益主体,都有各自不同的利益诉求,但在面对群体利益抉择时要兼顾集体与个体的利益差异。要明确乡村旅游的发展离不开乡村村民的广泛参与和积极参与。因此,不可避免地,在利益主体会从自己的角色出发,去寻求政治利益的前提下,更应充分地发挥群体的智慧,进而形成更广泛的利益联盟,这时就需要充分挖掘乡村旅游村民的多元利益和多元诉求,尽可能地将多元化、多样化、多角化的利益诉求点都考虑到、体现出,特别是要对这些利益诉求进行实打实的描述、心与心的沟通、情与情的表达。通过村规民约、法规条文等形式予以保护和落实,并将乡村干部的工作要点和绩效考核点与乡村村民的利益动力点相结合,使村民自治功能得以充分健全。

(二)培育参与动力文化点

在现今的社会生活中,人们的意识、价值、观念、文化等因素都对政治生活产生深刻的影响。而这些因素又依赖乡村村民生活的环境改变和氛围营造。鉴于此,在乡村村民参与动力机制方面,应注重营造参与政治的良好政治环境,更好地改善乡村村民参与乡村旅游发展的政治生态。首先,大力培育和发展乡村良好的区域文化,鼓励乡村村民积极参与乡村旅游发展决策,形成全民动员的良好氛围和政治生态。一方面,通过"送温暖下乡村""送文化到乡村"等多种形式,对乡村村民进行教育和引导,提高乡村村民的整体文化素养,提高其责任意识和参政意识,进一步提高乡村村民参与的基础;另一方面,通过"理论宣讲团走进村庄"等多种形式,对乡村村民进行教育和引导,及时地、通俗地、直接地传递党中央的有关文件精神,帮助乡村村民更好地了解和理解党中央的有关政策文件。其次,大力挖掘和创建乡村优秀的本地文化,倡导乡村村民积极参与乡村旅游发展决策,形成互帮互助的积极观念和社会风尚。要发展好农村朴素的、优良的传统价值观念,树立正确的观点,将传统的利益思想、当代社会主义核心价值体系同马克思主义思想相结合,大力进行宣传教育,发挥道德的内部作用,营造良好社会氛围。

五、引导激励机制

乡村旅游发展过程十分需要乡村本地村民的大力参与,为了更好地引导乡村村民参与到乡村旅游发展活动中,在一定情况下,需要设计和考虑建立和形成科学的引导激励机制。主要可以从以下几个方面考虑。

(一)发挥乡村村民的产权变现激励效果

根据激励理论,有效的产权激励是激励效果较好的一种方式(杨静,2006)。乡村旅游开发过程中,对于乡村村民自有的旅游资源可以通过对其拥有产权的界定来更好地开发。虽然我国法律规定,乡村旅游资源属于国家所有,任何个人、集体不能出售(租)、转让土地资源,但在实际旅游资源的开发中,若想更好地引导乡村村民参与旅游产业,又势必需要考虑给其一定的产权激励。这还需要我们做大量的工作。关键问题是如何界定乡村村民所拥有的资源及其产权。这里需要进一步实现基层权力下放,对乡村旅游的个人、集体的权利与义务要进行明确的界定,达到责、权、利的有效统一。一般来说,产权转让在现实的乡村旅游开发中,普遍有效的做法是在不改变土地使用性质的前提下,村民的土地通过租赁、转让、交换、分享给集体经济组织并集中,然后由集体经济组织本身或拥有的技术、资本、业务实力的专业个人或单位合同管理。当前,我国在乡村振兴的战略下,也在尝试和鼓励通过租赁、共享等流通形式大力激活和利用好村集体非农用地,更好地促进区域乡村旅游的发展。

实际上,在乡村旅游发展初期,为了更好地引导乡村村民参与,较为直接的一种方式就是树立榜样。通过分期、分批的发展和引导,确定首批产权激励的几个试点;通过乡村村民自发地开展乡村旅游经营活动,帮助其实现"资产变资源、村民变老板";通过现实的产权界定和激励,引导乡村村民直接或间接地参与乡村旅游发展。

(二)设计乡村村民的收益分配激励框架

在乡村旅游发展的成熟期,对于乡村村民来说,乡村旅游经营的收益分配问题就成为关注的第一焦点,同时也成为影响农村旅游利益相关者合作关系的重要因素。随着农村旅游的发展,农村村民看到了农村旅游发展带来的红利。从原来的没收入到有收入、从原来收入少到收入多,乡村村民对于乡村旅游发展的利益也愈加看重,对于乡村旅游巨大经济效益的分配也愈加敏感。面对这样的问题,乡村旅游参与者应当考虑设计更为合理、科学的乡村旅游收益分配框架。为了协调多方利益,当地政府既要考虑到 GDP 的增多,同时,经济发展的可持续性问题也需要在乡村旅游发展的各个阶段进行区别性的处理。在乡村旅游发展初期,当地政府应少收或不收有关的税收,更多的是"蓄水养鱼",将受益让渡给当地村民和参与企业等相关参与者,使其更好地再投入、再生产、再发展。随着乡村旅游产业的发展,产业规模逐渐稳定,乡村旅游市场业态健康了,再对税收进行适当的调整,以便更好地维护、调控和保障乡村旅游参与者的后续利益。成功的经验表明,通过行业本地化,旅游收益可以最大化(张潇、周建霞、鞠明明,2012),给当地政府带来了有效的经济增长和就业的机会,并且吸引了社会资本,保护了当地的旅游资源。在利益分配时,应该保留基础设施资金和维护资金,作为当地旅游资源。旅游企业在进行经营效益分配时应当偏向或考虑当地居民的权益,要考虑经济补偿和心理疏导相结合的方式,保障那些失去土地的乡民的长期生活权益,以便更好地推动他们参与到农村旅游发展中去,参与乡村旅游企业服务,然后获取相应的劳动报酬,一方面有效地解决生活问题,另一方面有效地提高劳动资源的管理和开发效率。因此,我们设计乡村村民的收益分配激励框架,通过培训村民,提高其质量,以更好地服务当地经济发展。

(三)营造乡村村民的政府引导激励环境

1. 注重建立科学的引导机制

乡村旅游市场的发展单靠市场的调节也是存在问题的,因为市场也有失灵的时候,也存在盲目性、自发性等特点。为保证乡村村民及乡村旅游有关者的长远利益,还需要政府更好地发挥宏观调控功能。因此,乡村旅游发展中,乡村本地政府应更多地考虑构建一个健康的、积极的引导机制,进而调控和激励乡村旅游的参与者。对于乡村旅游地的乡村村民来说,其权利的保障首先就需要政府给予一定的倾斜和照顾,特别是在乡村旅游发展初期。除了政策上的支持和倾斜外,对于有意愿进行乡村旅游开发的乡村村民,更多是提供投资、融资的平台和渠道,使其在旅游发展中,有信心、有目标、有保障、有动力地参与乡村旅游发展。通过大量的成功案例来看,这是相当重要的。当然,面对积极的利好一面,我们主张正面引导和鼓励;在农村旅游发展不利时,我们是通过引导和刺激,以减少消极的行为的发生,从而实现积极的行为。例如,在农村旅游发展过程中,存在破坏农村生态环境和优秀农村文化的行为,政府应给予警告、惩罚、问责,避免在乡村旅游资源开发过程中,由于过度地、片面地追求区域产业发展中的经济利益,而忽视区域产业发展中的生态效益等基础要素。因此要在实际工作中,科学地确保并实现乡村旅游的要素管理,从而实现乡村旅游的可持续发展。

2. 注重培育良性的参与意识

乡村是乡村村民生活的重要载体,村民是最熟悉农村的人。面对乡村旅游的发展和可持续发展,乡村村民应带头形成良性参与意识。根据村民的传统生活方式和价值理念,结合新时代社会主义市场经济的发展要求,乡村旅游开发应当注重参与意识,即保持乡村自然和乡村形象,充分体现地方特色和地方习俗,转移当地传统文化,更好地保留当地乡村文化;乡村旅游发展应注重市场经济参与,积极参与乡村旅游企业发展,积极补充乡村旅游产业链,完善乡村旅游产品形式,提供乡村旅游体验服务。

第四节　本章小结

党的十九大提出,实施乡村振兴战略。此时,乡村旅游对于乡村振兴战略来讲,有着重要的支撑作用和深远意义。各地政府开始在方式、制度上改革对乡村治理的政策,乡村治理已成为促进社会发展的一个重要领域。面对乡村治理中乡村村民自身组织发展落后、参与度不高、低效等问题,构建"三治融合"治理模式是新时代推进乡村振兴战略的必然要求,也是发展农村旅游可持续发展的科学、合理、有效的选择。

本章从乡村旅游发展中村民参与机制的构建视角进行分析,从系统动力学的视角分析,乡村旅游可持续发展村民参与机制大致可以从机制构建的推力源和拉力源两大方面来考虑,乡村旅游主体之一的村民参与乡村旅游发展应着重建立村民参与的决策机制、动力机制、保障机制、协调机制、激励机制等。实践证明,推动乡村民主决策机制的建立和完善,有利于提高广大村民的政治参与热情,有利于调动广大村民参与到农村治理的积极性,有利于保护广大村民的合法权益。在乡村旅游工作的开展过程中,需要考虑乡村村民、当地政府、旅游组织等中介的力量,通过有效的协调和引导,实现"互惠共赢",更好地提高我国乡村村民的参与度;在乡村旅游可持续发展中也离不开政府的作用,有且只有政府提供强有力的保障机制,才能支持与保障乡村旅游产业顺利发展;通过进一步营造利益动力机制点和培育参与动力文化点,为乡村村民更好地参与乡村的旅游发展和社区治理提供软环境;通过设计乡村村民的收益分配激励框架,构建乡村村民积极参与的政府引导激励环境,进一步激发乡村旅游的内生发展动力,实现乡村旅游的可持续发展。

第七章 乡村振兴战略下村民参与乡村旅游的政府支持分析

在乡村振兴战略下,乡村旅游的开发具有产业高度融合和利益连接广泛的特征,因而具有一定的外部性,因而需要政府在发展过程中保证其中各方利益的平衡,使其发展具有经济和社会合理性,财政、用地、人才培养等政策体系的构建和完善将加快推进乡村旅游的发展。

第一节 村民参与乡村旅游的政府支持文献述评

在村民参与乡村旅游的过程中,政府发挥着重要作用。首先,政府可以在乡村旅游发展过程中为村民提供政策保障,包括基础设施建设和各项财政金融支持服务等。其次,政府的管理可以对乡村旅游的发展提供有效的引导和规范,制定可持续发展的战略,在追求经济效益的同时,兼顾生态平衡。最后,在乡村旅游有序发展阶段,政府的市场监管可以营造公开公正的竞争环境,从而促进乡村旅游事业有序发展。

政府在乡村旅游发展过程中的主导作用是以长期市场化为发展目标的。改革开放以来,我国一直实施的是政府主导型的旅游发展战略,对于形成大旅游、大市场、大管理的局面,加快旅游业发展等有重要作用。通过回顾中国旅游行业40年的发展历程,厉新建等学者认为,所谓的政府主导在我国的旅游业发展过程中,实际上是一种偏向市场化的发展模式,围绕着长期的市场化发展目标,虽然突出强调政府主导,但所采取的行政举措则带有明显的市场化思维与特征(厉新建、时姗姗、刘国荣,2019)。王莹和刘慧洁针对乡村旅游公共服务,基于乡村旅游产业链的市场化供给模式的有效性与可行性,并从激励性规制角度看,认为政府的职能与角色需要转变,应该从原先的生产者和管理者,向监督者、协调者、激励者,以及服务者方向转变(王莹、刘慧洁,2015)。根据市场发展的动态变化,我国的旅游行政主管部门不断丰富与完善旅游标准化体系,积极引导旅游业的市场化发展。此外,政府在组织领导机制、部门联动机制、旅游综合管理机制、政策创新机制等发展机制的创新上不断探索。中央政府主要通过宏观决策发挥统筹作用,主要的工作内容包括重点承担制定政策法律、发展规划与基本配置标准等工作,并根据各地实际情况提出指导性意见等。省市级政府具有承上启下的作用,履行综合管理职能,发挥调控作用,既要基于地区情况,执行和实施上级政策与指导意见,制定地方性的政策和标准等来推动乡村社区旅游公共服务,又要监督与指导下级政府。县乡镇政府作为直接面对基层的地方政府,针对行业管理职能,发挥引导作用,在激励性规制中主要承担执行上级指令与服务企业的责任。

在乡村旅游的不同发展阶段,政府履行的职能重心也应随之变化和调整。何艳琳认为,针对不同的乡村旅游发展阶段,政府参与旅游产业需要发挥不同的作用。在启动阶段,政府需要统筹规划,因地制宜地引导旅游发展,同时提供财政支撑,进行旅游基础设施建设;在成长阶段,政府要多发挥政策的作用,提供政策支持与立法,开展乡村旅游营销宣传和建立旅游信息系统平台,同时承担起旅游资源保护的责任,以保障乡村旅游的可持续发展;在成熟阶段,政府主要职能变为宏观调控,协调地区与各部门间关系,提供政策支持,促进社会监督(何艳琳,2012)。基于社区视角,王莹和许晓晓对杭州市省、市二级乡村旅游特色示范村(点)进行研究,探究影响乡村旅游发展的影响因素。结果表明,政府支持仍然是影响乡村旅游发展的主导因子,但是要使政府支持的内容发生显著变化,政府必须加快职能转变,提高旅游行政公共服务能力。政府的支持内容,不再仅仅是扶持资金和主导作用,而应更加着眼于监管、法律制度、行政执法规范及科学规划(王莹、许晓晓,2015)。胡平波和钟漪萍通过实证分析,剖析了政府支持下的农旅融合对农业生态效率的促进机制,政府支持下的农旅融合有益于提升农业生态效率,尤其当融合水平较高时,促进作用呈增强态势(胡平波、钟漪萍,2019)。

乡村旅游发展的外部性特征,导致其发展过程需要政府行为的干预与支持。乡村旅游的环境具有脆弱性与文化稀缺性,因而与其他旅游形式相比,需要更多的政府干预和介入。杨光辉认为,乡村生态旅游的公共物品属性使得完全的市场调节不足以应对,因而其在不同地区和不同阶段都需要政府介入,而且应当结合具体阶段特征采取具体的策略。通过对乡村旅游试点项目的实施,政府可以对其有效性和可持续性进行监测和评价,从而促进乡村生态旅游项目实施效果和效率的改善(杨光辉,2016)。邹统钎等以成都"农家乐"和贵州"村寨游"为例,提出它们应采取"分"和"家"与"分"和"特"的发展模式来提高其竞争力,坚持产业链本地化和经营者共生化,而政府应积极开展扶持与规制,确立乡村旅游发展的政策导向(邹统钎、马欣、张昕玲、黄海辉,2006)。

乡村地区的居民生活在乡村社区中,会直接与旅游者互动,并且影响他们的体验,因而乡村居民对于乡村旅游的发展具有重要作用。此外,乡村居民在乡村旅游发展中的重要利益相关者,是乡村旅游得以健康稳定发展的重要因素(代则光、洪名勇,2009)。因而在乡村旅游的发展过程中,政府应重点扶持乡村居民,保障他们的利益,并且培养他们的竞争力,使他们可以参与市场化发展(何景明,2006)。此外,政府还应关注返乡创业的农民工,政策资源会对他们的决策和行为产生影响(朱红根、解春艳,2012)。

在乡村振兴战略背景下,乡村旅游的发展不仅可以拓宽村民的增收渠道和增加就业机会,多元化村民收入来源,还可以推进村民中的剩余劳动力向其他领域转移,丰富村民就业渠道。然而乡村游作为一个新兴产业,对于文化素质水平普遍不高的村民群体而言,需要一个理解和接受的过程。为了避免在此期间外来投资者对当地村民的非理性引导和乡村开发本身可能触发的各类利益纠纷,在发展过程中必须确立以政府为主导的开发原则,充分尊重村民意愿、发挥村民积极性、提高本地村民参与乡村旅游的主体意识,才能使当地村民在乡村旅游发展中最大限度地获益。因而,在乡村旅游发展过程中,政府在发挥主导作用的同时,还需保证村民的参与程度。

第二节　村民参与乡村旅游的政府支持基础理论

在发展乡村旅游事业中,政府发挥着三个主要的作用,一是其本身的政府职能即宏观调控经济的职能。基层政府运用行政手段对农村旅游经济进行积极的引导和规范,通过市场竞争来调节农村旅游业的发展。二是其具有政府服务职能,在农村旅游经济发展过程中为其提供政策保障、公共基础设施服务,建立和完善相关产业的基础设施,为农村旅游经济提供各项支持。三是发挥政府的市场监督作用,保证农村旅游经济在市场竞争中具有公开、公正的竞争环境,保证旅游事业发展的健康有序。

目前,乡村旅游经济开发正处于初级阶段,开发强度较小,多以自然资源和自然景观为基础,一方面,乡村旅游开发难度较大,在不破坏自然资源的前提下,开发适宜旅游的景观需要基层政府的大力扶持。基层政府要不断建立和完善农村基础设施建设,这样才能够为乡村旅游提供必要的基础服务和保障。另一方面,在乡村旅游开发过程中,基层政府继续不断完善配套设施,使乡村旅游事业能够得到宣传和推广,并且不断规范其市场行为,保证平稳健康地运行。具体来说,在乡村旅游的产业发展过程中,政府通过具体的政策设计、组合搭配,形成政策支持村民参与的总系统,并在系统内形成激励催化机制、资源配置机制、信息传导机制,各个机制的联动将对产业的发展方向和路径产生深远的影响。

一、政府的激励引导机制

在乡村旅游产业发展中,村民的参与需要政府的引导和激励。具体而言,在发展的初级阶段,政府需要为大方向上的规划和发展提供指导,为乡村旅游的嵌入提供相关政策支持。针对前期旅游开发投入较大、相对效益不高、村民参与积极性不高的问题,政府需要加大投入、积极引导推动与管理,从而促进乡村旅游和乡村振兴建设的推进。在中后期调整阶段,村民积极性逐渐提高,旅游效益逐渐明朗,但也随之带来发展过程中的矛盾与冲突,为确保乡村旅游的健康可持续发展,需要有关政策法规及制度来规范、引导、扶持与推动,从而带动整个乡村社会、经济、文化的协同发展。

尽管产业的发展动力主要来自市场的激励,但对于偏远地区和处于发展初期的地区,尚未培育完整成熟的市场,仍然需要政策激励作为主导。在本课题的案例中,许多地区的村民面临着缺乏创业资金和专业知识,存在参与程度不高、参与形式单一等问题。具体而言,财政和金融政策中的资金支持和税收减免,可以在一定程度上缓解村民参与创业的资金压力,提升其风险投资能力和融资能力。地区性的金融激励性政策,也可以刺激村民返乡创业。有些政策通过鼓励和引导民间投资,如PPP、公建民营等方式参与乡村基础设施建设和运营。而人才政策中的培训指导和专家支持,也可以为村民参与提供足够的知识支持,引导其可持续发展。此外,产业政策中多种要素的联动可以有效激励乡村旅游的发展和村民的参与,从而加速乡村地区的产业创新和可持续发展。

二、政府政策资源配置机制

乡村旅游行业的开发具有综合性,涉及多方的资源和要素,因而需要政策来最大化利用和协调资源。主要可分为三个层面进行讨论。

(一)宏观层面

政府通过土地政策、财政补贴和金融政策等来推进乡村旅游资源的规划开发,包括乡村基础设施的建设,从而把控乡村旅游发展和村民参与的大方向。其中土地资源的配置是旅游发展的关键,决定了旅游开发的基础,而财政和金融政策是开发旅游目的地的配套服务设施的有效保障。

(二)中观层面

政府通过对乡村旅游发展内部要素的协调和发展模式的探索,从而提供良好的政策环境来保障产业内资源的重组和整合。尽管各地的自然和文化资源存在地域差异性,而资源禀赋直接影响乡村旅游地客源市场以及当地旅游开发的后续动力,但通过政策的调节和协商,可以更好地形成组合产品和产业链,从而提高整体市场竞争力。如《关于促进乡村旅游可持续发展的指导意见》专门就"探索推广发展模式""完善利益联结机制"作出部署,重视发挥乡村旅游就业方式和利益分配机制灵活的特点,保障村民共享发展红利。

(三)微观层面

政府通过协调资源搭建平台,引导村民主体发挥主观能动性,主动参与乡村旅游产业升级,实现产品结构的优化。如创办中国乡村旅游博览会,集中展示各地乡村旅游发展成果和扶贫成效,推出一系列具有特色的农副土特产品和手工艺品,制定优质农副土特产品和手工艺品目录,建立线上线下销售渠道,为村民增收致富搭建专业性、国家级平台。

三、政府的信息传导机制

政府的信息传导机制是通过建立和提升关键要素的制度化机制,进而提升整个产业的竞争力信息的有效传导。高效即时的信息沟通互联,可以保证政策实施的有效性,及时捕捉市场反馈,从而进一步修正和改良政策,从而达成良性的循环。为了加强对乡村旅游发展的引导和综合协调,政府部门将积极协调在国务院旅游工作部际联席会议制度下面增设乡村旅游工作组,并加强和国务院其他部门的沟通协调,切实保障和促进乡村旅游业的发展。

此外,通过收集政策实施所产生的数据,并进行分析处理,可以了解到在政策信息传递和行业发展过程中所出现的问题,从而进行调整和优化。此外,基于游客层面,在当下的大数据时代,数据信息的收集和分析,可以有效地促进行业发展和提升旅游服务。

(一)基于个人层面

对于村民来说,对于政策信息的知晓和发展趋势的认知会影响其参与程度和参与形式。通过树立乡村旅游文明新风,倡导和宣传现代文明理念和生活方式,弘扬优秀传统文化,改变落后风俗习惯,可以优化村民参与乡村旅游的形式,形成文明礼貌、规范有序的乡村旅游新风。而开展"最美乡村""最美乡村旅游经营户""最美乡村旅游者"宣传活动,可以鼓励村民自主提升乡村环境和服务质量。此外,鼓励村民、村集体、投资者等各方建立紧密型利益联结机制,明确各方在公共环境维护、农业文化遗产保护等方面的权利义务。引导乡村旅游投资者、经营者和村集体共同组成地区性行业协会、联合会等,发挥协会作用,加强行业自律。

(二)对于行业层面

行业层面的信息公示也具有深远意义,可以促进地区性的行业互助和发展。如在京津冀三地实行的行业管理信息联合公示平台,为三地旅游提供了畅通的信息传输渠道。自2016年5月,三地旅游部门每月相互交流旅游行业管理信息。为实现京津冀旅游信息互通,三地逐步加强旅游信息交流。一是北京旅游网开设了津冀旅游频道,以天津旅游局官方网站、河北旅游委官方网站等官方信息平台为基础,结合网友攻略与编辑实地外采,推出准确、全面的津冀旅游资讯与攻略。二是三地旅游微信公众平台互通有无、互相推广。三是搭建电子商务平台,北京旅游网通过B2B(公益)旅游分发平台,实现京津冀景区、酒店电子票的上下架,订单生成、取消、退款、查询,电子票发码等。同时,在北京旅游行业管理信用信息系统上,加设京津冀信用信息模块,定期公示天津、河北旅游行业管理信用信息。京津冀三地目前行业管理及诚信系统建设的基础条件不均衡,为进一步推动建立京津冀旅游市场一体化监管机制,三地协商筹备建立京津冀三地行业管理信息联合公示平台,畅通信息传输渠道。

第三节　村民参与乡村旅游的政府支持类型及其效果

中央政府和旅游部门及其他相关部门都推出了大量政策来保证旅游业的发展,从多个层面为乡村旅游的发展提供支持和保障。乡村旅游发展的相关支持政策见表7-1。

表7-1　乡村旅游发展支持政策梳理

时间	政策	要点	发布部门
2015年8月	《关于进一步促进旅游投资和消费的若干意见》	通过改革创新促进旅游投资和消费,推动现代服务业发展	国务院办公厅
2016年1月	中央一号文件《关于落实发展新理念加快农业现代化实现全面小康目标的若干意见》	一是健全农业农村投入持续增长机制,要优先保障财政对农业农村的投入,坚持将农业作为国家固定资产投资的重点领域,确保力度不减弱、总量有增加;二是推动金融资源更多向农村倾斜;三是要大力完善农业保险制度	中华人民共和国中央人民政府
2018年1月	《关于实施乡村振兴战略的意见》	解决好"三农"问题,全面深化农村改革,加快推进全国乡村旅游重点村建设,促进乡村文化和旅游产业提质升级;深化农村土地制度改革;深入推进农村集体产权制度改革	中共中央、国务院
2018年4月	《关于开展休闲农业和乡村旅游升级行动的通知》	到2020年,产业规模进一步扩大,营业收入持续增长,实现乡村休闲旅游高质量发展	农业农村部
2018年10月	《促进乡村旅游发展提质升级行动方案(2018年—2020年)》	因地制宜推进乡村旅游特色发展	国家发展改革委等13部门
2018年12月	《关于促进乡村旅游可持续发展的指导意见》	鼓励金融机构创新产品,降低贷款门槛	文化和旅游部等17部门

续表

时间	政策	要点	颁发部门
2019 年 6 月	《关于开展全国乡村旅游重点村名录建设工作的通知》	遴选一批符合文化旅游发展方向,资源开发和产品建设水平高、具有典型示范和带动引领作用的乡村	文化和旅游部办公厅和国家发展改革委办公厅
2019 年 7 月	《关于金融支持全国乡村旅游重点村建设的通知》	提出通过信贷投放、政策保障、产品创新等多种措施,加强金融对全国乡村旅游重点村的发展支持,促进乡村文化和旅游产业提质升级。未来 5 年,中国农业银行将向重点村提供人民币 1000 亿元意向性信用额度	文化和旅游部办公厅和中国农业银行办公室
2019 年 8 月	《关于进一步激发文化和旅游消费潜力的意见》	提出"积极发展休闲农业,大力发展乡村旅游,实施休闲农业和乡村旅游精品工程,培育一批美丽休闲乡村,推出一批休闲农业示范县和乡村旅游重点村"	国务院办公厅
2019 年 8 月	《关于加快发展流通促进商业消费的意见》	提出改善提升乡村旅游商品和服务供给,鼓励有条件的地区培育特色农村休闲、旅游、观光等消费市场	国务院办公厅
2020 年 4 月	《社会资本投资农业农村指引》	鼓励发展乡村特色文化产业,推动农商文旅体融合发展,挖掘和利用农耕文化遗产资源,打造特色优秀农耕文化产业集群	农业农村部办公厅

一、土地政策支持

土地是乡村旅游发展最基础和最重要的生产要素之一,其在旅游发展中的优化配置直接关系到产业发展目标和社会效益。旅游业作为综合性产业,所涉及的土地用途和权利类型复杂多样。在开发乡村旅游的过程中,不仅涉及建筑土地、农林用地,还包括未利用土地等。从经营主体来看,既有各级政府,又有集体、个人、市场企业,具有用地主体多样性。在乡村地区,土地为村民提供了最基本的生存保障,应当赋予村民集体和个人更多的土地发展权。在乡村旅游的发展中,土地产权的不清晰会直接阻碍旅游资源的开发,使得土地产权制度成为乡村旅游发展的制度性障碍,无法市场化运作。

因而,不同于其他商业用地和娱乐用地,乡村旅游用地的制度应更具针对性和差别化,在土地政策基础上,改革完善旅游用地管理制度,推动土地差别化管理与引导旅游供给结构调整相结合。同时根据当地资源环境禀赋和产业基础,为村民在参与乡村旅游发展的过程中提供政策上的支持和帮扶。自 2009 年以来,国务院先后出台的多个促进旅游业发展的政策意见中都做出了用地保障的政策引导,在我国新发展理念的引导下,国家的农村发展政策也对乡村旅游用地进行引导,一些非旅游部门的发展政策文件也在用地方面引导和支持乡村旅游发展,由此形成了国家层面多部门协同的旅游用地政策支持态势,具体如表 7-2 所示。

表 7-2　乡村旅游发展相关的土地政策

时间	政策	要点	发布部门
2002 年	《中华人民共和国农村土地承包法》	以法律形式确立了土地承包经营权可以依法流转	全国人民代表大会常务委员会
2009 年	《关于加快发展旅游业的意见》	首次提出旅游用地供给保障途径	国务院
2019 年	《关于促进旅游业改革发展的若干意见》	将"优化土地利用政策"作为单独的政策条款	国务院
2014 年 11 月	《关于引导农村土地经营权有序流转发展农业适度规模经营的意见》	正式提出农村土地所有权、承包权、经营权分置,对土地经营权的流转提出了原则性要求	国务院办公厅
2015 年 11 月	《关于支持旅游业发展用地政策的意见》	对旅游业发展用地供给、旅游新业态用地政策、旅游业用地服务监管做出了系统的规定	原国土资源部、住房和城乡建设部、原国家旅游局
2019 年	《关于推进农村一二三产业融合发展的指导意见》	对社会资本投资观光和休闲度假旅游的用地置换进行鼓励	国务院办公厅
2017 年 5 月	《关于推动落实休闲农业和乡村旅游发展政策的通知》	在用地政策上作出明确规定,要支持有条件的地方通过盘活农村闲置资产资源发展休闲农业和乡村旅游	原农业部办公厅

续表

时间	政策	要点	部门
2017 年 12 月	《关于深入推进农业供给侧结构性改革做好农村产业融合发展用地保障工作的通知》	鼓励盘活存量建设用地,支持发展休闲农业、乡村旅游等农村二、三产业	原国土资源部、国家发展改革委
2019 年 5 月	《关于建立健全城乡融合发展体制机制和政策体系的意见》	改革完善农村承包地制度;稳慎改革农村宅基地制度;允许村集体在农民自愿前提下,依法把有偿收回的闲置宅基地、废弃的集体公益性建设用地转变为集体经营性建设用地入市	中共中央、国务院

（一）农村产权制度变革

改革开放以来的 40 多年时间里,土地收益分配制度在城乡之间较为不平衡。城镇化建设把大量的资源和财富投入城市中发展工业产业,农民为城市的发展提供了最原始的资本。但农民长期生活水平低下,农村的教育、医疗资源投入不足,农民成为最大的一个弱势群体,逐渐被边缘化。随着乡村振兴战略的提出,以保护自然资源兼顾发展经济的乡村旅游事业进入农村,大量资金涌入农村,大量农地被流转进行旅游项目开发。在政策上,国家一直在积极深化农村宅基地制度改革试点,深入推进建设用地整理,完善城乡建设用地增减挂钩政策,为乡村振兴和城乡融合发展提供土地要素保障。自 2007 年 7 月 1 日开始实施的《中华人民共和国农民专业合作社法》中,规定了农村土地可以转包、出租、出售,使农村土地流转有了合法性,但土地流转向种植和经营大户集中后,如何由单纯的经营权转移向资本化经营转型、进一步产生资产增值,使农民获得更大的经营性收益,并覆盖更大的受益群体,在农村经济社会发展中发挥更大的作用,则一直没有在模式、路径等方面实现实质性破题。

10 多年来,政府部门一直在实践中不断探索,特别是在乡村旅游发展过程中,出现了许多新型乡村经营性组织,在农村产权制度改革和经营模式创新等方面,进行了具有先行意义的探索。2017 年 10 月,党的十九大召开,对我国农业和农村工作提出了新的指导思想,确定了在习近平新时代中国特色社会主义思想和全面建成小康社会总体目标指导下"深化农村集体产权制度改革""壮大集体经济"的新思路。十九大报告中指出：要"加快推进农业农村现代化，巩固和完善农村基本经营制度，深化农村土地制度改革"，"深化农村集体产权制度改革，保障农民财产权益，壮大集体经济"，"构建现代农业产业体系、生产体系、经营体系"，"发展多种形式适度规模经营，培育新型农业经营主体"。十九大报告中关于农业和农村发展的指导思想，集中反映了现阶段党和国家"三农"工作的主导思路，特别是进一步明确了"集体经济"在现阶段农业和农村发展中的重要地位。

2018 年 1 月 2 日，中共中央、国务院发布了《关于实施乡村振兴战略的意见》，该意见指出，要"巩固和完善农村基本经营制度"，"完善农村承包地'三权分置'制度，在依法保护集体土地所有权和农户承包权前提下，平等保护土地经营权"，"农村承包土地经营权可以依法向金融机构融资担保、入股从事农业产业化经营"，"实施新型农业经营主体培育工程，培育发展家庭农场、合作社、龙头企业、社会化服务组织和农业产业化联合体，发展多种形式适度规模经营"。提出"深入推进农村集体产权制度改革"，"全面开展农村集体资产清产核资、集体成员身份确认，加快推进集体经营性资产股份合作制改革。推动资源变资产、资金变股金、农民变股东，探索农村集体经济新的实现形式和运行机制"。该意见是对"三农"工作指导思想的深化，明确提出了"资源变资产、资金变股金、农民变股东"的农村产权制度改革的"三变"理论和"探索农村集体经济新的实现形式"的工作思路。

2019 年 1 月 3 日，中共中央、国务院又发布了《关于坚持农业农村优先发展做好"三农"工作的若干意见》，再次提出要"全面深化农村改革"，"巩固和完善农村基本经营制度"，"突出抓好家庭农场和农民合作社两类新型农业经营主体"，"开展农民合作社规范提升行动，深入推进示范合作社建设，建立健全支持家庭农场、农民合作社发展的政策体系和管理制度"，"完善'农户＋合作社''农户＋公司'利益联结机制"；在土地制度方面，提出要"完善落实集体所有权、稳定农户承包权、放活土地经营权的法律法规和政策体系"，"健全土地流转规范管理制度，发展多种形式农业适度规模经营，允许承包土地的经营权担保融资"；在农村集体产权制度方面，提出要"深入推进农村集体产权制度改革"，"加快推进农村集体经营性资产股份合作制改革，继续扩大试点范围"，"完善农村集体产权权能，积极探索集体资产股权质押贷款办法。研究制定农村集体经济组织法。健全农村产权流转交易市场，推动农村各类产权流转交易公开规范运行。研究完善适合农村集体经济组织特点的税收优惠政策"等。该意见还提出,要"把发展壮大村级集体经济作为发挥农村基层党组织领导作用的重要举措,加大政策扶持和统筹推进力度,因地制宜发展壮大村级集体经济,增强村级组织自我保障和服务农民能力"。党的十九大会议精神和后续的两份文件,明确了农村产权制度改革和新型集体经济的发展方向,设计了"资源变资产、资金变股金、农民变股东"的农村股份制实施的逻辑路径,为前期已经处于探索阶段的农村股份制走向完善、规范奠定了政策基础。

根据 2020 年 3 月颁布的《中共中央、国务院关于构建更加完善的要素市场化配置体制机制的意见》,在推进土地要素市场化配置方面,强调"建立健全城乡统一的建设用地市场"。具体包括:"加快修改完善土地管理法实施条例,完善相关配套制度,制定出台农村集体经营性建设用地入市指导意见。全面推开农村土地征收制度改革,扩大国有土地有偿使用范围。建立公平合理的集体经营性建设用地入市增值收益分配制度。建立公共利益征地的相关制度规定。"此外,政策还"鼓励盘活存量建设用地","充分运用市场机制盘活存量土地和低效用地,研究完善促进盘活存量建设用地的税费制度"。

(二)针对旅游业的用地发展政策

中共中央和旅游相关部门都对农村土地改革问题相当重视,一直在推进积极有效的措施来保障农民权益,促进乡村旅游的发展和对村民利益的保障。2015 年由国土资源部、住房和城乡建设部、国家旅游局颁布的《关于支持旅游业发展用地政策的意见》,是我国当前指导旅游业用地政策创新的基础性文件,该文件还对乡村旅游用地做出了规范指导。该《意见》积极保障旅游业发展用地供应,明确旅游新业态用地政策,加强旅游业用地服务监管。具体包括:鼓励以长期租赁、先租后让、租让结合方式供应旅游项目建设用地;在符合相关规划的前提下,鼓励农村集体经济组织依法使用农村集体建设用地以土地使用权入股、联营等方式,与其他单位和个人共同举办住宿、餐饮、停车场等乡村旅游接待服务企业;推动各省(区、市)制定管理办法,允许本地居民利用自有住宅或者其他条件依法从事乡村旅游经营。

2018 年 1 月,国家旅游局牵头制定了《关于促进乡村旅游持续发展的若干意见》,其中强调了乡村旅游规范发展中的旅游用地管理。在符合土地利用总体规划、县域乡村建设规划、乡和村庄规划、风景名胜区规划等相关规划的前提下,农村集体经济组织可以依法使用建设用地自办,或以土地使用权入股、联营等方式与其他单位和个人共同举办住宿、餐饮、停车场等旅游接待服务企业。依据各省、自治区、直辖市制定的管理办法，城镇和乡村居民可以利用自有住宅或者其他条件依法从事旅游经营。农村集体经济组织以外的单位和个人，可依法通过承包经营流转方式，使用农民集体所有的农用地、未利用地，从事与旅游相关的种植业、林业、畜牧业和渔业生产。支持通过开展城乡建设用地增减挂钩试点，优化农村建设用地布局，建设旅游设施。

2018年3月，国务院办公厅在《关于促进全域旅游发展的指导意见》中提出，要强化旅游用地用海保障。将旅游发展所需用地纳入土地利用总体规划、城乡规划统筹安排，年度土地利用计划适当向旅游领域倾斜，适度扩大旅游产业用地供给，优先保障旅游重点项目和乡村旅游扶贫项目用地。鼓励通过开展城乡建设用地增减挂钩和工矿废弃地复垦利用试点的方式建设旅游项目。农村集体经济组织可依法使用建设用地自办或以土地使用权入股、联营等方式开办旅游企业。城乡居民可以利用自有住宅依法从事民宿等旅游经营。在不改变用地主体、规划条件的前提下，市场主体利用旧厂房、仓库提供符合全域旅游发展需要的旅游休闲服务的，可执行在五年内继续按原用途和土地权利类型使用土地的过渡期政策。在符合管控要求的前提下，合理有序安排旅游产业用地需求。

自然资源部2019年先后印发《产业用地政策实施工作指引（2019版）》《关于加强村庄规划促进乡村振兴的通知》，明确支持乡村旅游发展的用地政策，提出各地可在乡镇国土空间规划和村庄规划中预留不超过5%的建设用地机动指标，乡村文旅设施等用地可申请使用。文化和旅游部充分发挥旅游规划资源优势，开展"三区三州"深度贫困地区旅游规划扶贫公益行动，动员旅游规划设计单位，编制完成240个扶贫重点村旅游规划。同时积极指导地方实践，河北、黑龙江、安徽、广东、云南、贵州、西藏等地编制了乡村旅游或旅游扶贫专项规划。

目前看来，我国乡村旅游发展中用地供给紧张或不足已经成为普遍问题，我国旅游业用地在法律和政策中的基础界定还不明确、地方政策创新力度还不够、部分政策用语还比较笼统和模糊、政策供给跟不上实践发展节奏、地方政策可操作性不强，这意味着在新时期仍需深入探索乡村旅游用地政策问题。

（三）案例分析："点状供地"

在地方层面，各地方政府也积极响应国家政策号召，不断地探索改革创新路径,部分地方取得了较大突破。在 2018 年由浙江省人民政府颁布的《关于做好低丘缓坡开发利用推进生态"坡地村镇"建设的若干意见》中,提倡"坡地村镇"建设,开创了建设用地与农用地和谐相融的路径。

浙江是全国首批开展低丘缓坡荒滩等未利用土地开发利用的试点省份之一,早在成为试点之前,浙江就已在该方面做出了相关探索。作为耕地后备资源匮乏的省份,占优补优、占水补水,搞好"补改结合"是浙江省一直在探索的课题。2006 年,浙江省就出台了相关政策,但这仅限于低丘缓坡的开发利用,还未升级到"坡地村镇"建设中的"点状供地"。2015 年浙江省正式推行"坡地村镇"建设用地"点状供地",首批 33 个试点项目共节约建设用地指标约 6000 多亩,按照"房在林中,园在山中"的要求,进行"点状布局"和"垂直开发"。其中共有 20 个旅游业类项目,项目投资 132.36 亿元,建设用地亩均投资达到 772 万元。浙江省"坡地村镇"试点实施 3 年来,共有 166 个项目获批,遍布浙江全省 38 个县市区,涵盖乡村旅游、康养度假等业态,总投资 580 亿元。"坡地村镇"政策的实施,不仅吸引了大量的工商资本对乡村旅游的投资,还为农村地区带来了高端业界人才和先进管理理念。

"坡地村镇"建设的根本就是"点状供地"。这个政策下,项目用地被分为永久性建设用地和生态保留用地。其中永久性建设用地建多少供多少,剩余部分可只征不转,按租赁、划拨、托管等方式供项目业主使用。项目容积率按垂直开发面积部分计,不按项目总用地面积计。因而"点状供地"的通俗说法就是:建多少,供多少,用多少土地指标,算多少容积率。在传统整片供地方式中,项目占地较大,用地多,从而导致容积率低,以及面临政府供地紧张,农转用、占补平衡指标等多方问题,使得项目难以落地。而且在乡村旅游项目中,需要考虑环境和景观营造,大多采取较小型且分散的设施设计,会造成很大的土地浪费。一般而言,传统供地方式对资金要求较高,乡村旅游项目资金回报期又较长,进而对投资方带来巨大压力和挑战。而点状供地可以有效解决项目用地问题,极大地减少土地占用指标,进而减轻投资方的资金压力,有利于乡村休闲项目的落地建设。因此,点状供地更符合现实情况,有利于乡村休闲项目的发展。

目前在浙江,许多"坡地村镇"的试点项目正在大力开展。在试点项目中,项目用地分为永久性建设用地和生态保留用地,其中永久性建设用地建多少供多少,生态保留用地只征不转,以租赁、划拨、托管等方式供项目业主使用。浙江德清莫干山裸心堡项目采取"点状供地、垂直开发"的方式,裸心堡项目只占建设用地的 12 亩,剩余 80% 的建筑是通过租用当地农房改造而成。通过从村民手中流转,使得园区内的 200 多亩山林保持原貌,大大节约了用地指标。位于建德乌石滩区域的春江开元芳草地乡村度假酒店,具有高达 215 亩的项目总面积,但实际建设面积只有 54 亩左右,而其余的作为生态保留地,将以租赁的形式使用,从而最大限度地让都市人群能够体验到原生态的新鲜空气和自然环境。

近年来,全国不少地区已突破性采取点状用地方式来开发休闲旅游项目,取得了发展上的重大突破。位于重庆武隆的"归原小镇"作为点状用地发展的乡村休闲项目,项目总占地面积 1163 亩,实际建筑面积 6.2 万方,容积率 0.88,建筑密度 40%。通过农房改造,当地进行山里工作室、接待中心、茶室、民宿、青年旅舍和农事体验工作坊等建设,在最大程度上保护性开发当地设施和服务,具有以点带面、助推乡村振兴战略实施的成效。在广东广州番禺,涂茨镇小海文旅度假建设项目和贤庠镇沈家洋地块枫康项目取得点状供地规划设计条件,节约建设用地指标 60% 以上。在规划区之外的"低丘缓坡"等尚未开发土地上,按照民宿、农家乐等零散分布旅游建设项目用地依山顺势"点状布局、垂直开发"需要。在四川省洪雅县,七里坪国家级度假区的项目用地,按地理环境进行点状规划、点状报批、点状供地,极大地减少了土地指标的占用,保障了项目的顺利实施。

点状供地模式的优势不仅体现在开发管理上,还有利于生态环境的保护。首先,这种用地方式以租赁为主,有效界定旅游活动空间和环境空间,可以最大化避免土地指标的浪费,保障项目用地和环境用地的平衡,便于对整个项目的旅游产品和体验品质加以整体把控。此外,这种供地模式将未纳入建设用地开发的部分作为生态保留用地,避免其被不必要的开发所占用和影响,使得旅游项目严格按照点状供地面积等量开发,在低丘缓坡中修建。因而,点状供地模式对于生态环境的保护具有显著的成效。

二、金融政策支持

在乡村旅游的发展过程中,良好的金融环境可以为村民参与提供有力的支持,对引进外来投资和促进当地创业具有重要的推动作用。金融政策是引导经济资源配置的重要动力机制,尤其对于产业结构优化调整具有重要意义。资金短缺依然是制约其发展的瓶颈,缺乏主体多元、充满活力、市场运作、专业高效的直接融资体系支持,成为制约乡村旅游业发展的障碍。

因而,针对不同的乡村旅游主体,政府应采取有针对性的金融政策。

（一）对于乡村旅游项目和企业

面向乡村旅游项目和企业,金融机构会提供乡村旅游贷等小额信贷业务。而为了建立健全乡村旅游信用评级体系,金融机构还会鼓励融资担保公司开展特定的融资担保业务,引入外部第三方信用评级,通过揭示并防范信用风险,加大对乡村旅游经营主体特别是中小企业和个体经营户的金融支持力度。此外,为了有效盘活农村资源、资金和资产,金融机构将有序且稳妥推进农村承包土地的经营权抵押贷款试点。

根据当前的政策,由于乡村旅游的投资量、担保等问题,国家开发银行、中国农业发展银行在具体项目的审核时,会更倾向于具有国资和政府背景的大型旅游企业及大型旅游项目。两大金融机构的沟通协调,可以积极支持专项建设基金支持乡村旅游项目建设。发展改革委会同文化和旅游部等部门印发了《国家农村产业融合发展示范园认定管理办法（试行）》,2019 年公布了首批 100 家国家农村产业融合发展示范园,并通过总结经验并进行复制推广,从而大范围内推动农村产业融合加快发展。此外,农业农村部一直十分重视加强农村一、二、三产业融合的顶层设计和项目扶持,在 2017 年联合中国农业发展银行印发《关于政策性金融支持农村一二三产业融合发展的通知》,向其推荐 400 多个项目,开展农村产业融合发展先导区创建工作。

在 2019 年 7 月,文化和旅游部办公厅与中国农业银行办公室提出金融支持全国乡村旅游重点村的相关措施,具体而言,有以下八项措施:①中国农业银行将加大信贷投放,将向重点村提供人民币 1000 亿元意向性信用额度,用于支持文化和旅游的资源开发和产品研发。②积极推广"景区开发贷""景区收益权贷""美丽乡村贷""惠农 e 贷""农家乐贷""个人生产经营贷"等乡村旅游特色产品,尽快研究、出台乡村旅游专属信贷产品,促进乡村旅游信贷业务稳步、健康发展。鼓励和支持一级分行在符合法律法规和监管规定的前提下,对重点村出台区域性金融产品或金融服务方案。③对重点村文化和旅游项目贷款实施差异化授权管理,对重点村融资项目在贷款定价、融资期限、服务收费等方面按规定给予优惠和倾斜。④将在重点村遴选出一批市场前景好、发展潜力大的乡村旅游项目,建立重点项目库,对入库项目优先准入、优先支持,执行信用审查审批优先办结规定,培育出一批建设水平高、经营管理优、示范带动效果强的乡村旅游项目。⑤鼓励和引导民间投资通过 PPP、公建民营、政府增信、产业基金等方式参与乡村旅游基础设施建设和运营,探索促进乡村文化和旅游建设、文化和旅游企业发展的服务模式。⑥在县域地区新建和迁建的自助银行、自助服务终端、移动金融服务车、POS 机具等现代结算设施向重点村倾斜,推动惠农通服务点互联网化升级,完善服务网络,扩展服务内容,改善乡村文化和旅游产业金融服务环境。⑦聚焦优质旅游项目和旅游业态,开展全产业链金融服务。充分发挥农业银行的资金、技术、网点网络和综合经营优势,为重点村的文化和旅游项目、文化和旅游企业及产业链相关企业提供金融和信息咨询服务。⑧积极支持乡村旅游企业发行旅游产业专项债券、短期融资券和中期票据等非金融企业债券,提高乡村文化和旅游产业的直接融资能力。综合运用票据、景区资产证券化、理财融资等方式,拓宽乡村旅游产业的融资渠道。

(二)对于返乡下乡人员创业

银行业金融机构开发符合返乡下乡创业人员创业创新需求的信贷产品和服务模式,提升返乡下乡人员金融服务可获得性。首先,在抵押贷款业务上,金融机构将探索出权属清晰的包括农业设施、农机具在内的动产和不动产抵押形式。其次,人民银行、银保监会等部门将负责推进农村普惠金融发展,进而建立更好的信用体系,加强对纳入信用评价体系返乡下乡人员的金融服务。最后,有关部门还将关注返乡下乡人员的风险保障需求,通过加大对农业保险产品的开发和推广力度,鼓励有条件的地方探索开展价格指数保险、收入保险、信贷保证保险、农产品质量安全保证保险、畜禽水产活体保险等创新试点。最后在市场准入上,将简化手续,设立注册登记"绿色通道",免收登记类、证照类等行政事业性收费,将符合条件的人员纳入已有财政支农政策扶持主体范围、现有创业政策支持范围和担保支持范围。

(三)针对旅游扶贫项目

文化和旅游部和国务院扶贫办也在积极地合作推进全国金融支持旅游扶贫重点项目,具体举措如下。

第一,实施名单制管理。三部门共同对 57 个全国金融支持旅游扶贫重点项目实施名单制管理。中国农业发展银行将重点项目纳入创新条线名单制管理,提供相应金融服务。项目所在地省级文化和旅游行政部门、扶贫部门要指导地市对口部门按照"一项目一方案、一项目一政策"的原则,为重点项目制定专项配套支持方案,并根据项目开发建设进度和需要,在产品建设、品牌创建、人才培训、宣传推介等方面给予重点倾斜。

第二，加大支持力度。各级文化和旅游行政部门要加强对金融支持旅游扶贫工作的统筹协调,优先支持符合条件的重点项目按照有关文件的要求申报中央预算内投资补助项目、旅游发展基金补助地方项目、政府和社会资本合作(PPP)示范项目及地方旅游发展资金补助项目,充分发挥财政资金的增信和撬动作用。中国农业发展银行各分支机构独立办贷,按照《中国农业发展银行关于做好旅游扶贫贷款业务的指导意见》(农发银发〔2016〕217 号)及相关规定为符合条件的项目提供综合金融服务。各级扶贫部门要发挥监督作用,对重点项目扶贫的实施情况进行检查指导,并适时对扶贫带动效果、经济社会效益等进行评估并提供针对性建议。各级文化和旅游行政部门、扶贫部门要按照《国务院办公厅关于支持贫困县开展统筹整合使用财政涉农资金试点的意见》(国办发〔2016〕22 号)的要求,支持贫困县整合好、使用好、管理好财政涉农资金,并将符合条件的重点项目纳入涉农资金统筹整合使用支持范围和绩效评价体系;支持有条件的地区设立政府引导旅游产业基金,加大对重点项目的投资、增信支持。

第三,强化规范管理。各级文化和旅游行政部门、扶贫部门、中国农业发展银行分支机构要严格执行中央关于防控金融风险的要求,共同加强对旅游扶贫贷款项目和业务的管理,切实保障扶贫贷款专款专用、风险可控,对于在贷款申请、文件出具、项目推荐、资金使用等过程中出现的弄虚作假、虚报套取、挤占挪用等行为,一经查实和发现,要予以严肃处理和通报批评;研究建立金融支持旅游扶贫重点项目库,抓紧建立分工明确、持续跟踪、优进劣出、动态调整的重点项目常态化管理机制,对于项目基础工作不扎实、扶贫带动方案效果弱、涉嫌违法违规举债及担保等问题的项目,要及时公示调整。对于旅游扶贫贷款组织实施好的省(区、市)、单位和个人,文化和旅游部、国务院扶贫办、中国农业发展银行将给予联合通报表扬并加强宣传报道。

(四)案例分析:浙江省乡村建设的金融信贷创新

浙江作为全国美丽乡村建设先行者,在乡村建设、乡村旅游方面的金融信贷支持措施做了很多探索与创新。在浙江省内六大国有银行中,农行的服务网点最多,乡镇贷款占比最大,因此,在浙江乡村建设的金融信贷产品创新中,农行是很典型的代表。比如,农行浙江分行先后创新推出"美丽乡村贷"产品和"美丽乡村贷"地方版产品"农家乐贷"等等。2016 年,中国农业银行浙江省分行出台《"美丽乡村"建设信贷业务管理办法(试行)》,明确了农行"美丽乡村贷"系列产品,主要服务内容包括农村生态人居体系建设、农村环境改善提升、农村生态经济发展、农村生态文化培育等五大方面。乡村旅游、农家乐开发、古村落文化保护与开发等都纳入了贷款范畴。截止到2017年9月,农行浙江分行累计投放"美丽乡村贷"贷款300多亿元,覆盖全省191个乡镇。

2014年4月,农行建德支行推出"农家乐贷款",为"三江口"的三都渔村32家农户提供了2000万元"农家乐贷款"。同样,在台州临海市,农行也针对乡村旅游制定了行业信贷"渔家乐贷"。2016年6月,农行桐庐支行与桐庐荻坪村村委负责人签订了额度为1000万元的金融授信协议,用于美丽乡村建设和村民经营致富。这是农行浙江分行对浙江各级政府名单内的古村落保护开发项目配套的20亿元专项信贷。对于古村落内的旅游开发项目,给予优先支持,实行比其他银行低3个百分点的优惠利率。

在乡村贷款方面,浙江温州率先探索出了生产、供销、信用"三位一体"的道路。2015年,瑞安江桥村被农行认定为金融自治村,整村授信2000万元,扶持村内旅游民宿、农家乐等建设。2017年,农行瑞安支行对江桥村的授信额度提升到5000万元。守信的村民都能通过村两委向农行贷款,且通过授信的农户每家都可免担保抵押。这种纯信用的额度,是农行推出的"农银e贷",每人授信额度10万元。

纯信用的贷款需要给村民建立大数据信用档案,瑞安农行采取了与村两委一起设立"背靠背打分"制度:选取村两委成员、驻村干部、本村的贷款户,还有当地德高望重的老村民,组成一个评价小组,至少5个人对全村的村民进行初步评价,对村民家庭资产情况、经营情况、诚信情况进行摸底,最终确定授信名单。此外,还围绕村民的生产链、供销链和消费链,通过"线上+线下"收集、筛选、分析数据,最终构建起村民信贷档案数据库。农行约定,信用良好的金融自治村,贷款利率还能再下浮,额度也优先匹配。

截至2016年12月底,农行浙江省分行在全省建立了金融自治村827个,覆盖了所有县域,发放贷款40.8亿元,涉及4.7万户,平均利率均在基准利率(2016年基准利率为4.35%～4.9%)上下,每年仅利率优惠就为村民节省了利息支出7500多万元。

三、财政政策支持

政府在财政政策上的支持主要体现在对乡村旅游基础设施的投入和支持力度上,用专项建设基金加大对乡村旅游发展的支持。具体而言,财政政策的支持主要体现在三个方面:财政支出、税收补贴和社会资本合作。

(一)财政支出

为促进我国旅游业发展,1991 年国务院批准设立了旅游发展基金。旅游发展基金主要支持旅游基础设施和公共服务设施建设项目。各省均设立了省级旅游发展基金,以财政补贴方式支持旅游基础设施建设。2014 年,旅游发展基金投入 4 亿元集中解决景区停车难问题,带动新建改建了 40 万个景区停车位;2015 年投入 4.8 亿元,建设 2.2 万座旅游厕所。从 2015 年开始,国家专门设立旅游专项建设基金,进一步加大中央投资力度,加快完善旅游基础设施。2015 年下半年和 2016 年上半年,联合发改委已安排四批旅游专项建设基金支持旅游基础设施建设,带动社会投资 5800 亿元。旅游专项基金的支持主要面向旅游基础设施和公共服务设施建设规划,重点实施旅游公共服务保障、重点景区建设、红色旅游发展、乡村旅游富民等四大工程。自 2015 年起,政府制定并实施全国旅游厕所建设与管理三年行动计划,截至 2018 年底,全国共完成新建、改扩建旅游厕所 9.95 万座。在基层公共文化设施方面,中央财政也不断加大投入,在全国范围实现"乡乡有文化站"的目标,支持贫困地区建设了约 3 万个村文化活动室,提升乡村旅游服务接待能力。由于中央资金有限,为引导地方政府加大旅游基础设施投入,国家旅游局在 2018 年推出了全面发展"全域旅游"战略,其重要内容之一就是促进地方政府综合调动各类资源,加大旅游支持力度,补齐短板,促进包括旅游基础设施建设在内的旅游业全面增长。具体而言,积极发挥中央财政资金的示范引导作用,通过现有资金渠道持续支持乡村旅游发展,会同财政部修订《旅游发展基金补助地方项目资金管理办法》,进一步完善支持范围和方式。同时,积极协调金融机构、旅游投资商等力量投入乡村旅游建设,促进乡村旅游投资主体多元化。

为支持非遗保护传承,2006 年,中央财政设立国家非遗保护专项资金,主要用于国家级非物质文化遗产代表性项目补助、国家级代表性传承人补助、国家级文化生态保护区补助等。2012 年,财政部、文化部印发了《国家非物质文化遗产保护专项资金管理办法》(财教〔2012〕45 号),规范和加强资金管理。2013 年以来,中央财政累计投入国家非遗保护专项资金 50.98 亿元,并安排 13.24 亿元用于实施国家级非遗保护利用设施建设项目。国家级代表性传承人传习补助从每人每年 1 万元提高到 2 万元,全国绝大多数省(区、市)均安排专门经费支持省级代表性传承人开展传习活动。与此同时,文化和旅游部积极鼓励和引导社会资金参与非遗保护工作,如设立各类展示馆、传习所等展示传习场所,举办公益性培训活动等。

为支持民俗类项目保护单位开展调查研究、资料整理、传承培训、展示宣传等各项工作,中央财政在转移支付地方专项资金中专门将民俗类非物质文化遗产项目作为重点予以支持。截至 2016 年底,中央财政共投入资金 4.1 亿元。同时,中央财政对包括民俗类项目的国家级乡村旅游代表性传承人的补助逐年显著增加。2008 年以前,中央财政每年向每位国家级项目代表性传承人提供传习补助经费补助 8000 元,2009 年增至 1 万元,2016 年增至 2 万元。截至 2017 年 7 月,中央财政已安排资金 3.3 亿元,支持对 829 位包括民俗类项目的国家级非物质文化遗产代表性传承人开展仪式规程等全面、完整的文字和影像记录。国家发展改革委、文化部在"十二五"时期安排 3.64 亿元补助 50 个国家非物质文化遗产保护利用设施建设,其中补助 8 个民俗类项目 6700 万元。"十三五"期间计划支持建设 219 个国家非物质文化遗产保护利用设施,其中民俗类项目有 24 个。

(二)税收减免

为了促进非物质文化遗产旅游的发展,文化和旅游部积极会同财政部等部门研究推进传统工艺相关企业的税收优惠政策。目前,财政部出台了多项支持小微企业的税收优惠政策,包括自 2017 年 12 月 1 日起,将金融机构利息收入免征增值税政策范围由农户扩大到小微企业、个体工商户,享受免税的贷款额度上限从单户授信 10 万元大幅扩大到 100 万元;2018 年 9 月 1 日起,进一步将金融机构小微企业、个体工商户贷款免征增值税额度,大幅提高至 1000 万元。2019 年 1 月,国家新出台小微企业普惠性减税措施,其中,大幅放宽享受企业所得税优惠的小型微利企业标准,并加大所得税优惠力度。对小型微利企业年应纳税所得额不超过 100 万元、100 万元到 300 万元的部分,分别减按 25%、50% 计入应纳税所得额,按 20% 税率计算缴纳企业所得税,实际税负低于 10%。另外,省级人民政府根据当地实际情况和宏观调控需要,对于增值税小规模纳税人可以在 50% 的税额幅度内减征资源税、城市维护建设费、房产税、城镇土地使用税、印花税。自 2018 年 1 月 1 日至 2020 年 12 月 31 日对金融机构与小型、微型企业签订的借款合同免征印花税。符合规定的非遗项目企业均可享受上述税收优惠。政府将符合条件的返乡下乡人员创业创新项目纳入强农惠农富农政策范围,提供税收减免。通过新型职业农民培育、农村一、二、三产业融合发展、农业生产全程社会化服务、农产品加工、农村信息化建设等各类财政支农项目和产业基金,将符合条件的返乡下乡人员纳入扶持范围,采取以奖代补、先建后补、政府购买服务等方式予以积极支持。

(三)与社会资本合作

鼓励和支持地方运用政府和社会资本合作(PPP)模式改善旅游公共服务供给也是财政政策的重要举措。2018 年国家旅游局会同财政部联合出台《关于在旅游领域推广政府和社会资本合作模式的指导意见》,明确优先支持符合条件旅游扶贫项目申报 PPP 示范项目。2018 年会同国务院扶贫办、中国农业发展银行发布《关于印发全国金融支持旅游扶贫重点项目推荐名单的通知》,对 57 个旅游扶贫项目共同实施名单制管理,加大优惠贷款支持力度,带动更多建档立卡贫困村、贫困户和贫困人口脱贫增收,已有 10 个项目实现审批,贷款总额 35.82 亿元。

通过在旅游领域推广政府和社会资本合作(PPP)模式,推动项目实施机构对政府承担的资源保护、环境整治、生态建设、文化传承、咨询服务、公共设施建设等旅游公共服务事项与相邻相近相关的酒店、景区、商铺、停车场、物业、广告、加油加气站等经营性资源进行统筹规划、融合发展、综合提升,不断优化旅游公益性服务和公共产品供给,促进旅游资源保护和合理利用,完善旅游资源资产价值评估,更好地满足人民群众对旅游公共服务的需要,大力推动旅游业提质增效和转型升级。

(四)案例分析:浙江省古村落保护利用基金

为更好地保护、传承和利用浙江传统村落建筑风貌、人文环境和自然生态,在 2016 年,浙江省旅游集团、浙江省农业发展投资基金、华数集团、杭州银行、杭州联合银行、南方建筑设计院、赛石园林、卓锐科技、天迈网络共同发起设立全国首只专项用于传统村落活态保护与历史文化传承利用的基金——浙江省古村落(传统村落)保护利用基金。基金总规模 20 亿元,主要投向全省保护利用价值较高、旅游发展潜力较大、示范带动效应显著的传统村落、自然村落。基金的建立可以充分进行保护性开发。

为更好地发挥农村综合改革试点的示范引领作用,进一步增强改革的系统性、整体性和协同性,浙江省财政厅、省农村综合改革办公室组织开展农村综合改革集成示范区建设试点工作。经市级推荐、省级评审,按照公平、公正和择优原则,确定嘉善县、东阳市、诸暨市、德清县、临安区、缙云县等 6 县(市、区)为试点单位,省级财政将对试点县(市、区)将给予资金扶持。

为做好省级休闲乡村和农家乐集聚村创建工作,规范创建管理,推动休闲农业和农家乐高质量发展,浙江省农业农村厅、省财政厅研究制定了《2019年省级休闲乡村和农家乐集聚村创建指南》,帮助各地按照指南要求,认真做好各项创建工作。

根据省级休闲乡村和省级农家乐集聚村创建条件,建立创建项目库,同时确立省补助政策,2019年休闲乡村和农家乐集聚村创建已纳入当年省级乡村振兴绩效提升奖补资金任务清单,测算补助标准为省级休闲乡村200万元/个、省级农家乐集聚村创建20万元/个。各地可根据乡村振兴绩效提升奖补资金任务清单完成情况,统筹安排省补助资金,由政府进行建设管理,以及后续的评价验收和绩效监督。

四、人才政策

在当下的乡村旅游发展过程中,村民已经有了较大的参与度,但还是面临高素质和专业化人才队伍短缺的问题,因而人才政策对于村民参与乡村旅游的发展也至关重要。政府组织实施各类人才计划、人才培训工作,加大对乡村特色文化产业发展的支持力度,培养一批有文化、懂经营的带头人才和一大批专业技能人才,为乡村特色文化产业发展提供坚实支撑。

(一)设立人才培训基地

为贯彻落实《"十三五"旅游人才发展规划纲要》,充分发挥人才培训在旅游业发展中的重要作用,加大旅游人才开发力度,推进旅游业由高速发展向优质发展转变,2018年1月,国家旅游局会同相关省市,采取局省共建模式,在吉林长春设立国家冰雪旅游人才培训基地,河南郑州设立国家文化旅游人才培训基地,江苏苏州设立国家全域旅游人才培训基地,福建厦门设立国家海洋旅游人才培训基地,四川成都设立国家乡村旅游人才培训基地。国家旅游人才培训基地在国家旅游局和所在省人民政府的共同指导下开展工作,主要承担国家旅游局示范培训项目和重点专项培训项目;承办各地旅游主管部门、行业协会、企事业单位委托的培训项目;面向旅游行业开展市场化培训。国家旅游局负责发布基地年度培训计划,支持基地做好专题培训教材和课程开发、师资培养和培训模式创新等工作,充分调动各方积极因素,把基地打造成旅游人才培养的重要阵地,为旅游业发展"三步走"战略目标的实现培养更多优秀专业人才。

(二)高校产学研合作

教育部 2014 年起组织实施高校产学合作协同育人项目,鼓励高校、科研院所与企业在农业农村领域合作育人、合作就业、合作发展,在人才培养、课程建设、师资培训、实习实训基地等方面开展合作,其中实施与文化相关的项目 75 项,为培养乡村特色文化产业人才、发展乡村特色文化产业提供了新模式。2017 年以来,教育部通过持续开展"青年红色筑梦之旅"活动,组织大学生创新创业团队与教育、农村、扶贫部门及大批企业、投资人、公益组织联动,将高校的项目、技术和智力资源辐射到广大乡村,从质量兴农、绿色兴农、科技兴农、电商兴农、教育兴农等多个方面助力农村产业发展。2018 年,全国 70 万名大学生、14 万个团队参加"青年红色筑梦之旅",对接农户24.9 万家、企业 6109 家,签订合作协议 4200 余项,产生直接经济效益近 40亿元,其中有一批项目直接服务乡村特色文化产业发展。

同时实施"人才强旅、科教兴旅"战略,政府将旅游人才队伍建设纳入重点人才支持计划,大力发展旅游职业教育,深化校企合作,加快培养适应全域旅游发展要求的技术技能人才,有条件的县市应积极推进涉旅行业全员培训,鼓励规划、建筑、设计、艺术等各类专业人才通过到基层挂职等方式帮扶指导旅游发展。

近年来,旅游及相关部门先后组织实施了基层文化队伍培训计划、中西部农村文化志愿服务行动计划等,使农村文化人才匮乏的现象有了一定改观。2016 年以来,共投入经费 1900 万元,通过集中培训、全国公共文化巡讲和远程培训等方式,培训基层文化队伍 331 万人次。下一步,将继续指导基层推进选人用人方式创新,通过政府购买岗位、建立农村文化协管员制度等方式,拓宽社会人才参与农村的渠道。

此外,教育部高度重视文化产业有关专业人才培养工作,积极鼓励引导文化相关专业人才投身农业农村事业,服务乡村特色文化产业发展。2019年,教育部批准部分高校增设文化产业管理、陶瓷艺术设计、服装与服饰设计等专业,与文化产业相关的专业布点总数达 9472 个(占所有本科专业布点数的 16.2%),成为培养文化产业领域专业人才的支点,为乡村特色文化产业发展提供了人才智力支撑。

在公共文化领域,自 2010 年起,原文化部启动实施了基层文化人才队伍培训项目,对县、乡、村 24 万名专职文化工作者和 391 万名业余文化工作者(包括基层文化指导员、大学生村官等)进行轮训。2013 年以来,会同相关部门组织实施"三区人才计划文化工作者专项",每年选派 1.9 万名优秀文化工作者到"三区"(边远贫困地区、边疆民族地区和革命老区)工作或提供服务,并为"三区"培养 1500 名急需的文化工作者。目前,该项目已经选派 9.8 万名文化工作者,为中西部地区"三区"培养了 9000 名急需的文化人才。同时,我部积极开展新时代文明实践中心建设试点和文化志愿服务,2018 年通过"春雨工程""阳光工程""圆梦工程"等示范性志愿服务项目,共招募 7000 余名志愿者,赴中西部和边疆地区服务群众超过百万人次。

(三)创业培训项目

针对返乡创业人员开展创业培训。首先,在培训项目建设上,政府开展了返乡创业培训五年行动计划和新型职业农民培育工程、农村青年创业致富"领头雁"计划、贫困村创业致富带头人培训工程等项目,让有创业和培训意愿的返乡下乡人员都能接受培训。其次,在培训内容上,地方各级人民政府将返乡下乡人员创业创新培训经费纳入财政预算,同时鼓励各类培训资源参与返乡下乡人员培训,支持各类园区、星创天地、农民合作社、中高等院校、农业企业等建立创业创新实训基地。同时建立返乡下乡人员信息库,有针对性地确定培训项目,实施精准培训,提升其创业能力。最后,在培训形式上,采取线上学习与线下培训、自主学习与教师传授相结合的方式,开辟培训新渠道。在导师队伍建设上,从企业家、投资者、专业人才、科技特派员和返乡下乡创业创新带头人中遴选一批导师,以各类专家对口联系制度,对返乡下乡人员及时开展技术指导和跟踪服务。

(四)基层人才培训

要引导村民参与乡村旅游、分享旅游发展红利,就必须强化对乡村旅游带头人的培训,发挥头雁功能和带动效应。文化和旅游部不断加强乡村旅游人才培训工作,培养一批能力强、善创新、会干事的乡村旅游带头人,提高乡村旅游从业人员的知识水平和专业技能。2014 年,原国家旅游局启动实施"全国乡村旅游扶贫重点村村干部培训班",目前已连续举办 6 年共 21 期,培训村干部 6000 名。近两年举办 8 期深度贫困地区旅游扶贫专题培训班,通过"走出去"现场教学的方式,学习先进地区典型经验,培训乡村旅游人才近 1500 人次。组织编制完成了《新时代旅游扶贫面对面》教材,包括理论政策和典型案例。培训内容包括:①课堂培训。基于专业理论角度,从乡村旅游开发建设、经营管理、营销管理等方面进行专业培训。②案例教学。以案例分享的形式,介绍乡村旅游发展路径和成功模式,并进行经验交流。

③现场教学。以实地考察的形式,观察和调研乡村旅游发展现状。此外,还可以充分发挥全国旅游职业教育教学指导委员会对全国旅游职业教育的行业指导作用,引导广大旅游职业院校结合本地乡村旅游发展特点,开展乡村旅游人才对口帮扶,积极承担政府、行业、企业委托的各类乡村旅游培训项目。大力引导旅游职业院校在校师生通过志愿服务、社会实践、项目驱动、课题研究等多种方式参与乡村旅游人才建设。将乡村旅游人才建设相关研究纳入旅游职业教育研究规划,吸纳社会力量积极参与。

为了挖掘农村特色旅游吸引力,农业农村部分别从特色种植、特色畜禽、特色水产、特色食品、特色手工和乡村能工巧匠等六个方面,遴选推介乡村特色产品和能工巧匠,持续推动乡村特色产业发展。下一步,将加大对乡村特色产品和能工巧匠的宣传推介力度,打造一批"乡字号""土字号"特色产品品牌,培养一批乡村特色产业专业带头人才。

为了加强传统工艺应用,开发乡村特色文化产品,政府对于民间手工艺人也提供政策上的支持。2017 年 3 月,国务院办公厅转发《中国传统工艺振兴计划》,提出"结合发展繁荣文化事业和文化产业、精准扶贫、新农村建设、少数民族传统手工艺及特色村镇保护与发展、传统村落保护等工作,积极探索振兴传统工艺的有效途径"。2018 年 5 月,文化和旅游部、工业和信息化部印发《关于发布第一批国家传统工艺振兴目录的通知》,全国共计 14 个门类的 383 个传统工艺项目入选,其中竹编、柳编、民俗服饰制作等大部分项目均根植于乡村,仍在乡村地区的生产生活中发挥着积极作用。文化和旅游部通过支持具有较强设计能力的企业、高校和单位,在 15 个传统工艺项目集中地区设立了传统工艺工作站,在尊重当地文化、民族传统和手工艺人的基础上,积极联系高校、企业、行业协会、文化机构,为当地乡村传承人举办培训、开展设计创新和展览销售等工作,帮助当地培养队伍,推进当地传统工艺发展,发展富有民族和地域特色的传统工艺产品和品牌,有效带动了周边乡村的特色文化产品生产能力。

在非遗保护传承方面,政府积极推动非遗传承人群和基层非遗保护工作队伍建设。2015 年起,原文化部联合相关部门启动实施"中国非遗传承人群研修研习培训计划",组织非遗传承人群进入专业院校开展学习、研讨、交流。截至 2019 年 6 月底,全国 118 所参与院校累计已举办各种研培班 668 期,培训学员约 2.8 万人次,加上各地组织开展的延伸培训,覆盖非遗传承人群已累计达 9.7 万人次,其中大量优秀学员成为本地非遗保护传承的带头人,起到了"培训一人、带动一片"的效果。此外,文化和旅游部开展了全国基层非遗保护工作队伍培训,2018年已完成全国8个省(区、市)600余名非遗保护工作者的培训工作。

第四节　村民参与乡村旅游的政府支持案例分析

从实践来看,地方政府在乡村地区的生态管理上起着主导作用,具体包括政策执行、环保投入、生态教育及环境监管等。在乡村旅游的发展过程中,外部性生态问题不容忽视,可持续的乡村旅游发展离不开政府的生态管理和生态教育(Hunter,1997)。由前文可知,乡村旅游开发中,生态资源和环境治理具有公共性,而生态保护和环境建设具有外部性,生态权力和环境信息具有不对称性,因而在配置生态资源时不能完全依赖市场调控,需要地方政府介入,并进行有效的生态管理(沈满洪,2000)。本研究以浙江省湖州市的安吉县和长兴县的生态管理为例,探索了地方政府生态管理的内外影响因素以及对地方政府生态决策行为的作用机制。

作为"绿水青山就是金山银山"重要论述的发源地,湖州市在乡村旅游和生态管理创新上位于全国前列。湖州既是首批国家级旅游业改革创新先行区,又是首个国务院获批生态文明先行示范区的地级市。在相同政策环境下,湖州下辖安吉县、长兴县通过生态管理创新,走出了各具特色的乡村生态旅游发展道路,成为乡村旅游发展的成功范例(石培华,2014)。

安吉县从1996年开始发展乡村旅游,经过21年发展,形成全县范围"生态＋文化"美丽乡村模式(单锦炎,2014)。乡村旅游发展中,政府生态管理分为三个阶段:第一阶段是1980—2000年,以牺牲环境为代价的粗放式发展,出现乡村旅游萌芽。第二阶段是2001—2007年,生态立县,政府注重对传统农业绿色转型升级,扶持乡村旅游发展。第三阶段是2008年至今,政府主导全县范围内中国美丽乡村建设,大力推进乡村旅游发展。其中,工业环境整治、传统农业绿色发展、地方政府生态考核和美丽乡村建设等生态管理因素在乡村旅游发展不同阶段发挥了重要作用。长兴县乡村旅游起步于2002年,经过15年发展,形成以水口乡为代表的"景区＋农家"农家乐模式。乡村旅游发展中,政府生态管理分为3个阶段:第一阶段是1980—2003年,高污染产业无序粗放发展,出现乡村旅游萌芽。第二阶段是2004—2012

年,生态立县,政府注重对乡镇工业环境整治和绿色发展,扶持乡村旅游发展。第三阶段是 2013 年至今,以市场需求为核心,政府推动农家乐环境整治和基础设施建设,规范乡村旅游业有序发展。其中,乡镇工业绿色发展、地方政府生态考核和农村环境整治等生态管理因素在乡村旅游发展不同阶段发挥重要作用。

在本研究中,课题组成员采用三角测量法,通过二手资料收集和一手资料采集,整理出 12 万字的原始资料。一手资料采用参与式观察和深度访谈相结合的方式获得。参与式观察主要在 2018 年 7—12 月进行,它的有效进行与研究团队身份密切相关。课题组多年与湖州地方政府建立积极的合作关系,同时本研究团队一位核心成员为湖州本地人,熟知许多当地的从业人员。深度访谈在 2019 年 1—12 月期间,课题组成员对长兴、安吉两县分管旅游的有关领导、村书记、农家乐业主等进行深度访谈。一共开展了 24 次访谈,访谈人员累计 27 人,每次访谈时间从半小时到 3 小时不等。访谈对象包含长兴县 15 人,安吉县 10 人,湖州市 2 人,其中,各级政府官员 9 人(县处级领导 2 人、乡科级领导 5 人、分管乡村旅游的公务员 2 人),乡村旅游经营者 7 人,村委委员 4 人,普通村民 2 人,乡镇企业部门经理 5 人。总体来说,访谈对象覆盖了乡村旅游的多个利益群体,可以提供丰富的信息和视角。

本研究用扎根理论对收集的资料编码分析,自下而上浓缩提炼以构建理论。通过对长兴县、安吉县深度访谈、参与式观察所得的文字材料、访谈录音等资料的分析、归纳,提出地方政府生态管理驱动因素的理论模型,如图 7-1 所示。

在模型中,本研究确定"地方政府生态管理"这一核心范畴,围绕地方政府生态管理的故事线可归纳为:地方官员预期收益、利益相关者生态利益和关键性资源控制权三个主范畴对地方政府生态管理存在显著影响。地方官员预期收益是地方政府生态管理内驱因素,直接影响地方政府生态管理。利益相关者生态利益是地方政府生态管理外在情境条件,关键性资源控制权是地方政府生态管理内在情境条件,两者调节着地方官员预期收益与地方政府生态管理之间的意识行为关系。对于模型中的各个因素对地方政府的生态管理的作用机制,本研究认为它们的影响方式和路径存在差异。

地方官员预期收益(由经济利益、政治利益和公共声誉因子决定)是地方政府生态管理的内驱因素,通过影响地方官员对生态管理收益的评估从而促进行为的发生,是生态管理的前置因素。地方政府核心行动者会根据

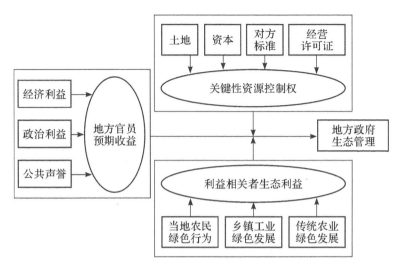

图 7-1　地方政府生态管理的驱动因素模型

感知的生态收益与风险的衡量而做出生态管理选择。安吉县和长兴县地方政府加大生态考核权重和力度,使生态管理报酬递增,地方官员在对生态的经济利益、政治利益和公共声誉等预期收益的理性评估中,不断自我强化生态管理行为,从而形成路径依赖,成为地方政府生态管理内驱因素。首先,生态考核奖励、生态财政补贴等经济利益是地方官员生态管理的重要动力。这印证了郁建兴等学者的研究,即"主导地方政府行为的逻辑是财政收益最大化"(郁建兴、高翔,2012)。在调研访谈中,不少政府官员访谈对象都强调此观点,如"重要紧急事情很多,生态环境管理虽然重要,但也不是一朝一夕能做好的事情,没有这个生态绩效考核奖励,基层干部积极性不够"(I-04)。其次,生态责任审计、环境责任终身追究等政治利益对地方官员生态管理有着显著影响。这些制度改变了原有任用机制导致的地方官员生态短视问题,在任期制的作用下,地方官员追逐任期内政绩最大化而忽视对继任者的不良影响(刘邦凡,2006)。在安吉和长兴,生态追责和生态追赏机制有效倒逼地方官员加强生态管理的意识,履行环境保护职能。多位政府官员的访谈者强调了这一影响,如"长兴出台《环境违法行为追究办法(试行)》的规定,乡镇街道的主要领导对当地环境质量状况担负总责任,并在以后提拔考核中对环境污染的领导政绩一票否决"(I-27)。最后,公共声誉对地方官员生态管理有显著影响。公共声誉指地方官员的行为能力及诚信水平的社会评估,取决于有效声誉信息传播渠道,如新闻媒体、网络舆论等,如长兴县旅游局的干部就强调："主流媒体舆论让地方官员更加重视辖区内的生态问题,如浙江卫视《寻找可游泳的河》等系列节目,使生态管理成为县委书记牵头的中心工作之一。"(I-02)

关键性资源控制权是生态管理得以实现的重要因素,是地方政府生态管理的内在情境条件,表现为地方政府运用自身拥有的关键性资源来开展生态管理。二手资料分析中发现地方标准成为生态管理的启动因素,如安吉县政府 2006 年以来出台了多项生态管理标准来推进生态管理,如《生态村建设规范》《农村生活垃圾处理技术规范》《农村生活污水处理技术规范》等 20 多项安吉地方标准规定,这些地方标准成为安吉环境整治的重要依据和抓手,启动了中国首个全县范围内中国美丽乡村建设(单锦炎,2014)。Connell 等认为,地方政府在关键性资源控制上扮演双重角色,一方面是生态资源的守护者,出于生态保护需求,通过规划控制旅游发展规模及速度;另一方面是生态资源的开发者,促进区域经济发展,加大基础设施建设,激发社区居民参与旅游热情,提升就业率和地方财政收入(Connell, Page and Bentley,2009)。长兴县乡村旅游的一位负责人表示:"经营许可证是规范农家乐环境管理标准很重要的抓手,对食品卫生有问题、污水纳管不合格、安全消防不规范等有关环境问题的农家乐,勒令限期整改,整改不达标取消经营资格。"(I-04)长兴县农家乐协会负责人则强调:"乡里制定了统一规划管理土地使用,为了大唐贡茶院四期项目建设,对王塔片区的农家乐进行统一的拆迁和重建,为我们解决了原来老房子的污水管网和门口道路拥堵的问题。新上马的项目会吸引更多年轻人来玩,为我们带来更多生意。"(I-03) Pastras 和 Bramwell 认为,地方政府在生态旅游政策制定和实施中需占主动地位,在旅游市场规范发展中,应针对各发展阶段面临的生态问题,通过对战略性生产要素控制,与地方旅游企业共同发展(Pastras and Bramwell,2013)。安吉县政府出台《中国美丽乡村长效管理办法》,对于生态管理良好的乡村旅游企业,实现绿色信贷,并且通过县镇村三级资源予以配套的奖励扶持,鼓励引导旅游企业发展生态旅游。2010—2014 年,安吉县财政以奖代补投入的资金有 5.1 亿元,带动乡镇(街道)财政投入的资金有 2 亿元,进一步带动村集体投入 7.71 亿元,吸引工商资本 60 多亿元(I-18)(刘智洋、刘宪银,2015)。

利益相关者生态利益是影响地方政府生态管理的外在情境因素,表现为企业或居民对地方政府行为决策的影响,体现了地方政府生态管理所受的外在约束。生态资源资本化的过程就是生态利益的本质,使得利益相关者的生态资源转变成生态资本是核心所在,进而将生态优势转变成生态效益,生态品牌的建设可以倒逼乡镇工业、传统农业绿色转型升级,推进生态经济发展(杨帅、温铁军,2010)。在本研究的乡村旅游案例中,主要的利益群体包含农民、传统农业和乡镇工业。首先,农民群体的绿色环保行为对地方政府生态管理长效性产生影响。Stronza 等认为,生态旅游中社区居民的绿色行为对旅游目的地生态管理有重要影响(Stronza and Gordillo,2008;Liu,Qu,Huang,et al.,2014)。正如资料所记载,"当村民认为生态管理与自身利益并不相关时,往往会认为只是政府形象工程,会导致边治理边污染的困境。但是以乡村旅游形式开展生态管理,村民们可以从中获取利益并且感受到生活环境的变化,意识到美丽乡村建设与生态旅游发展可以紧密结合,进而积极参与生态环境保护"(陶建群、金雄伟、张小青,2017)。其次,传统农业绿色发展影响地方政府生态管理的发展方向。当前市场经济环境下,为追求高产量和高收益,农产品被大量使用化学农药,然而生产者与消费者之间存在信息不对称,使得农业市场出现化学化现象,传统的生态农业无法适应市场化需求(温铁军、程存旺、石嫣,2013)。当生态农业和乡村休闲文化与乡村旅游融合发展时,农业的生态要素会被重新定价,进而显著提高了农业商品的生态价值(Saxena and Ilbery,2008;Cawley and Gillmor,2008)。

在本研究访谈中,长兴、安吉两县的官员多次强调生态休闲农业的重要性:"生态管理是手段,目的是发展生态休闲农业,现在农业不仅仅是卖绿色有机农产品,更是卖一种生态环境、一种乡村休闲生活。像安吉的溪龙白茶园、长兴的城山沟桃源山庄,这些已经被农业农村部评为中国美丽田园,它们不仅减少农业面源污染,改善农业生态环境,而且深度挖掘农业生态价值,提升当地百姓的收入,是未来发展方向。"(I-06)最后,乡镇工业绿色发展影响地方政府生态管理的内容。在访谈中,长兴县多位与旅游行业管理相关的官员表示:"长兴县把环境整治作为工业绿色发展的突破口,加快淘汰落后产能,重点整治高耗能重污染行业,如耐火、建材、矿山等产业,并统一规划建设了高环保标准的产业园区,有效解决了乡镇粉尘、噪声、污水等工业污染问题,为乡村旅游发展提供良好生态环境。"(I-07)

通过二手资料和深度访谈的分析,本研究团队还发现了情境变量的调节效应,获得富有启发性的结论。新闻舆论对生态管理的调节效应强弱具有影响,新闻平台影响力与调节效应呈正相关,如图 7-2 所示。县级新闻主要关注老百姓反映的生态问题,会得到相关部门立即回应,但往往就事论事解决问题,调节效应比较微弱。而省级及中央新闻关注的生态问题,会引发地方主要领导牵头多部门一系列生态管理的连锁反应,并对污染源头进行大规模环境整治。例如,2008 年 5 月 12 日《人民日报》在头版头条报道了"浙江省安吉县建设'中国美丽乡村'",这条新闻使得安吉的试点得到了宣传和肯定,美丽乡村创建由几个试点村迅速向全县 187 个建制村全面铺开,生态管理成为安吉全县考核的重点。

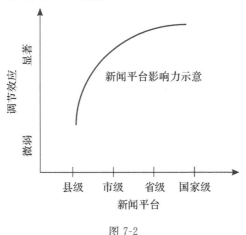

图 7-2

资料来源:王婉飞,吴建兴,吴茂英.乡村旅游发展中地方政府生态管理的驱动因素研究[J].旅游学刊,2018(8):37-47.

本研究基于扎根理论建构了乡村旅游发展中地方政府生态管理的驱动因素模型,发现了中国本土化情境下的独特元素,如公共声誉、经营许可证、乡镇工业绿色发展等,国外的研究文献中很少提及这些因素。本研究首次探索了地方官员预期收益、利益相关者生态利益和关键性资源控制权之间的关系,并将这些深层次因素整合在一起研究其作用机制和影响路径。这对地方政府推动乡村旅游发展中的生态管理创新,实现"绿水青山就是金山银山"具有重要的理论价值。基于此,本研究为地方政府践行"绿水青山就是金山银山"理念,有效开展生态管理提供以下政策指导建议。首先,政策制定者应提升生态管理绩效评价体系,来提升地方官员对生态管理预期收益认识。其次,政策制定者应强化生态资源资本化实现途径,提升利益相关者生态利益。最后,政策制定者应严格控制关键性资源来规范生态管理执行。[①]

第五节　本章小结

乡村旅游的发展具有外部性特征,乡村环境具有脆弱性和文化稀缺性,因而需要更多的政府干预和介入来保证乡村旅游的可持续发展。乡村居民作为乡村地区的主体,村民参与是乡村旅游可持续发展的关键因素,因而需要政府的重点扶持。本章梳理了村民参与乡村旅游中的政府支持分析和理论基础,发现在发展乡村旅游事业中,政府发挥着三个主要的作用,一是其本身的政府职能,即宏观调控经济的职能。二是其具有政府服务职能,在农村旅游经济发展过程中为其提供政策保障、公共基础设施服务。三是发挥政府的市场监督作用,主要体现在发展后期,保证农村旅游经济在市场竞争中具有公开、公正的竞争环境,保证旅游事业发展的健康有序。在乡村旅游的产业发展过程中,政府通过具体的政策设计、组合搭配,形成政策支持村民参与的总系统,并在系统内形成激励催化机制、资源配置机制、信息传导机制,各个机制的联动将对产业的发展方向和路径产生深远的影响。激励催化机制可以在发展初期提供大方向上的规划和引导,在中后期进行协调和引导。资源配置机制,通过宏观、中观和微观三个层面实施政策来最大化利用和协调资源。政府的信息传导机制是通过建立和提升关键要素的制度化机制,进而提升整个产业的竞争力信息的有效传导,包括个人层面和行业层面。本章不仅分析中央政府和旅游部门相关政策和案例,还分析了村民参与乡村旅游的政策支持类型和效果,主要包括土地政策、金融政策、财政政策和人才政策四个类型,分别从不同层面为村民参与提供了支持,促进了乡村旅游可持续发展。

此外,本研究还进行了村民参与乡村旅游中政府支持的实证研究。本研究以浙江省湖州市的安吉县和长兴县的生态管理为例,探索了地方政府

[①] 本章第四节引用了王婉飞、吴建兴和吴茂英等先前发表在《旅游学刊》2018 年第 8 期的文章"乡村旅游发展中地方政府生态管理的驱动因素研究"中第 39 页的研究方法与研究数据、第 41 页的研究模型和第 44 页的结论与讨论部分内容。

生态管理的内外影响因素以及对地方政府生态决策行为的作用机制。通过扎根理论，本研究建构了乡村旅游发展中地方政府生态管理的驱动因素模型，发现了中国本土化情境下的独特元素。本研究首次探索了地方官员预期收益、利益相关者生态利益和关键性资源控制权之间的关系，并将这些深层次因素整合在一起，研究其作用机制和影响路径。本研究的结论可以为地方政府推动乡村旅游发展中的生态管理创新提供理论指导，为有效开展生态管理提供政策指导和建议。

第八章　乡村振兴战略下村民参与乡村旅游发展的风险问题与危机管理

近年来,我国乡村旅游发展呈现良好态势。2015 年 8 月 4 日,国务院办公厅发布了《关于进一步促进旅游投资和消费的若干意见》,部署改革创新,促进旅游投资和消费。该意见指出,到 2020 年,将会有 6000 多个试点村,支持发展乡村旅游业。当然这是一个良好的、令人欣喜的局面,但是我们也应看到在快速发展和盲目发展中出现的问题。目前各地不少乡村旅游开发项目仍缺乏特色,同质化现象严重,造成投入产出地比较低,甚至影响了乡村原有的生态和文化。这些问题背后一个重要的原因是本地政府对于社会资本进入乡村旅游产业开发的风险认识不足、评估不足、管理不足,导致乡村旅游开发后项目运营风险的加剧,及其影响效益的扩散。鉴于此,有必要对乡村旅游发展的风险问题进行较好的分析、评估和把控,从而厘清乡村旅游发展相关个体的关系、权益和职责,试行建立应对有关风险的良性制约机制和管理机制,以保证乡村旅游健康、持续发展,保障乡村旅游发展相关利益群体的必要权益。

第一节　相关文献述评

我国是农业大国,农村是中国最基本的行政单位。农村地区包括农业、农村地区、农民,中央政府连续十几年的文件与农业、农村和农民密切相关。目前,我国许多乡镇都以乡村旅游作为发展地方经济、实现有针对性的扶贫、实施乡村振兴战略的重要手段。

根据安楚扬等(2018)的研究,过去 25 年里,中国乡村旅游研究可分为:胚胎阶段(1992—1998 年)、初步多元化阶段(1999—2005 年)、快速多元化阶段（2006—2012 年）以及深入研究阶段（2013 年至今）（安楚扬、李通，2018）。总的来看，国内学者们的研究主要还是集中在乡村旅游的概念辨析、乡村旅游的发展模式及乡村旅游发展对三农问题的影响等问题上。简而言之，由于乡村旅游活动本身具有复杂而多样化的特点，学术界很难发展出一个能够得到各方认可的统一概念。但从本质上讲，农村自然（乡村）是乡村旅游生存的基础，也是与城市旅游不同的重要体现。研究的内容从单一的资源开发衍生到经济模式，到乡村政府职能，再到有关社区利益者；研究的视角从经济学到社会学，到生态学，再到政治学。

2017 年，党的第十九次全国代表大会报告提出"乡村振兴战略"，重视农业和农村发展，建立并完善城乡一体化发展的制度和政策，加快农业农村现代化进程。2018 年，中央一号文件以"乡村振兴"为主题，提出了乡村振兴战略的具体任务和要求（王彩彩、徐虹，2019），而乡村旅游开发与管理过程中的基层政府的行为显得尤为最重要（石云萍，2015）。

在我国的乡村旅游事业发展过程中，应首先关注中央政府所提供的具体政策指导及相关法律规范，其次关注地方政府基于国家层面制定的文件和精神所形成的地方实际的统一规划及财政支持方案等。基层政府应落实具体规划，完成乡村旅游发展项目的基础设施建设，并进一步科学地规范有关行业管理的行为（刘英杰，2015），同时发挥指导、支持和服务作用（杨广汇，2016），建立和转变服务理念（张浩，2015）；着重引导广大乡村社区的居民积极参与旅游产业发展，与各利益相关方协调，加强宣传，增加资源保护，实施监督管理（何彦林、耿宏力，2012），建立效益协调平台，理顺行政管理体系，建立健全行政监督机制和相关配套支持体系（黄晓晓，2015）；特别是要注意加强乡村生态环境治理（骞姣，2017）和地方政府生态管理（王婉飞、吴建兴、吴茂英，2018）。

党在十九大报告提出的一系列政策，可以说是乡村振兴的强大外部推动力量，可以迅速转化为政府、科研机构和企业的实际行为。但要建立强大、全面的驱动机制，除了乡村振兴的外部驱动力外，还要注重内生元素的激励和创新。相比之下，村民因缺乏文化意识和文化信心而成为主体，难以转化为意识行为，导致明显缺乏乡村振兴的内生动力。一些国内学者提出，实施农村振兴战略必须优先重视其乡村振兴和乡村建设（何学峰，2017）。因此，考虑通过农村文化实现的创造性转变，实现内生性要素的提升。但是在乡村振兴和乡村治理中，外源性动力与内生性动力各有利弊，但是我们可以充分地借鉴两种观点，互相学习。不仅要强调村民的主导地位和意识，也要强调政府的政策支持和外部资源投资，将外部资源因素内化到农村发展模式中（朱雅，李明，2019），使有效实施农村振兴战略具有重要的理论和实践意义。

事实上，村民自治的问题并不是如今才被提出，村民自治模式早在30多年的改革实践中就取得了巨大的发展、创新和改进，有效促进了农村社会各方面的发展。农村振兴的实现也需要村民自治模式的支持，特别是随着农村综合改革的不断深化和新型城镇化建设工程的不断推进（王超，2019），"村民自治"运行效率下降（李小鹏，2016），甚至有风险积累的趋势（张俊娜、秋建生，2016）。通过对上述问题的分析和研究，中国还提出了具有中国特色的农村治理制度。在中国特色社会主义进入新时代的背景下，中国特色农村治理体制就是自治、法治、德治相结合的乡村治理体制。"具有中国特色的农村治理体系"具有丰富的内涵，可以从农村治理的目标、主体、规范、方式、领域等方面来理解，形成中国特色农村治理制度，在农村治理实践背景下推动新时代和农村振兴战略的实施（高计才、志建华，2018）。必须明确，乡村治理水平的提高和村民自治水平的提升，一定离不开党和政府的有效领导。因此，加强农村治理自治模式的研究具有极其深远的意义（李梅、江燕，2019）。

第二节　基础理论

一、内源性发展理论

由于外源性发展在国际上还存在较大的争议，20 世纪 60 年代，"内源性发展"这一概念被学者们提出并关注。所谓内源性发展（Endogenous Development），是相对外源性发展而言的，它是指经济体的主要动力源是内源要素，进而使得经济自我演化的一种内生逻辑的发展方式（杜书云、徐景霞，2016）。内源性发展模式更加看重组织内的要素发展，特别是基于乡村这样的研究样本和对象而言，乡村村民的参与倡议，及其相对而言的决策权和发言权（黄高志，1988）等要素和权利的提升，是乡村社区组织内源性发展的主要指标。就内源性的发展模式，区域社区，特别是农村地区的发展，应以农村地区自身及其内部优势和资源的整合为基础,而不是依赖外部投资和外部组织等外部资源的注入。这样看来,内源性发展模式的确更好地保障了本地村民的权益,也明确了本地村民在乡村旅游可持续发展中的主体地位。但有些学者并不完全认同,他们认为完全的内源性发展是非常不切合实际的。有些欧洲学者对针对内源性发展的模式提出批判性的看法,认为乡村发展不依赖外部资源是不科学的,是违背组织发展规律和市场交易原则的。而乡村发展不应也不能只进行内源性发展,问题的关键主要在于,乡村在开发外部资源并使用的同时如何保持乡村差异和本地村民的主要地位。基于上述情况,乡村振兴反而应该思考如何将内源性发展模式的优势同外源性发展模式的优势结合,相互取长补短,形成较为有效的乡村旅游发展模式。既要强调村民发展的主导地位与意识这个内源性指标,也要强调当地政府政策支持及外部资源的投入,更要注重的是在乡村发展模式中外部资源和要素的内源化(朱雅、李明,2019)。因为在现代化社会发展进程中,乡村内、外部的联系与互动不可避免,只是在发展中要切实保持乡村应有的特色和本地村民的主体权益。

二、危机管理理论

危机管理简单来说就是指对危机的管理,来达到预防危机、限制危机损害程度甚至实现将危机转化为机遇的目标。危机是一种客观的存在,应对危机产生的管理是针对人类智慧与极限的冲击和挑战,它呈现出复杂性、随机性、双重性、动态性等鲜明的特征。应对危机或对危机进行管理的关键是要提高对危机的警惕,坚持以人为核心的原则部署,特别注重强化危机信息的处理。国外学者认为:危机发生时,由于时间紧迫、资源紧张,绝大部分主张先进行社区自救。在社区危机应对方面,应该系统性地考虑危机产生后的系统性影响,进行系统性应对(The Australian Journal of Emergency Management,2012)。这种能力还应当具有持续性与可发展性(COAG,2011)。鉴于此,乡村社区的危机应对能力建设尤为重要。

在国内,从2003年起,国家危机应对能力的建设就提上了日程,特别是基层社区危机应对能力的建设受到了政府的重视。通过大量对国外先进经验的学习和总结,很多学者对国内危机管理的认识和研究也在加深,提出了很多对于基层有益的建设性意见。赵成根(2006)通过汲取发达国家社区组织危机应对的经验,提出关注社区自治行为中对邻里守望制度、社区睦邻组织等要素的积极作用。顾林生(2007)更是提出了在社区应急管理部分需要社区居民广泛参与、提高居民自救互救能力、营造应急社区文化等内容。伍国春(2010)则对日本的社区防灾减灾机制和应急能力建设模式进行了介绍,建议在完善社区应急能力建设时要借鉴日本所提倡的"自己的社区,自己保护"的防灾理念,并充分发挥志愿组织在社区危机管理中的作用。沙勇忠(2010)、山丘(2012)等提出社区需要制定一定的应急方案和计划、加快应急队伍和反应小组的建立等。可见,随着社会的细化发展,社区在公共危机管理中的地位和作用愈加重要。推而论之,乡村社区的危机管理也应从我国社区危机管理中借鉴经验,将预警机制的建立、人员队伍的建设等提上日程。

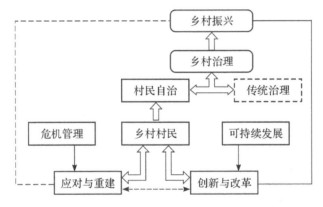

图 8-1　乡村旅游可持续发展中的村民自治逻辑关系

三、乡村旅游可持续发展中的村民自治逻辑分析(见图 8-1)

党的十九届全国代表大会为实施农村振兴战略作出重大决策和安排,这是中国在全面建设小康社会和建设现代社会主义国家方面取得决定性胜利的重大历史任务。农村振兴需要有效治理(元波,2018)。因此,农村治理问题是国家治理体系中不可或缺的一部分,农村治理的质量也是实现农村振兴战略的基石(蔡文成,2020)。面对危机来袭,最为薄弱的地方也是最为重要的地方。乡村旅游的可持续发展之路如何建设和执行,是需要认真考虑的。基于危机管理的分析和可持续发展的基础分析,特别是公共卫生管理的研究,乡村旅游的主力军仍是乡村村民。中央相继提出和制定了乡村治理和村民自治政策试点,这是在中央主导下的"政策求解"过程和新时代治国理政的一项重要方法(梅赐琪等,2015)。

(一)危机后乡村旅游可持续发展中的村民自治的内生动力

此次危机影响之后的发展最为重要的是内生动力。内生动力基于组织内生式发展的需要。总体而言,有现有乡村治理的问题反馈,如乡村生态环境变化、贫富差距的拉大、资源配置等;村民自治能力的提升,如有前期试点的经验习得、自身知识的积累、科技技术的进步与普及等;村民自我发展的需要,如乡村村民自我价值的追求等。以上三点的分析和论述,有利于发现应对危机及危机后在乡村旅游发展中进行村民自治的必要性。

1.内生动力一:乡村旅游发展的问题反馈

乡村旅游发展以来,伴随着良好的发展势头,取得了良好的社会收益、丰厚的经济收益,但是随之而来的是一些问题。一些学者认为乡村旅游发展带来的新的社会问题,突破了原有的传统的乡村管理体制;一些学者也发现了乡村旅游的发展反而影响了乡村原有的旅游资源、文化资源等"原生性"资源的开发和保护;有的学者甚至就认为当下的乡村旅游已经产生了"过度"化,过度旅游已成为当前农村社会需要面对的新问题,农村资源过度消费、乡村旅游过度整合等过度化威胁着乡村旅游资源、农村地方生态、农村社会治理与农村产业集群的可持续性(史玉婷、李建军,2019)。乡村旅游发展中出现新问题和新挑战,乡村社会的治理问题也逐渐凸显,并被提上了日程。对于乡村治理而言,从党中央到地方都制定了多种制度和措施,但笔者认为,在这里所有的问题、制度和措施都将汇集在我国最为基本的社会单元分子——乡村村民身上。对乡村村民的福祉提升自然也是我国乡村治理所追求的效果和目标。

2.内生动力二:社区村民自治能力的提升

国家的治理体系和治理能力是一个国家制度及制度执行力的集中体现。当前全国从中央到地方不断地实施和推进着网络强国战略和国家大数据战略,这对于建立健全利用大数据技术,实现科学的政府决策、高效的公共服务、精准的社会治理,创新我国的社会治理新模式有重要意义。如今5G、大数据、区块链和人工智能等前沿科技技术的成果转化力度不断加大,技术成果使用范围不断扩大,这对原有的乡村治理而言也有一定的挑战,当然也带来了较多的村民自治条件。党务、政务的及时公告,信息、通知的及时告知,需求、困难的及时反馈等,乡村电子政务的普及与服务平台的建设,更大程度地方便了广大村民参与乡村治理,也很大程度地提高了广大村民参与乡村治理的信度和效度。这种数字化的建设、信息化的普及,可以说借助互联网更有条件完成乡村智慧旅游、乡村智慧服务、乡村智慧管理。

3.内生动力三:社区村民自我发展的需要

当前乡村经济得到了很大的提升。生态环境有了较大改善,基本实现了"村村通公路""户户通网络"。良好的乡村环境,不仅吸引了城市的消费者前来度假、旅游、休闲、投资等,很多原本从乡村走出去的"本地人"和"原乡人",也纷纷将生活和投资的目标转向乡村。一些乡村村民走出去又回来,感受到乡村发展的潜力,也为其更好地反哺乡邻和本村提供了强烈的动机,对家乡发展"报本反始"的义务与责任意识有了积极的行为表现(姜方炳,2018)。这些乡村社区居民怀有一定的乡土情怀和文化认同,体现出了乡村发展的魅力和源源动力。有些乡村村民也有经济利益、政治利益和社会利益的追求,使其通过主动参与乡村旅游可持续发展,更好地享受国家的各项政策,服务乡村,产生良好的社会口碑,实现其个人价值与生命的意义(付秋梅、何玲玲,2019)。

(二)危机后乡村旅游可持续发展中的村民自治的外在拉力

危机发生后,会导致短期和长期两种情况。从短期看,乡村旅游经济的活跃指数会有所下降,但对乡村村民而言,其短期生活似乎影响不大。从长远来看,危机所产生的波及效应、滞后效应和蝴蝶效应势必影响乡村旅游的总体市场环境。这样的外部效应也推进或倒逼乡村村民进行自治思考和管理反思。因此危机后乡村旅游可持续发展中的村民自治的外在拉力随之呈现。总体上来说,外部拉力大致有我国法治制度的改革、乡村旅游市场需求的引领、乡村发展特定的环境与结构。

1.外在拉力一:我国乡村治理制度的改革

乡村治理的问题,自 2018 年以来,从被动到主动,在党的融合的指导下,自治、法治和美治的融合,全面增强了村民治理的自主权。当前在我国广大乡村,正在实施并不断加强基层党组织对各类组织的领导,实现高质量建设推动农业农村高质量发展。乡村基层党组织建设的质量直接关乎乡村振兴战略的有效实施。在乡村振兴战略背景下,有效提高乡村社区基层公共领域的服务能力和管理水平,夯实乡村基层治安管理能力,让村民从"被动管理"向"积极管理"转变。乡村治理制度的建立,通过"大事一起干、好坏大家判、事事有人管",更好地实现乡村村民对其生活环境和氛围改善的"想要治理、愿意治理、能够治理"(蒲实,2020)。

相关群体的参照。当下乡村村民在社会身份的"外显性"上已经与城市的居民身份没有差别。而且很多现在的乡村村民在外已经获得一定的成功,其身份有所转变,至少也不是完完全全的"面朝黄土背朝天"了。相较而言,大多数本土的乡村村民已经有了城市生活经历,经过城市的生活与工作,又一次回到了乡村,成为乡村旅游的参与者、经营者、创业者。这些情况,又与我国乡村治理体制的改革有关系。要想更好地进行乡村治理,更好地实现乡村振兴,势必要在乡村治理背景下认真考虑。本质上,乡村村民自治就是指乡村发展中村民与村民之间、村民与有关群体之间达成行动和规划协议。乡村旅游发展的治理就是在乡村进行旅游发展过程中更好地解决乡村村民的公共事务和公益问题,实现国家治理的框架目标,协调好区域组织与个人的关系,协调好资源配置与村民需求的关系(刘红岩、张庆召,2019)。

2.外在拉力二:乡村旅游市场需求的变革

经过近30年的发展,乡村旅游成为国人休闲旅游的一大消费热点。随着国人乡村旅游积极性的被调动和被刺激,更多的乡村将旅游看成脱贫解困、经济发展和乡村振兴的"唯一法宝"。但在乡村旅游发展方面,我们也看到,很多的乡村旅游就只注重乡村旅游的商业化,片面地追求"城市化"的景观或设施美观,反而弱化、淡化、虚化那些真正反映乡土味、真正体现乡村味的要素,这样就出现了"千村一面"的单一化市场形象,恰恰这一点对于发展乡村旅游而言就是"自废武功"(李康,2020)。当然,随着乡村旅游的发展,消费者需求也在提高,即使有很好的资源优势,乡村旅游也不可能闭门发展、单独发展,应当充分考虑乡村旅游与现代产业的融合。除了乡村所拥有的农业资源外,还应该考虑与教育、体育、健康、养老和文化等产业形态结合,实现一、二、三产业融合发展;同时应当深化现有乡村旅游的品质建设。一是完善乡村旅游外在要素和配套要素;二是做细乡村旅游产品,充分迎合消费需求的专业化、精细化、多元化和个性化;三是乡村旅游市场的各项标准都在不断地制定和完善,一些涉及消费者权益的公共卫生标准等也在刷新。乡村旅游以市场需求为导向,更好地满足乡村消费者提高"舒适度、满意度和体验度"的需求,势必也倒逼乡村村民内部的治理体制改革。

3.外在拉力三:乡村发展特定的环境与结构

乡村是一个蕴含着无限潜力的地方,有传统的文化背景、完整的生态环境及独特的管理结构,现存的乡村管理模式是很难较好地协调和解决社会发展过程中的问题的,如乡村"能人"从"出村"入城,再"出城"返乡参与乡村事务管理;社会专业团体积极介入乡村经济发展等问题。乡村旅游发展得益于多元化的投资和经营,从一定角度看,现有的乡村旅游的主体是多元的。这些乡村旅游发展的利益主体和相关利益群体的政治权益保障、产业收益保障,需要在乡村这个特定的环境和结构下变革和发展。

第三节　村民参与乡村旅游的风险问题

我国改革开放 40 多年来,居民生活水平稳步提高,中国乡村旅游事业也迅速发展,发挥了越来越重要的作用。2006 年,国家旅游局将旅游主题确定为"乡村旅游年",并开始关注乡村旅游发展过程中的经济和环境协调。随着我国居民生活水平的提高和消费水平的提升,全国对乡村旅游日益重视,乡村旅游逐步推广到全国。2016 年,农村地区接待游客人数多达 21 亿人次,营业额超 5700 亿元,直接带动就业人数为 845 万人,间接受益人数672 万人,户均年收入超过 6 万元,休闲农业占第一产业的比例上升到25%。2017 年,休闲农业和乡村旅游持续激增,接待 20 亿人。全年游客 50亿人次,营业收入 7400 亿元,同比增长 29.82%。乡村旅游有利于 700 万村民,已成为农村经济发展和一、二、三产业融合的重要手段。2018 年,休闲农业和乡村旅游接待人口总数超过 30 亿人,乡村成为城市居民休闲、旅游和生活的重要目的地,是农村产业的新亮点。截至 2019 年上半年,全国的乡村旅游游客总数超过 15 亿人,同比增长 10.2%。

随着乡村旅游市场规模的不断扩大,这一"大蛋糕"也被诸多的社会资本关注,原本的旅游消费的"蓝海"也被越来越多的旅游公司打造成了"红海"市场。随之而来的是,乡村旅游市场出现了同质化、广泛忽视农村问题的现象。它主要表现在:第一,一些地方政府对乡村旅游的内涵没有深刻理解,有的还有混乱、错误、片面的概念,地方政府只关注到了乡村旅游的经济功能,但是没有深刻理解市场的消费基本诉求;第二,资源的开发是独立的,缺乏区域内旅游资源的协调整合;第三,基层乡村旅游缺乏合理科学的规划,大多成了城市旅游项目的衍生和影子;第四,乡村旅游产品开发缺乏创新,本地特色和文化的挖掘没有凸显,随着乡村旅游市场的扩大,乡村旅游消费者的需求越加多元化、丰富化,原有的乡村旅游发展良性势头丧失,甚至很快被市场淘汰,供给侧改革迫在眉睫。根据不完整的统计数据,目前只有三分之一的乡村旅游业运营商盈利,三分之一亏损,三分之一持平(兰虹、肖雅丽、赵佳伟,2020)。

一、对于乡村旅游发展认知误区的风险

我国特殊的历史发展过程,造成了在一定时期,人们对于农业、农村和农民的认识水平有较强的社会和历史烙印,可以说对"三农"问题带有不全面的认识。特别是基层政府,受市场经济指标的影响,其对乡村旅游业的地位和作用仍存在认知局限,对乡村旅游发展的内容和模式也存在认知局限。中国著名农业专家杜润生说:"2亿多名农民所占的比重仍不到国内生产总值的10%。"鉴于此,政府需要认真思考乡村旅游的发展方式和效果,积极推动城乡融合发展,促进农村剩余劳动力有效、有序转移,并且有效提高劳动效率。在社会和市场发展的过程中,我国的乡村旅游的确出现了一定的效果,有学者认为乡村旅游是继家庭联产承包责任制和乡镇企业之后的"第三大发明"。乡村旅游的发展在短期内使广大乡村从第一产业直接向第三产业跨越式发展,产生了爆发式的经济效益、社会效益。这些现象的产生,直接导致乡村成为一块社会资本疯狂角逐和投入的"热点地区"。当然,这样的短期的引导,导致基层政府在没有完全预计到乡村旅游快速发展,特别是社会资本快速进入农村和乡村旅游发展的"蓝海"市场的情况下,认为这样可以全面地解决现有农村经济发展中所有问题,较快帮助农民增产增收。但实际上,这种想法和认识忽略掉了短期繁荣后面的历史困境。农业、农村、农民的发展不单是将社会资本简单引入就可以解决的,这样也只是简单的投资收益问题:"谁投资、谁受益。"毫无疑问,社会资本一定是逐利的。这些社会资本在进入乡村旅游市场的时候,投资者一定是等待着收益,也一定是要取得收益的。那农民是否可以真真实实地取得乡村发展的"果实",真正实现发家致富呢?显然是存在不确定性的。实际上,我国乡村经济社会的发展,农民发家致富的主战场还是应该依靠城乡的有效融合,乡村第一、二、三产业的有序且充分发展,乡村劳动力有效充分地流入进城,这样才可保持乡村发展的可持续性。同时,在乡村旅游蓬勃发展的时代,很多人对乡村旅游发展的特殊性的认识也存在不足和较大的偏差,要么认为完全的"乡土气息"就是乡村旅游的核心法宝,要么认为乡村旅游就应该"复制"城市旅游的发展经验和模式,一切都该是"高、大、上"地照搬城市建设。其实这有

极大的危险和潜在的风险之处,即忽视了乡村旅游产业发展的经济路径,忘了乡村旅游的"对象"——社会乡愁,也忽视了乡村旅游产品开发的经济模式,少了乡村旅游的"灵魂"——乡村文化。

二、乡村旅游发展中政府投资的风险

乡村旅游的发展一定是基于乡村这样一个特定的地理环境的。乡村旅游作为一项新型产业业态,其发展受基层政府在产业用地、行政审批、资本融通等方面的支持力度的影响。基于旅游业所产生的乘数效应和乡村旅游的发展势头,基层政府在引导乡村旅游产业发展时,往往会在项目建设的论证、投资的决策、保障的约束等方面,受片面的经济发展影响,主观地忽略和屏蔽掉一些科学的论证声音,致使片面放大效益和收益,片面缩小风险和影响,导致一些乡村旅游发展项目的建设和上马本身就有基层政府决策的风险和投资偏好的风险。这些项目的立项和建设也就意味着政府投资的无法追回、建设项目无法经营、财政税收无法获取等区域性、内生性发展风险。当然,除了基层政府投资偏好存在风险外,基层政府的预算约束制度也存在着一定的制度风险。基层政府对地方政府的投资缺乏有效的约束和控制,在一定的程度上助长了基层政府投资偏好和狂热。这种缺乏一定预算约束和审计监督机制的基层政府投资活动,势必会导致基层政府偏好"疯狂性"投资行为,同时又导致约束行为效力下降、项目审计力度不足、运营管理效果乏力。

三、乡村旅游消费市场的风险

乡村旅游发展的市场风险主要表现在乡村旅游客源市场的定位及其稳定性方面。乡村旅游发展成效的评价者和鉴定者还是消费市场,而不是基层政府。政府的大力引导和积极推动对于乡村旅游的发展和建设固然很有用,但是这也是前期工作。政府可以借用国内外先进的经验和理念来设计、规划和建设乡村旅游项目,也可以利用政府"背书"来吸引社会上的人力、物力和财力等资源介入。这些工作的开展也只是帮助乡村旅游进行启动,真正地使乡村旅游发展并产生社会效应、经济效应,还需要在后期的运营过程中通过市场的检验来确定。我们经常讲要"产销对路",前提是要生产市场上需要的、认可的消费产品。乡村旅游要想可持续发展,需要有良好的产品创意、优美的产品环境、稳定的产品市场、丰厚的产品效益。当然,前提是要

有"适销对路"的乡村旅游产品。我们现在对乡村旅游项目的开发并没有全面地通过调研获取数据,从而充分地了解和掌握乡村旅游消费市场上消费者的偏好和需求。很多投资者和主导者只是臆想化地认为"这个项目可行""这样做不错",有的就是觉得"这里的东西拿过去就行",可简单地"复制粘贴"。没有乡村自己的特色和优势,反而是"千村一面""万户同一",这可能短时期产生乡村旅游蓬勃发展的现象,但长远看,有一种乡村旅游客源市场的定位及其稳定性方面的风险。

四、乡村旅游发展参与主体的风险

所谓主体风险,指乡村旅游发展过程中相关利益主体的风险。目前,与乡村旅游发展的利益相关方,包括政府、旅游企业、农村居民(本地村民、乡村旅游经营者)和游客等。基层政府是区域公共旅游资源的最大整合和调配者,也是区域旅游产业运行和发展规则的制定者、监督者,甚至是参与者。乡村旅游区基层政府的风险来自区域发展产生效力大小、地方财政税收的收取、区域生态环境随着乡村旅游发展的恶化及保护程度等。旅游企业更多是指乡村旅游的开发商、供给商、经营商等企业形式的组织。一般来说,乡村旅游企业有以下三种组织形式:合伙旅游企业、公司制旅游企业和旅游企业集团。这些企业主要在参与的过程中获利,它们拥有的资源不同,提供的服务类型不同,所获得的利益也不同。这些乡村旅游企业的风险就在于将自身拥有的资源(人、财、物等)集中在某区域乡村旅游的发展中,产生了与某个乡村旅游目的地"一荣俱荣、一损俱损"的"绑定关系",其所在的经营风险也就显而易见了。乡村居民主要指乡村旅游的本地农户和乡村旅游个体经营者(主要是单个业主式或夫妻店式)。本地农户是乡村旅游发展的主体,乡村旅游区的当地村民有两项主要的利益:经济利益和非经济利益,而风险主要来自乡村旅游开发所带来的失地风险、贫富差距拉大、社会节奏加快以及经济文化方面的冲突。而乡村旅游个体经营者,虽然相较于本地农户来说有了参与乡村旅游的机会和可能,避免了一定的本地农户所面临的普遍风险,但是其所拥有的"经营资源"规模较小,形式较散,且数量较多,同质化竞争的问题和风险也是时常出现的。旅游者作为乡村旅游市场的现实需求者和最终消费者,其对于乡村旅游发展的风险主要在于对乡村旅游产品消费和需求的品质保证及体验满足程度。乡村旅游者主要追求的是非经济性利益,它带有较强的异质性、多样化特点。乡村旅游目的地所提供乡村旅游产品的品质、服务、价格和体验,是乡村旅游消费者的关注点。在乡村旅游消费前、消费中和消费后的综合感知,决定了乡村旅游旅游者的体验满足程度,主要体现在乡村旅游者的相互尊重、权益维护、文化交流、体验愉悦等方面。但这些在旅游者没有全面进入和介入乡村旅游目的地时,是很难进行精准、全面的评估的,这是乡村旅游者在乡村旅游发展过程中面临的一大风险。

五、乡村旅游发展建设客体的风险

客体风险之一就是乡村旅游开发的生态环境问题。与城市地区的环境问题相比,农村地区的环境状况更令人担忧,情况更加严重。乡村旅游与城市旅游本质的不同在于乡村与城市不同的生活环境,对于乡村旅游而言,其对乡村特定环境的依赖度较高。主要表现在,当乡村村民生活的水源、土壤和大气被破坏时,原有的特定的乡村旅游物质载体也就不再存在,乡村旅游的客体资源显得尤为重要。当然,除此之外,自然地质灾害、废水废气排放等同样也是一种不容忽视的风险。因此,水灾、旱灾、森林火灾、台风、病虫害等自然灾害,不仅会影响乡村旅游投资主体的正常运营,还会花费资金和精力进行修复,不利于其快速发展。

客体风险之二就是乡村旅游开发的土地管理政策问题,主要指乡村土地使用规划和建设是否触碰政策红线的风险。乡村旅游的发展高度依赖土地。以土地为载体的乡村旅游活动,不仅是农业生产的对象,而且也是旅游产品的核心要素。以农业活动为主体的乡村旅游与农村土地转让密切相关,两者之间的联系主要反映在土地经营权上。乡村旅游发展一方面需要土地集中管理,另一方面又要保证土地适当流转,激发乡村旅游开发的积极性,因此乡村旅游中土地管理问题极为重要。随着政府监管的加强,许多乡村旅游项目的非法设施面临着被清理和开垦为耕地的风险。

第四节 村民参与乡村旅游的危机管理

一、村民参与乡村旅游的突发事件

(一)村民参与乡村旅游的突发事件分类

国内学者对于"突发事件"基于不同角度进行定义,例如,林汉川将其定义为突然威胁生命和财产的重大事件(林汉川,1994)。沈政富认为,紧急事件是指突发的、状态异常的新闻事件,显示公众缺乏意识上的准备,但普遍高度关注。2007年颁布的《中华人民共和国应急响应法》规定,"紧急情况"是指"突然发生或者可能造成严重社会危害的自然灾害、事故、公共卫生事件和社会保障事件"。本研究认为,乡村旅游危机事件是对乡村旅游目的地和乡村旅游市场产生负面影响的关键性事件或活动。

(二)村民参与乡村旅游的预警指标

1. 资金风险

乡村旅游过程中,村民参与乡村旅游发展的资本风险主要体现在乡村旅游发展的投资风险上。乡村旅游的发展过程中,土地租赁、员工就业、苗木采购等项目的启动和运营一定是需要大量资金的,启动资金的注入十分关键,而这就是乡村旅游发展的资金投资风险所在。是否合理约束乡村旅游开发的投资商、投资量等,是乡村旅游发展的一个重要指标。当然,乡村内部的自筹资金发展模式也是乡村旅游发展的资金投入风险之一。

2. 客源及人力风险

乡村旅游的发展少不了人的参与,有关乡村旅游发展中人的因素指标主要应从需求侧和供给侧来看。一方面,乡村旅游市场的形成和发展。形成有效的乡村旅游消费市场是乡村旅游发展的主要推动力。因此,乡村旅游的客源市场的消费能力、消费需求和消费趋势等给乡村旅游的发展带来了不小的冲击和影响。另一方面,乡村旅游的开发需要投入大量的乡村人力资源,是保证乡村旅游产品品质和乡村旅游市场品牌的关键要素。乡村村民本地就业的情况也是保留乡村基因的一大指标。

3. 自然灾害

自然灾害作为一种不可抗力因素,也是乡村旅游的一种风险,因为乡村旅游绝大部分还得依赖自然环境。乡村旅游发展过程中的干旱、洪涝、火灾、台风和病虫害等都对乡村旅游造成了不小的冲击。自然灾害的发生不仅影响了乡村旅游的正常运营,还对乡村旅游经营者造成了收益困难、资金链断裂等后续影响,这又是一个重要的风险指标。

4.政策风险

政策风险主要表现在当前国家层面有关农业领域的主要政策,特别是有关政策及文件的制定对原有乡村旅游开发和经营的冲击,或者土地流转的风险和农业发展政策的风险。土地流转的风险具体表现在乡村旅游开发用地过程中乡村原有土地的流转标准和政策执行情况。因此,政府政策应在土地利用和土地流转方向的变化中发挥重要作用。

二、村民参与乡村旅游危机管理存在的问题

(一)主体建设不足

1.缺乏正确的危机意识和管理理念

乡村旅游业是有其特殊性的,其特殊性来自其主要建设的主体——乡村村民。乡村村民对于危机的认识和理解不同,加之乡村村民应对危机的能力和条件有限,导致乡村旅游过程中村民主体建设和管理投入不足。乡村村民对危机管理的安全意识淡薄主要表现在侥幸心理、投机心理等方面。乡村村民危机管理的意识淡薄,且乡村村民对危机管理投入不足。具体来说,就是没有危机应对意识,造成危机出现后应对能力偏低和必要投入缩减。乡村村民普遍认为,这些危机管理的预警工作都是"用不上的摆设""花钱的东西,没成效""还没开业,就整这个,晦气"等认识。主要表现在专门的旅游危机管理机构没有成立、缺少乡村旅游危机应对的专业人员,乡村旅游危机意识薄弱。由于其缺乏对事故危害性的认识,从而忽略了一些在乡村旅游管理和发展中的危机因素,从而引发了安全事故和质量问题等,如重大节庆活动无安全应急预案,对火灾、群体踩踏等可能性事件不进行针对性应急演练等,这些都严重影响到了乡村旅游的可持续发展。

乡村旅游危机管理机构的不稳定性也是乡村旅游中基层危机意识薄弱的一大体现。目前一些乡村已经建立了一些有关危机的应急管理联席会议制度。但是缺少固定的专门负责旅游应急管理的机构,造成一旦出现危机,工作效率较低、工作能力薄弱的情况,不能很好地应对和解决乡村旅游危机。成立的旅游突发事件应急领导小组,往往都很"应急",即出现了某一现象或事故,临时抽调部分部门的有关人员组成所谓的"旅游突发事件应急领导小组",但由于领导小组的成员和工作人员多为临时组成,不能算严格意义上的管理机构。而这样的临时机构多为内设组织或机构,不能很有效地协调公安、交通、卫生、水利、市场监管等多个部门,这自然也就不能起到乡村旅游突发事件应急综合性管理工作的作用,更不具备充足的人力、物力资源应对旅游突发事件。

2.乡村旅游危机管理人才队伍不健全

乡村旅游危机管理人才队伍不健全也是主体投入不足的一大表现。主要体现在专业人才总量不足。有关的乡村危机管理领导工作机构的人员大多是兼职性、临时性的,仅是简单信息的汇总及传达,不能也没有具体的专业技术去解决和应对旅游危机;同时现有人员的旅游危机管理的专业知识和技能不足也是一大问题。旅游业本就是一个涉及领域广,影响力大的产业;旅游危机管理更是一项十分复杂、专业的综合性工作。鉴于旅游危机管理的复杂性,其工作人员也要具备社会学、心理学、经济学、管理学、工学等多学科知识背景,以及对突发事件进行监控、洞察和处理等能力的复合型人才。很显然,当前对于乡村旅游来说这些人员是没有的,或者说是不具备的,有的多是"半道出家"的"土专家""村秀才"。这说明,乡村旅游危机管理的人员是十分不健全的,有待于进一步加强建设。当然也可以适当地加强现有队伍的管理能力,以便更好地识别危机、应对危机、处理危机。

(二)危机管理机制不健全

1.缺乏危机预警机制

危机管理机制不健全的表现之一就是缺乏旅游危机预警机制。目前,乡村旅游危机预警机制只是一种文件下发式的管理制度,大多是往年事故的总结和现阶段事故的讲解,是一种静态的危机告知。首先,形式上是对有关政策的照搬和复制,或者说是对上级政策的落实,对乡村旅游预判缺乏。其次,内容方面也缺乏危机事件的风险评估内容和机制模式。目前,乡村旅游发展的危机应对能力和管理能力,是针对乡村旅游各个组织、企业和个人,采取发布安全通知等形式。这种通知往往成为年度例行材料,很少根据实际情况下发,下发到旅游企业后也不会得到重视。

2.缺乏危机引导机制

针对乡村旅游发展过程中的危机引导工作,主要体现在乡村旅游危机发生后的处置和救援等。一方面,由于缺少专门的旅游危机管理处置和救援队伍,应对乡村旅游危机的处置能力不足;另一方面,乡村旅游危机管理信息共享平台建设不完善。现代应急管理要求不同主体对各类突发事件综合性地加以应对,其前提就是信息共享。目前的政府部门横向信息的共享与整合程度不够,信息不能很好地自由流动。危机管理的信息平台在市级层面的建立也没有做到百分之百普及,乡村自然也不可能建立有关的信息共享平台,目前主要还是利用以本地工作为基础的 QQ 群、微信群、钉钉群等信息平台进行沟通和交流,没有形成全面地覆盖、全员地调动和全程地共享局面,没有充分利用好大数据这一先进的管理利器,没有建好危机管理的云平台,不能及时、有效地信息共享,易造成预警信息滞后,预警达不到理想效果。

3.缺乏危机修复和评价机制

危机是危与机的结合体。在面对旅游突发事件时,在积极应对和处理现有危机事故的时候,我们也应深刻认知危机的影响后效应。危机恢复工作在危机持续过程中就要着手进行。当危机处理基本告一段落之后,就应该着手消除危机过程中给组织造成的各种消极影响,并且通过一系列的管理措施来完善组织的内部管理和外部公关,以使组织的日常工作早日走上正轨,并且通过反思危机而吸取的经验和教训,对组织的"漏洞"进行修复,以使组织获得更大的发展空间。在危机后的重建恢复工作中,主要针对有形危机及无形危机。有形危机的恢复,是对乡村旅游的环境、产品等方面的修补和完善,一般都能通过相对有效的措施来有条不紊地进行,考验的是乡村产业发展的资金储备状况及资源保障。无形危机的恢复,是对乡村旅游品牌、声誉和市场价值等方面的公关和修复。这部分的打击影响相较于有形危机而言可能会更长远。鉴于此,应当搭建一个更加完善的机制对危机进行修复和评价,从而更为有效地应对危机。

(三)危机管理手段不完善

1.危机管理手段单一滞后

乡村旅游危机管理中,基于前面的认识问题和机制问题,在具体应对策略和方法上自然也是单一化的。一方面,对传统经验简单总结,存在一定的静止性和片面性,在一定程度上其传统的应对方法是不能很好应对当前新的危机和困难的,存在危机管理手段的单一性;另一方面,即使存在对危机的预警预演,但由于种种原因,对危机判断不到位,很多预案演练也成为走过场、拍照片、搞宣传,其实质价值是大打折扣的。

2.危机管理依据比较模糊

旅游业的危机管理判断依据存在模糊性是基于旅游业的综合性而产生的。很多时候,旅游业显示出的危机不单是旅游业要素所致,而是其他产业或部门所造成的。因此旅游危机的出现其存在判断困难、标准模糊的情况。一些乡村旅游景区的星级饭店、景区旅游企业在经营过程中,多头管理的现象屡见不鲜,比如视频监督、消防、卫生等,多元化的管理有利于增强行业自律性和管理规范性,但这在一定程度上反而容易产生职能交叉、标准不一、相互扯皮的管理危机隐患。

三、村民参与乡村旅游的应对机制建设

危机后乡村旅游可持续发展中的村民自治制度创新与构建,依赖于外围乡村治理的政治制度健全和完善,也得益于乡村旅游产业发展的红利示范与释放,更来自乡村旅游主体自治与参与的主动性诉求。笔者认为制度创新机制应着重从三个方面思考:建立预警机制、建立联动机制、建立帮扶机制。构建村民自治制度的创新制度机制,站在乡村村民的视角,更好地做好乡村社会的危机管理和危机应对工作。

(一)预警机制

预警是预防危机的一种有效的手段。预警一词,源于军事领域,而后在社会、经济、政治和环保等领域逐渐应用,对社会各个领域的有效治理提供了一定的帮助。我国的预警研究起步相对较晚。预警研究的内容和技术经历了一个不断丰富和完善的发展演变过程(李树民、温秀,2004;沈荣华,2006)。在经济新常态下,我们建立危机管理体制有着紧迫性和必要性,有效地建立社区预防机制是此体系中的重要机制。科学地建立基层组织预警机制,可以减少危机对本地社区的冲击和影响。

(二)应急机制

提高社会治理的效果也要注重"四化"水平的提高。乡村是个微缩的社会,也是全社会的重要组成部分,乡村社会的治理既需要充分发挥乡村各主体的协同联合,努力实现乡村事务的多方共同参与和治理,也需要全体乡村村民在政府的领导下,依法依规行使自己的权利与义务,实现政府治理、社会调节和村民自治的良性互动。面对突发危机,乡村治理更应该充分发挥乡村的独特优势,克服乡村村民分布松散的困难,更好地克服在乡村治理过程中的"信息孤岛"问题,更好地建立联防联控、群防群治的"全民"作战模

式,打好抗击危机的"人民战争",彰显"人民战争"的人民力量。

（三）帮扶制度

随着危机应对和防控的开展,有些危机管理的应对进入关键时期,乡村面临的挑战也在加大。可能由于危机蔓延速度快、持续时间长,随着危机持续发酵,一些地区还需要启动重大的公共卫生紧急事件Ⅰ级响应。譬如2020年初,新冠肺炎疫情发生,部分的乡村为了更好地控制病毒的"输出"和"输入",采取了"封城"和"封路"的做法。一方面,有效地进行了防护和隔离;另一方面,也给乡村村民的生活带来了一定的挑战,乡村"五保户"、"困难户"和"建档立卡户"等特殊群体的生活物资储备、看病治疗、社会生活等无法满足。鉴于这种情况,本区域内的乡村组织应该建立一个"隔离病毒不隔离爱"的人性帮扶机制,帮助乡村抗击危机的同时,以社会主义核心价值观全面引领社会主义美丽乡村建设。

（四）公关机制

一般而言,危机公关是用来应对意外事件及突发事件的。一位古希腊哲学家曾经说过:"人类有一半的活动是在危机中度过的。"只有企业建立和完善有效的危机管理机制,才能成为真正具有综合竞争力的企业。乡村旅游有其较为薄弱的地方,特别是乡村旅游的危机管理直接关系到广大乡村村民的生产、生活和生命。因此有必要建立起一套防范危机公关的管理机制,较为辩证地、灵活地处理、应对危机。一方面,有效防范突发性事件的发生,以及时收集、捕捉有关危机的征兆,并加以分析处理,从根本上减少甚至消除危机的原因,消除危机于萌芽状态。例如,自我诊断和薄弱环节都要采取措施。另一方面,也要辩证地看待和应对乡村旅游危机。危机突发不仅充满着"危机",也包含着"机遇"。基层村落在应对危机时,应将其视为展现乡村发展实力形象的契机,将"公共利益和消费者利益应优先考虑危机"作为危机管理的最高原则。要尽快确定危机的性质和范围,发现危机各个阶段的特点,努力在危机危害扩大之前将其控制住。企业在处理危机时,应从企业的宗旨和社会责任出发,关注公共利益,努力弥补危机给公众造成的损失。在危机管理过程中,政府部门和新闻媒体应积极参与危机调查和处理的全过程。

四、村民参与乡村旅游的危机管理保障措施

(一)建立和完善民间组织与社区居民的应急管理制度

1.建立乡村的危机响应机制

建立一套快速有效的综合性的预警管理模式,就可以更加广泛地调动各种社会资源,构建联合机制,从而使突发公共事件得到有效防范(张维平,2006)。着重从健全组织领导体制入手,考虑长远的应对机制。各乡村要形成一定的组织机构,统一领导、综合协调,实现应对危机或灾害等的组织保障(臧成岳,2014)。可以各村为单位联合组建应急处理委员会,或成立专项领导工作组,作突发危机的应对机构。在常态下,各人员分布在各管理岗位,定期地协调有关应急事务。其次,建立应急保障机制。基于现有的各级各类专项应急指挥部和各级各类企业的常规工作,通过本次危机加快建立健全科学合理有效的应对突发事件的各项机制,形成能够应对公共危机的一些宏观管理文件和应急预案,并通过平常的会议学习、入户宣传等形式进行告知和传达,特别是各村"两委"和村务管理人员应着重熟悉和领会。具体而言,从县到乡到村的各类文件中应明确应急机制的主体,全面梳理乡村范围内的人财物等资源,提供合理的应急方案和路线。

2.提高村民的危机认识意识

学习日本、美国和英国等发达国家经验,将危机应对意识教育纳入全体公民日常教育和生活中,只有时刻保持危机意识才能时刻做好危机防护。第一,帮助乡村村民等常住人群认识和了解危机的危害,提高认识水平;第二,帮助乡村村民了解和掌握一些基本的应对常识和技能,提高应对能力;第三,帮助乡村村民树立危机意识和可持续发展理念,提高社会认知;第四,充分利用村民喜闻乐见的方式和形式,进行有关知识的传播和演示,提高灾后自救、自助能力。

3.组建乡村的危机应对小组

危机发生后,在应急领导工作组的组织管理下,积极抽调专业的人员从事专业的工作,全村齐动员。围绕危机变化和发展形势进行工作内容的调整,积极引入和对接社会的专业团队和非政府组织,开展专业化对口的抗击和化解危机的工作。

（二）扎实落实联动机制，构建应对危机防护网

1.乡村建立联防联控、群防群治的制度

建立乡村联防联控、群防群治的制度，进一步推进乡村网格管理模式。面对危机，乡村是防控的重点区域，其重点工作还是在"防"。较城市而言，乡村基层特别是医疗卫生机构和医疗服务能力薄弱。这就要求乡村地方党委政府，特别是两委、乡村医疗卫生机构等充分发挥各自的职能。联防角度是集合所有力量进行联合布防。迅速组织动员乡村的基层政府工作人员、党员代表，尽快调动全村群众，全体参与危机防治工作，形成有效的联合防治机制，不断加强农村基层防治力量。联控角度是全面地毯式无死角地排查。各乡村积极发挥全体村民相互熟悉和熟知的原则，积极配合卫健委等部门，逐户督促农户严格执行国家有关政策，开展有效的危机防控。

2.推进村域网格化管理制度

一方面，对乡村分布进行网格化分割管理，做到对乡村区域的全面管控，有效推进各项任务的开展和信息的传递；另一方面，对主要村委干部和党员代表进行人盯人的任务分包，利用乡村人员亲属关系，构建一张无形的、全面的人员管理网络。对于危机，可以通过基层群众的信息和认知来有效应对和化解。

3.建立完善信息共享发布平台

充分利用大数据技术，充分借助一些移动设备终端，以户为单位实施大数据动态管理，使乡村管理更有针对性和有效性，从而实现有效管理。这对危机预警机制具有重要意义。一方面，利用乡村传统的信息通报系统，如村务大喇叭、流动小喇叭的播报，村务大字报的张贴等，加强乡村发展的有关信息沟通；另一方面，积极引入先进的通信工具和设备，尽量采用远程会议模式开展信息传递。

4.强化乡村社区公共物品供给

一旦危机和危机出现，物资供应在短期内必然会受到影响。乡村启动的联防联控、群防群治制度，也应重点保障乡村人口的日常消费需求，保障公共物资的供给效度。要保证乡村村民正常的医疗、生活，更加稳定地配合危机应对任务。

（三）做好村民的危机教育和困难主体的帮扶工作

1.培育优秀乡村文化，倡导"自助、帮助和公助"

挖掘和弘扬乡村优秀的传统文化，形成抗击危机的强大心理力量。乡

村优秀的传统乡村文化牢牢地凝结着乡村群众的聚合力。此时正需要再次凝聚和发扬传统的相邻文化,加强特殊时期的教育与关爱。利用特殊时刻的特殊事件开展优秀乡土文化的再唤醒,弘扬社会主义核心价值观、"敬老爱幼""移风易俗"等社会美德,团结全体村民共同克服困难。对于乡村的困难户等特殊人群,积极开展结对帮扶,使大家能够放松情绪、步调一致,充分调动大家参与性、积极性,形成攻坚克难的合力,达到各村户能自助、相邻能帮助、团队能公助的良好局面。

2. 强化乡村信息沟通,打通"信息孤岛"管理通道

通过网络化管理格局和信息化管理模式的构建,充分利用信息打赢危机之战。信息在当今社会的重要性不言而喻,尤其在应对危机时更为至关重要。乡村社区应在应对危机等危急情况时,更好地发挥信息和数据的作用,结合现有的信息化数据建设平台,利用有线和无线的网络设施、社会媒体和各类数据终端对乡村全方位覆盖。县乡各级各类职能部门实施信息共享,进一步打破原有的专业性、部门性的壁垒与界限,即时消除危机与危机管理过程中的"信息孤岛",促进大数据时代下的危机预警、风险识别与科学治理常态化的管理和建设(祝兴平,2015)。

3. 积极开展危机公关,打好危机后的恢复基础

危机的出现一定会带来影响和损失,但是我们也应该辩证看待。是危机也是契机,要明确危机是"危"与"机"并存。因此结合危机的出现,我们可以反过来很好地利用危机,开展危机公关,以便为危机过后尽快地恢复和发展奠定良好的基础。危机公关的开展,要把握危机产生后公众最为关心的公众利益问题。为此应当更加完善危机应对的工作机制,让社会公众能权威、及时、准确地掌握危机态势,让乡村村民不信谣、不传谣,信组织、听组织。乡村基层组织在危机的应对工作中,运用危机公关意识,使乡村村民更加紧密地"团结起来办大事",能够给有关利益群体和产业链的相关环节带来希望和前景,如此,乡村旅游社区就具备稳定的群众基础、产生良好的社会形象、积累扎实的发展资本,为危机后应对可能的"井喷式"市场需求和又快又好的发展打下很好的根基。

4. 大力推荐"乡贤能人",打造抗击危机的"多元共同体"

随着时代的进步,现代化的美丽新农村出现了一种"新乡贤""乡村能人"的现象,这些群体代表了一个时代的缩影。他们具有长久的乡村生活经历、灵活的社会交往背景、创新的时代思维理念,这些对于新时代的乡村旅

游发展而言是最为缺乏的。"乡贤能人"在乡村中具有一定的内生性权威（刘同君、王蕾，2019）。当下，"乡贤能人"在乡村治理推进过程中能很好地与"三治结合"，能够较好地推动社会主义核心价值观的传播、引领乡村发展与治理走向纵深，更好地促进乡村旅游可持续发展。

乡村旅游的可持续发展还应关注到与村民利益共生的还有社会其他团体和组织。我们应当在明确乡村村民为主体的前提下，积极提高乡村旅游发展过程中的利益相关群体的权益和参与度。应该考虑乡村旅游发展决策与管理过程，应注重以资源产权为核心、以旅游产业为载体、以旅游效益为动力的参与机制的构建，更好地带动和强调乡村村民与多元管理的共同参与性，以形成一个强大的应对危机"多元共同体"。

第五节　常态化疫情防控下村民参与乡村旅游发展研究

一、常态化疫情防控下乡村旅游目的地发展机遇

2020 年初，疫情发生后，全国旅游"停组团，关景区"，中国旅游业几乎一夜之间陷入了"停摆"。我们在积极应对疫情带来的挑战的同时，也应该看到发展希望，这是一次典型的危机管理活动。

第一，乡村旅游有较大的应对空间。大部分乡村旅游经营者都是自营经济从业者，经营成本相对较低，不存在巨大的劳动力需求和房租交付压力，自然也没有很大的现金流和贷款压力，抗击疫情有相对较长的"蛰伏期"，相对而言其有较大的应对空间。

第二，乡村旅游有良好的市场需求。应对疫情的冲击，乡村旅游本身的卖点就是良好优美的生态和绿色健康的产品，而这恰恰成为疫情后旅游市场主要的诉求方向和消费领域，这将是乡村旅游发展的一个机遇。

第三，乡村旅游有较快的恢复速度。疫情来袭，多数的"宅男"、"宅女"蓄积了太多的旅游需求和动力，但由于疫情的影响，即使放开限制，消费者也对出境和长途旅游存在顾虑，故而，乡村旅游成为满足旅游者消费心理和需求最好的选择，因此，以乡村旅游为代表的短途游、本地游相较远程游、出境游，其恢复速度相对较快、恢复指数相对较高。

第四，乡村旅游有独特的内部供给。疫情影响了诸多行业和组织的联

系,致使发展受限。而乡村旅游其自身就是一个相对简单的单元构成,乡村内部分工多元且明确,多半可以在不受外部影响下实现"自给自足,自产自销",所以乡村独有的生态结构也可帮助其较好应对和较快恢复。

二、常态化疫情防控下乡村旅游发展的新挑战

当然,乡村旅游也会面临诸多的挑战和困难,比较突出地表现为以下几点:

第一,乡村旅游收益高峰的错失。春节黄金周历来是我国乡村旅游消费的重要时期,但在疫情影响下,乡村旅游的收益高峰期已然错失。

第二,乡村旅游细分市场的骤冷。乡村旅游的"乡村庙会""乡村灯会""乡村民俗展"等乡村特色的项目,都受疫情的影响而束之高阁,乡村旅游细分市场骤然冷却。

第三,乡村旅游产品需求的转向。疫情来袭,让人们对健康、安全的消费产品更加关注和追求,这势必对现有的"吃农家饭,住农家屋,干农家活,看乡村景"的乡村旅游产品形成一种倒逼式改进,是一种消费的升级和提档。

第四,乡村旅游消费心理的理性。受疫情影响,消费者的消费心理变得越发谨慎,出于对生命健康和安全的需求,催生了"宅经济",一定程度上抑制了短期的消费需求。

第五,乡村旅游供给结构的震动。疫情后乡村旅游产业链出现断裂和休眠现象,乡村旅游产品供给通道也会出现紧张局面,乡村旅游目的地的业态联系的弱化在短期内不会改变。

总体来看,受疫情影响,乡村旅游的产品供给、消费市场和产业结构等都会有所改变,这些对乡村旅游目的地的可持续发展和乡村旅游目的地村民自治机制的创新都会产生深远的影响。

三、常态化疫情防控下村民参与乡村旅游可持续发展路径[①]

(一)建立和完善乡村社区制度建设,打造"网络化"乡村

一方面,加强乡村管理的制度建设。建立有效的乡村社区疫情预警机

---

① 本部分内容原题为"后疫情时代我国乡村旅游服务管理机制创新的思考",2020 年 2 月 28 日发表于《小康》中国小康网,作者:王婉飞、闫玮。

制,实现应对疫情或灾害等危机的组织保障。充分发挥乡村领导组织机构和党员干部的功能和职责,联合组建应急处理委员会或成立专项领导工作组,以作突发危机的应对机构;建立有效的乡村社区应急保障机制,通过疫情的应对工作,更好地形成能够有效应对公共危机的成熟经验和方案,做好未雨绸缪。另一方面,加强乡村旅游信息化建设。在利用乡村传统的信息通报系统的同时,积极引入先进的通信工具和设备,充分利用大数据技术,借助移动设备终端,以户为单位实施大数据动态管理,打造"5G乡村""大数据乡村"的乡村旅游可持续发展管理架构。通过网络化管理格局和信息化管理模式的构建,利用有线和无线的网络设施、社会媒体和各类数据终端进行乡村全方位的覆盖,真正消除疫情与危机管理过程中的"信息孤岛",使乡村管理与自治更有针对性和科学性。

（二）建立和强化乡村旅游服务模式,打造"服务化"乡村

疫情来袭,对于乡村旅游传统服务模式是一个不小的冲击,需要乡村旅游目的地进行经营模式和服务模式的"倒逼式"改革。乡村旅游的可持续发展依赖乡村旅游目的地所提供的优质服务产品,优质乡村旅游服务产品的提供又依赖乡村村民和乡村旅游经营者的服务管理能力。疫情后,乡村旅游目的地的乡村旅游服务提供应改变过于传统化形式的展示,要积极适应当下乡村旅游消费者的消费需求升级。

一方面,要将传统服务供给进行"标准化、个性化、流程化、卫生化"的包装,实现乡村旅游服务供给产品向标准化和个性化定制服务提升,乡村旅游服务供给从业余型向专业型提升。乡村旅游目的地可针对当下消费需求趋势,积极展开乡村村民的经营意识和服务意识的培训,推动乡村村民生产生活方式和服务方式的创新,如实施公筷公勺取餐的卫生习惯,做到"提高自我、健康他人"的完美服务。另一方面,明确疫情后消费者将更加重视健康和养生的消费趋势,对现有乡村民宿粗放式的经营模式进行改革,实现乡村旅游"姓农、姓小、姓土"的健康范式,杜绝乡村旅游"要野味、有野味、是野味"的不良行为,更好地推动绿色和健康的生活理念深入乡村社会生活之中,为疫情后更好地满足乡村旅游市场需求打下良好的基础。

（三）营造和改善乡村旅游消费环境,打造"生态化"乡村

疫情发生后,消费者心理阴影会一定程度影响乡村旅游目的地的有效恢复。为了帮助乡村旅游消费者、乡村旅游经营者和乡村村民等相关利益群体建立良好的消费预期和坚定的消费信心及经营信心,需要从供给侧的

角度营造乡村旅游消费环境。通过改善乡村旅游消费环境,满足乡村旅游消费者的需求,增强乡村旅游经营者的信心,树立乡村村民的发展希望。一方面,通过乡村旅游消费环境的改善,进一步完善旅游服务的硬件设施、优化旅游服务的软件要素,营造"生态、健康、绿色、卫生"的优良乡村旅游目的地环境;另一方面,应积极引导村民参与到乡村旅游消费环境的营建,乡村旅游目的地做到"全人员、全流程、全要素"的管理创新。

例如,乡村旅游目的地对所属景区和度假区进行全面的社区卫生管理,重点进行"卫生、康养、文旅"相协调的乡村旅游建设,展示生态、文明健康的独特乡村文化旅游目的地形象,以吸引消费者、刺激乡村旅游消费需求。乡村旅游目的地对当地民宿和饭店、农家乐休闲娱乐场所、土特产销售等实行产品公示,对于餐饮原材料的采供、卫生公示监管,对于餐饮产品的操作提倡卫生化、透明化、可视化,以消除消费者的不良预期。

(四)构建和完善本地化的供给体系,打造"共生化"乡村

一方面,乡村旅游目的地应更加注重改善与多业态的可持续发展关系,建立更加紧密的"乡村旅游利益共同体"。在乡村发展过程中通过创新的、开放的引入机制,更好地变现乡村现有资源价值,提高村民现实福利待遇,实现乡村旅游发展过程以乡村资源产权为核心、以乡村旅游产业为载体、以旅游效益为动力的参与机制的构建,更好地带动和加强乡村村民与相关利益者的共同参与,建立一个强大的疫情危机后"利益共同体",实现在疫情后"抱团"突围和发展。具体可以乡村旅游为龙头,带动本地的农业等相关企业发展,利用疫情期间农民工居家时间较长的便利条件,引导和推动其加入乡村本地的产业网络,帮助其更好地"返乡、驻乡",让其真实感受到在家乡工作的幸福,增强乡村社区群体的归属感、幸福感、使命感。

另一方面,乡村旅游目的地应更加注重改善与多业态的可持续发展关系,建立更加紧密的"乡村旅游生态共同体"。随着疫情的发展,乡村旅游产品的卫生与健康标准会更加提高,在减少人员接触的情况下,乡村旅游目的地内部应进行互动的改进和资源的重新配置。在精准扶贫的基础上,建立保障村民经济收入的有效渠道,提高乡村旅游目的地村民经营户的有关农副特产品的达标生产和配送能力;建立乡村村民疫情后对外"农超对接""农商对接"机制,将保质保量的乡村产品输入城市;乡村村民在疫情后对内采取"农农联合""农点联合"措施,紧密联系当地酒店、民宿及旅游商店和超市,提供可溯源的健康农产品。着力加强对农村特有的"生产、生活、生态"

功能的内涵式挖掘,建立疫情后乡村村民从生活到生产、从生产到生态的全面提升,努力打造乡村旅游目的地的全生态产业链。

(五)加强和创新乡村旅游营销模式,打造"互动式"乡村

乡村组织要面对此次疫情危机,开展乡村旅游目的地营销管理模式的创新。对于乡村旅游目的地,当地政府应组织村民积极开展良好的公关和营销模式的创新,树立乡村旅游目的地企业良好的社会形象和公共关系,以便为疫情过后尽快恢复和发展奠定良好的基础。乡村旅游目的地要推出有成效的、正能量的社会公关,如四川冕宁县、阆中市及浙江台州所有 A 级景区等,2020 年免费向抗疫一线医护工作者开放的优惠政策等。乡村旅游目的地要借助大数据做出预判,对可能的消费群体进行网络预售,提前做好营销策划,做到有的放矢。乡村旅游也可充分借助 5G 技术,通过"抖音"等多种新兴媒体进行"互动式"直播和体验等,以便更好地分时段、分空间进行精准营销。

第六节　本章小结

目前各地不少乡村旅游开发项目仍缺乏特色,同质化现象严重,造成投入产出比较低,甚至影响了乡村原有的生态和文化。这些问题背后一个重要的原因是当地政府对于社会资本进入乡村旅游产业开发的风险认识不足、评估不足、管理不足,导致乡村旅游开发后项目运营风险的加剧,及其影响效益的扩散。鉴于此,有必要对乡村旅游发展的风险问题进行较好分析、评估和把控,从而厘清乡村旅游发展相关个体的关系、权益和职责,试着建立应对有关风险的良性制约机制和管理机制,以保证乡村旅游健康、持续发展,保障乡村旅游发展相关利益群体的必要权益。

第一,危机后乡村旅游可持续发展中的村民自治制度创新与构建,有赖于外围乡村治理的政治制度健全和完善,也得益于乡村旅游产业发展的红利示范与释放,更来自乡村旅游主体自治与参与的主动性诉求。笔者认为,制度创新机制应着重从三个方面思考:建立预警机制、建立联动机制、建立帮扶机制。构建村民自治制度的创新制度机制,站在乡村村民的视角更好地做好乡村社会的危机管理和危机应对工作。第二,面对危机,应建立和完善乡村村民参与乡村旅游的危机管理保障措施。建立和完善民间组织与社

区居民的应急管理制度;扎实落实联动机制,构建应对危机防护网;做好村民的危机教育和对困难主体的帮扶工作。第三,常态化疫情防控下村民参与乡村旅游开发应更加注重资源整理和管理的优化。明确常态化疫情防控下乡村旅游目的地发展有新机遇也有新挑战;常态化疫情防控下应建立和完善乡村社区制度建设,打造"网络化"乡村;建立和强化乡村旅游服务模式,打造"服务化"乡村;营造和改善乡村旅游消费环境,打造"生态化"乡村;构建和完善本地化的供给体系,打造"共生化"乡村;加强和创新乡村旅游营销模式,打造"互动式"乡村。

参考文献

[1] 安传艳,李同昇,翟洲燕,等.1992—2016 年中国乡村旅游研究特征与趋势——基于 Cite Space 知识图谱分析[J].地理科学进展,2018(9):1120-1186.

[2] 白恩来,赵玉林.战略性新兴产业发展的政策支持机制研究[J].科学学研究,2018(3):425-434.

[3] 白恩来.构建地方创新体系的财政政策研究[J].财经理论研究,2017(1):74-80.

[4] 薄茜.博弈视角下的乡村旅游利益相关者研究[D].沈阳:沈阳师范大学,2012.

[5] 保继刚,孙九霞.社区参与旅游发展的中西差异[J].地理学报,2006(4):401-413.

[6] 保继刚,孙九霞.雨崩村社区旅游:社区参与方式及其增权意义[J].旅游论坛,2008(1):58-65.

[7] 边燕杰,丘海雄.企业的社会资本及其功效[J].中国社会科学,2000(2):87-99.

[8] 财政部,国家旅游局.旅游发展基金补助地方项目资金管理办法[Z].2018-08-08.

[9] 财政部,文化部.国家非物质文化遗产保护专项资金管理办法[Z].2012-05-04.

[10] 蔡碧凡,陶卓民,郎富平.乡村旅游社区参与模式比较研究——以浙江省三个村落为例[J].商业研究,2013(10):191-196.

[11] 蔡克信,杨红,马作珍莫.乡村旅游:实现乡村振兴战略的一种路径选择[J].农村经济,2018(9):22-27.

[12] 蔡萌,汪宇明.低碳旅游:一种新的旅游发展方式[J].旅游学刊,2010

(1):13-17.

[13] 蔡文成.基层党组织与乡村治理现代化:基于乡村振兴战略的分析[J].理论与改革,2018(3):62-71.

[14] 蔡文娟.莆田市西天尾镇休闲农业发展的对策研究[D].福州:福建农林大学,2011.

[15] 曹世燕.我国农村特色旅游品牌建设的问题与对策[J].农业经济,2018(3):137-138.

[16] 曾博伟.新时期旅游政策优化的思路和方向[J].旅游学刊,2015(8):2-4.

[17] 陈慈,孙素芬.中国农业农村发展七十年:成就、经验与展望——中国农业经济学会第十次会员代表大会暨2019年学术研讨会综述[J].农业经济问题,2020(1):137-142.

[18] 陈辉.汉中休闲观光农业发展研究[D].咸阳:西北农林科技大学,2010.

[19] 陈洪杰.浙江小微融资调查 莫干山上的"民宿乐",以前从未有[EB/OL].(2019-08-25)[2019-08-27].https://m.yicai.com/news/100307060.html.

[20] 陈海鹰,曾小红.利益相关者视角的乡村生态旅游社区参与模式探讨——以海口龙鳞村为例[J].广东农业科学,2011(14):157-160.

[21] 陈佳,张丽琼,杨新军,等.乡村旅游开发对农户生计和社区旅游效应的影响——旅游开发模式视角的案例实证[J].地理研究,2017(9):1709-1724.

[22] 陈佳娜,李伟.特色乡村型旅游景区社区参与模式研究——以西双版纳傣族园景区为例[J].西昌学院学报(自然科学版),2011(4):66-68.

[23] 陈娟,刘阳,车慧颖.增权理论视域下海岛社区参与旅游研究——以青岛市海岛社区为例[J].中国渔业经济.2012(4):110-117.

[24] 陈利军.论村民自治进程中主体公共参与的实现[J].求索,2007(11):75-76.

[25] 陈林婧,陈郁青.利益相关者视角的扶贫旅游村民参与模式探讨——以永泰县赤水村为例[J].农村经济与科技,30(7):86-90.

[26] 陈剩勇.村民自治何去何从——对中国农村基层民主发展现状的观察和思考[J].学术界,2009(1):42-50.

[27] 陈文胜.乡村振兴的资本、土地与制度逻辑[J].华中师范大学学报(人文社会科学版),2019(1):8-11.

[28] 陈锡文.实施乡村振兴战略,推进农业农村现代化[J].中国农业大学学报(社会科学版),2018(1):5-12.

[29] 陈向军,徐鹏皇.村民自治中村民政治参与探讨——基于利益与利益机制的视角[J].宁夏社会科学,2014(1):9-14.

[30] 陈秀琼,黄金火.略论生态旅游开发中的社区参与[J].华侨大学学报,2003(3):56.

[31] 陈晏清,王新生.市民社会观念的当代演变及其意义[J].南开学报,2001(6):29-37.

[32] 陈永昶,姜财辉.中国乡村度假旅游开发研究[J].山东师范大学学报,2006(6):88-90.

[33] 陈志永,李乐京,李天翼.郎德苗寨社区旅游:组织演进、制度建构及其增权意义[J].旅游学刊,2013(6):75-86.

[34] 陈志永,杨桂华.民族贫困地区旅游资源富集区社区主导旅游发展模式的路径选择——以云南梅里雪山雨崩藏族社区为个案研究[J].黑龙江民族丛刊,2009(2):52-63.

[35] 陈梓楠.乡村旅游扶贫激励机制建设研究[J].农业经济,2018(10):109-110.

[36] 崔凤军,许峰,何佳梅.区域旅游可持续发展评价指标体系的初步研究[J].旅游学刊,1999(4):42-45.

[37] 崔佳春,陈兴,张国平.我国乡村旅游人力资本投资主体研究——以四川通江县王坪村为例[J].资源开发与市场,2014(7):894-896.

[38] 代则光,洪名勇.社区参与乡村旅游利益相关者分析[J].经济与管理,2009(11):27-32.

[39] 代则光,洪名勇.社区参与乡村旅游中居民行为的博弈分析[J].贵州农业科学,2009(9):261-264.

[40] 戴振.基于文化消费的袁家村旅游商业空间生长模式研究[D].西安:西安建筑科技大学,2017.

[41] 戴宏伟.对我国贫困地区"旅游脱贫"的思考——兼析美国的相关经验及启示[J].西北师范大学学报(社会科学版),2017(2):13-19.

[42] 丁晓燕,孔静芬.乡村旅游发展的国际经验及启示[J].经济纵横,2019

(4):79-85.

[43] 杜江,向萍.关于乡村旅游可持续发展的思考[J].旅游学刊,1999(1):15-18,73.

[44] 杜书云,徐景霞.内源式发展视角下失地农民可持续生计困境及破解机制研究[J].经济学家,2016(7):76-83.

[45] 杜宗斌,苏勤,姜辽.社区参与对旅游地居民社区归属感的中介效应——以浙江安吉为例[J].地理科学,2012(3):329-335.

[46] 杜总斌,苏勤.乡村旅游的社区参与、居民旅游影响感知与社区归属感的关系研究——以浙江安吉乡村旅游地为例[J].旅游学刊,2011(11),65-70.

[47] 段会利.结合日本经验论我国乡村观光旅游产业的发展策略[J].农业经济,2017(9):35-37.

[48] 范斌.关于弱势群体社会资本缺失问题的若干思考[J].华东理工大学学报(社会科学版),2004(4):6-10.

[49] 范雯雯,陈东田.体验视角下的乡村规划策略研究——以山东省中郝峪村为例[C]//.共享与品质——2018中国城市规划年会论文集(18乡村规划),2018:857-867.

[50] 方忠.基于发达国家经验的中国乡村旅游发展策略研究[J].世界农业,2016(3):172-175.

[51] 冯仁.村民自治走进了死胡同[J].理论与改革,2011(1):134-136.

[52] 弗雷德里希·奥古斯特·哈耶克.自由宪章[M].北京:中国社会科学出版社,1999.

[53] 弗雷德里克·赫茨伯格.赫茨伯格的双因素理论[M].北京:中国人民大学出版社,2016.

[54] 付秋梅,何玲玲.驱动力与阻滞力:乡贤回归参与乡村治理的作用分析[J].海南师范大学学报(社会科学版),2019(6):47-52.

[55] 盖媛瑾,陈志永,等.民族村寨景区化发展中自组织模式及其优化研究——贵州郎德苗寨的案例[J].黑龙江民族丛刊,2016(6):56-71.

[56] 高其才,池建华.改革开放40年来中国特色乡村治理体制:历程·特质·展望[J].学术交流,2018(11):66-77.

[57] 顾海峰.区域性产业结构演进中的金融支持政策——以苏州市为例[J].经济地理,2010(5):790-794.

[58] 顾林生.国外基层灾害应急管理的机制评析[J].中国减灾,2007(6):30-35.

[59] 关浩杰.乡村振兴战略的内涵、思路与政策取向[J].农业经济,2018(2):3-5.

[60] 郭安禧,王松茂,李海军,等.居民旅游影响感知对支持旅游开发影响机制研究——社区满意和社区认同的中介作用[J].旅游学刊,2020(6):96-108.

[61] 郭风华,王琨,张建立,等.成都"五朵金花"乡村旅游地形象认知——基于博客游记文本的分析[J].旅游学刊,2015(4):84-94.

[62] 郭华.增权理论视角下的乡村旅游社区发展——以江西婺源李坑村为例[J].农村经济,2012(3):47-51.

[63] 郭凌,周荣华,耿宝江.社区增权:实现乡村旅游社区参与的路径思考[J].农业经济,2012(8):45-46.

[64] 郭蔓.乡村旅游管理中基层政府行为研究[J].农业经济,2020(2):56-57.

[65] 郭文.乡村居民参与旅游开发的轮流制模式及社区增权效能研究——云南香格里拉雨崩社区个案[J].旅游学刊,2010(3):76-83.

[66] 国家发展改革委会同农业农村部、工业和信息化部、财政部、自然资源部、商务部、文化和旅游部.国家农村产业融合发展示范园认定管理办法(试行)[Z].2018-03-22.

[67] 国土资源部,住房和城乡建设部,国家旅游局.关于支持旅游业发展用地政策的意见[Z].2015-11-25.

[68] 国务院办公厅.关于促进全域旅游发展的指导意见[Z].2018-03-22.

[69] 国务院办公厅.关于支持贫困县开展统筹整合使用财政涉农资金试点的意见[Z].2016-04-22.

[70] 韩俊.关于实施乡村振兴战略的八个关键性问题[J].中国党政干部论坛,2018(4):23.

[71] 韩瑞波."片区自治":村民自治有效实现形式的新探索[J].探索,2020(1):154-165.

[72] 韩垚,杨晗.基于激励理论的乡村旅游相关主体利益保障机制构建[J].全国商情,2016(12):78-79.

[73] 汉思.美国乡村旅游发展经验对我国的启示[J].农业经济,2018(5):

143-144.

[74] 何景明,李立华.关于"乡村旅游"概念的探讨[J].西南师范大学学报
（人文社会科学版）,2002(5):125-128.

[75] 何喜刚,高亚芳.新农村建设视角下甘肃乡村旅游社区参与模式研究
[J].开发研究,2009(6):101-104.

[76] 何艳琳,耿红莉.论政府在乡村旅游产业组织模式中的作用[J].商业经
济研究,2012(5):119-122.

[77] 贺雪峰.关于实施乡村振兴战略的几个问题[J].南京农业大学学报
（社会科学版）2018(3):19-26.

[78] 贺雪峰.谁的乡村建设——乡村振兴战略的实施前提[J].探索与争鸣,
2017(12):71-76.

[79] 胡北明,张美晨.我国社区旅游增权理论框架及模式构建研究——基于
西方旅游增权理论研究评述[J].四川理工学院学报（社会科学版）,
2019(1):87-100.

[80] 胡志毅,张兆干.社区参与和旅游业可持续发展[J].人文地理,2002
(2):38-41.

[81] 黄芳.传统民居旅游开发中居民参与问题思考[J].旅游学刊,2002(5):
54-57.

[82] 黄高智.教育、文化和内源发展:远东传统教育与西方现代教育的哲学
比较[C]//联合国教科文组织.内源发展战略.北京:社会科学文献出
版社,1988.

[83] 黄璜.浙江省发展乡村旅游的经验与启示[J].安徽农业科学,2011
(21):13023-13025,13079.

[84] 黄璜.浙江乡村旅游发展模式研究[J].广东农业科学,2011(11):187-
189,213.

[85] 黄军杰.浙江后进地区乡村"内生式发展"新范式的探索——以丽水市
三个乡村旅游业的发展为例[J].湖州师范学院学报,2017(5):22-27.

[86] 黄晓晓.历史文化古镇保护和开发中的政府作用研究[D].福州:福建
农林大学,2015.

[87] 黄娅.少数民族传统民艺开发中的"社区增权"研究[J].贵州民族研究,
2010(4):31-38.

[88] 黄震方,陆林,苏勤,等.新型城镇化背景下的乡村旅游发展——理论

反思与困境突破[J].地理研究,2015(8):5-17.

[89] 黄子璇.基于社区参与视角的乡村旅游转型升级研究——以成都三圣花乡"五朵金花"为例[J].广西经济管理干部学院学报,2017(4):75-79,97.

[90] 黄祖辉.准确把握中国乡村振兴战略[J].中国农村经济,2018(4):2-12.

[91] 贾生华,陈宏辉.利益相关者的界定方法述评[J].外国经济与管理,2002(5):13-18.

[92] 骞姣.发展乡村旅游对乡村生态环境影响研究[J].环境科学与管理,2017(12):142-145.

[93] 姜方炳."乡贤回归":城乡循环修复与精英结构再造——以改革开放40年的城乡关系变迁为分析背景[J].浙江社会科学,2018(10):71-78.

[94] 蒋永穆.基于社会主要矛盾变化的乡村振兴战略:内涵及路径[J].社会科学辑刊,2018(2):15-21.

[95] 金颖若,周玲强.东西部比较视野下的乡村旅游发展研究[M].北京:中国社会科学出版社,2011.

[96] 卡罗尔·佩特曼.参与和民主理论[M].陈尧,译.上海:上海人民出版社,2006.

[97] 蒯兴望.农村社区参与乡村旅游发展模式研究[J].农业经济,2016(3):75-76.

[98] 郎富平,杨眉.社区居民对乡村旅游的态度感知分析[J].中国农村经济,2006(11):68-74.

[99] 雷鸣,潘勇辉.日本乡村旅游的运行机制及其启示[J].农业经济问题,2008(12):99-103.

[100] 雷叙川,赵海堂.中国公众的社会资本与政治信任——基于信任、规范和网络视角的实证分析[J].西南交通大学学报(社会科学版),2017(2):1-10.

[101] 黎洁.西部生态旅游发展中农村社区就业与旅游收入分配的实证研究——以陕西太白山国家公园周边农村社区为例[J].旅游学刊,2005(3):21-23.

[102] 李彬彬,米增渝,张正河.休闲农业对农村经济发展贡献及影响机制——以全国休闲农业与乡村旅游示范县为例[J].经济地理,2020

(2):154-162.

[103] 李东和,叶晴,肖舒羽.区域旅游业发展中目的地居民参与问题研究[J].人文地理,2004(3):84-88.

[104] 李风,刘波.德清:巧借山水建"坡地村镇"[J].中国土地,2016(11):55-56.

[105] 李国庆.社区参与背景下乡村旅游利益协调机制探究[J].农业经济,2018(3):119-120.

[106] 李泓波,邓淑红,郭茜.乡村旅游驱动乡村振兴的现实路径探讨——以陕西省袁家村为例[J].辽宁农业科学,2020(1):63-67.

[107] 李娟莉.试论乡村旅游开发的居民权益保障[J].甘肃农业,2006(7):25.

[108] 李康.让村民成为乡村旅游的主人[EB/OL].(2019-06-05)[2020-02-17].http://www.ce.cn/xwzx/gnsz/gdxw/201906/05/t20190605_32277685.shtml.

[109] 李岚.乡村旅游与农村生态环境良性互动机制的构建[J].农业经济,2013(4):51-52.

[110] 李乐京.民族村寨旅游开发中的利益冲突及协调机制研究[J].生态经济,2013(11):95-98,122.

[111] 李梅,姜岩.关于乡村治理中村民自治问题的研究[J].中国集体经济,2019(12):9-10.

[112] 李蓬.新时期村民自治中农民政治参与状况研究[J].西北农林科技大学学报(社会科学版),2010(4):1-8.

[113] 李巧莎.日本乡村旅游模式探索及案例分析[J].现代日本经济,2020(2):72-80.

[114] 李琴,熊启泉,孙良媛.利益主体博弈与农村公共品供给的困境[J].农业经济问题,2005(4):34-35.

[115] 李叔君,李明华.社区协同治理:生态文明建设的路径与机制探析——以浙江安吉县为例[J].前沿,2011(8):188-190.

[116] 李树民,温秀.论我国旅游业突发性危机预警机制建构[J].西北大学学报(哲学社会科学版),2004(5):45-48.

[117] 李树民.浅论我国现阶段旅游产业政策转型[J].旅游学刊,2015(8):1-2.

[118] 李松有.群众参与视角下中国农村村民自治基本单元的选择[J].东南学术,2017(6):57-64.

[119] 李维安.现代公司治理研究[M].北京:中国人民大学出版社,2002.

[120] 李文龙,林海英,金桩.社会资本可利用度及其影响因素研究——来自内蒙古农牧民的经验发现[J].经济研究,2019(12):134-149.

[121] 李晓鹏.论"村民自治"的转型和"乡—村"关系的重塑[J].社会主义研究,2016(6):101-106.

[122] 李洋,王辉.利益相关者理论的动态发展与启示[J].现代财经,2004,24(7):32-35.

[123] 李玉新,靳乐山.乡村旅游生态足迹结构与特征研究——以北京市延庆县柳沟村为例[J].资源开发与市场,2014(9):1147-1152.

[124] 李长健.农业补贴制度体系化建构逻辑的法理分析——基于利益与利益机制的视角[J].上海财经大学学报,2011(4):17-24.

[125] 李志龙.乡村振兴—乡村旅游系统耦合机制与协调发展研究——以湖南凤凰县为例[J].地理研究,2019(3):643-654.

[126] 李祖佩,曹晋.精英俘获与基层治理:基于我国中部某村的实证考察[J].探索,2012(5):187-192.

[127] 李左人.发展四川乡村旅游的新思路[J].理论与改革,2001(1):32-34.

[128] 廖彩荣,陈美球.乡村振兴战略的理论逻辑、科学内涵与实现路径[J].农林经济管理学报,2017(6):795-802.

[129] 林海丽.英国农业休闲旅游发展的经验与启示[J].世界农业,2016(4):130-134.

[130] 林晓娜,王浩,李华忠.乡村振兴战略视角下乡村休闲旅游研究:村民参与、影响感知及社区归属感[J].东南学术,2019(2):108-116.

[131] 林源源.国外农业旅游的运行经验及启示[J].农业经济问题,2009(12):101-103.

[132] 刘伯初,罗小龙.古村落遗产可持续开发利用模式探研——以南京江宁区杨柳村为例[J].中国农史,2014(4):130-136.

[133] 刘传喜,唐代剑.乡村旅游新业态的族裔经济现象及其形成机理——以浙江德清地区为例[J].经济地理,2015(11):190-197.

[134] 刘德秀,秦远好.旅游地居民对旅游影响的感知与态度——以重庆南

川区金佛山为例［J］．西南大学学报（社会科学版），2008（4）：133-138.

［135］刘合光.乡村振兴战略的关键点、发展路径与风险规避［J］.新疆师范大学学报（哲学社会科学版），2018（3）：25-33.

［136］刘红，朱明远，徐力.乡村旅游"公司＋农户"模式的演化博弈分析［J］.经济论坛，2017（1）：102-106，129.

［137］刘红岩，张庆召.乡村治理模式的新近探索创新与政策蕴涵［J］.中国发展观察，2019（23）：68-69.

［138］刘静佳.论民族地区乡村参与旅游发展的路径选择［J］.云南民族大学学报（哲学社会科学版），2018（4）：75-80.

［139］刘美新，蔡晓梅，麻国庆.乡村民宿"家"的生产过程与权力博弈：广东惠州上良村案例［J］.地理科学，2019（12）：1884-1893.

［140］刘宁宁.国际乡村旅游创新发展经验对我国的启示［J］.农业经济，2017（3）：58-60.

［141］刘同君，王蕾.论新乡贤在新时代乡村治理中的角色功能［J］.学习与探索，2019（11）：47-52.

［142］刘纬华.关于社区参与旅游发展的若干理论思考［J］.旅游学刊，2000（1）：47-52.

［143］刘彦随，乔陆印.中国新型城镇化背景下耕地保护制度与政策创新［J］.经济地理，2014（4）：1-6.

［144］刘燕峰，黄军杰.社区参与乡村旅游发展模式及启示——以浙江省遂昌县"公社模式"为例［J］.温州职业技术学院学报，2019（1）：43-47.

［145］刘英杰.乡村旅游发展中的政府行为分析［J］.中外企业家，2015（3）：37.

［146］娄在凤.法国乡村休闲旅游发展的背景、特征及经验［J］.世界农业，2015（5）：147-150.

［147］鲁明勇，彭延炼.我国旅游研究应用博弈论的现状及问题［J］.科技和产业，2006（8）：66-69.

［148］鲁澎.高碑店国际民俗旅游文化村的兴起［J］.北京第二外国语学院学报，2006（1）：107-110.

［149］陆明华，顾至欣.新区划调整下南京休闲农业旅游社区参与模式研究［J］.美与时代（城市版），2015（9）：80-81.

[150] 罗必良. 明确发展思路,实施乡村振兴战略[J]. 南方经济,2017(10):8-11.

[151] 罗强强. 村民自治背景下的农民政治参与——以宁夏西吉县单家集回族农民为例[J]. 宁夏大学学报(人文社会科学版),2006(1):79-83.

[152] 罗永常. 乡村旅游社区参与研究——以黔东南苗族侗族自治州雷山县郎德村为例[J]. 贵州师范大学学报(自然科学版),2005(4):112-115.

[153] 罗章. 民族乡村旅游开发中三组博弈关系及其博弈改善——以贵州省XJ苗寨为例[J]. 社会科学家,2015(1):83-89.

[154] 吕龙,黄震方,李东晔. 乡村文化记忆资源的"文—旅"协同评价模型与应用——以苏州金庭镇为例[J]. 自然资源学报,2020(7):1570-1585.

[155] 马波. 乡村的力量,乡民的立场[J]. 旅游学刊,2011(10):5-6.

[156] 马晓龙,陈泠静,尹平,等. 政府在推动乡村旅游投资中的作用:基于动态博弈的分析[J]. 旅游科学,2020(3):19-31.

[157] 马勇,赵蕾,宋鸿,等. 中国乡村旅游发展路径及模式——以成都乡村旅游发展模式为例[J]. 经济地理,2007(2):336-339.

[158] 梅赐琪,汪笑男,廖露,等. 政策试点的特征:基于《人民日报》1992—2003年试点报道的研究[J]. 公共行政评论,2015(3):8-24.

[159] 梅燕. 论现代乡村景观旅游开发[J]. 农村经济,2003(10):53-54.

[160] 穆传蕾,戚迪明. 政策支持与返乡农民工创业:综述与展望[J]. 经济研究导刊,2018(18):167-168.

[161] 牛文元. 中国可持续发展的理论与实践[J]. 中国科学院院刊,2012(3):280-289.

[162] 农业部办公厅,中国农业发展银行办公室. 关于政策性金融支持农村一二三产业融合发展的通知[Z]. 2017-06-01.

[163] 潘利红,欧阳惠结. 村民政治参与度低的成因及解决对策——以顺德一农村"村民自治"情况的实地调查为例[J]. 学术交流,2003(8):28-32.

[164] 潘萍. 村民自治制度中的农村妇女参与[J]. 妇女研究论丛,2008(1):10-14.

[165] 彭华. 汕头城市旅游持续发展驱动机制研究[J]. 地理学与国土研究,1999(3):75-81.

[166] 彭敏,付华. 中国乡村社区参与旅游开发研究[J]. 中国农学通报,2007

(1):172-175.

[167] 彭如月,段雅雯,朱冬群,等.乡村振兴战略背景下乡村旅游的社区参与机制模式研究——基于利益相关者理论[J].内江科技,2019(4):8-9.

[168] 彭泽军.云南藏区旅游开发中的社区居民参与考察——以雨崩、洛茸藏族村为例[J].贵州民族研究,2017(9):182-185.

[169] 蒲实.加快构建中国特色乡村治理体系[EB/OL].(2019-10-14)[2020-02-17].https://baijianhao.baidu.com/s? id=1647327207561140117&wfr=spider&for=pc.

[170] 普荣,白海霞.生态敏感旅游地和旅游者互动影响与协调——以梅里雪山雨崩村为例[J].地域研究与开发,2012(3):121-125.

[171] 秦红霞.乡村社区参与乡村旅游发展的初步研究[D].兰州:西北师范大学,2007.

[172] 沙勇忠,刘海娟.美国减灾型社区建设及对我国应急管理的启示[J].兰州大学学报(社会科学版),2010(2):72-79.

[173] 山丘.美国的社区应急管理[J].现代人才,2008(4):56-57.

[174] 沈荣华.城市应急管理模式创新:中国面临的挑战、现状和选择[J].学习论坛,2006(1):48-51.

[175] 盛丹萍.浅析日本乡村旅游发展成功经验及其借鉴[J].农业经济,2017(8):126-127.

[176] 石金莲,崔越,黄先开.美国乡村旅游发展经验对北京的启示[J].中国农业大学学报,2015(5):289-296.

[177] 石眉语,昌广东.论新型农业产业化系统——以成都"五朵金花"为例[J].中国经贸导刊,2009(21):85.

[178] 石云萍.乡村旅游发展中基层政府行为研究[D].福州:福建农林大学,2015.

[179] 时少华.社区居民参与旅游发展的问题及体制性影响因素研究——一个社区主导型旅游村落的视角[J].中国发展,2011(5):57-61.

[180] 时少华.乡村旅游社区参与中的权力结构、运作策略及其影响研究:以京郊BS村景区并购事件为例[J].北京第二外国语学院学报,2012(11):73-83.

[181] 史玉丁,李建军.过度旅游:乡村社会的现实挑战与治理创新[J].商业

研究,2019(8):9-13.

[182] 舒川根.文化创意与新农村建设的有机结合——以安吉县创建"中国美丽乡村"为例[J].浙江社会科学,2010(7):120-122.

[183] 宋淳.基于文献计量的可持续农业问题研究态势分析[J].农业经济,2016(6):21-22.

[184] 宋章海,马顺卫.社区参与乡村旅游发展的理论思考[J].山地农业生物学报,2004(5):31.

[185] 苏飞,王中华.乡村振兴视域下的中国乡村旅游——发展模式、动力机制与国际经验借鉴[J].世界农业,2020(2):115-119,127.

[186] 孙凤娟,秦兴方.中国特色乡村发展动力结构研究:历史变迁、存在问题及重构[J].现代经济探讨,2020(8):119-124.

[187] 孙九霞,黄凯洁.乡村文化精英对旅游发展话语的响应——基于安顺屯堡周官村的研究[J].西南民族大学学报(人文社会科学版),2019(3):27-33.

[188] 孙九霞.守土与乡村社区旅游参与[J].思想战线,2006(5):59-64.

[189] 谭芳丽.社区参与理论视角下的乡村旅游开发模式构建研究[J].中小企业管理与科技(中旬刊),2014(5):166-167.

[190] 唐兵,惠红.民族地区原住民参与旅游开发的法律赋权研究[J].旅游学刊,2014(7):39-46.

[191] 唐承财,钟林生,成升魁.我国低碳旅游的内涵及可持续发展策略研究[J].经济地理,2011(5):862-867.

[192] 唐鸣,胡建华.村民自治视域中农村民主管理制度的法理分析——一种与政府主导推进型法治国家建设路径中理性安排制度冲突的视角[J].理论探讨,2012(1):33-37.

[193] 唐咏.中国增权理论研究述评[J].社会科学家,2009(1):18-20.

[194] 陶玉霞.乡村旅游的概念体系构建[J].江西农业大学学报(社会科学版),2009(3):119-123.

[195] 汪超.村民自治:何以失落?以何落地?——以家户制传统为分析线索[J].东北师范大学学报(哲学社会科学版),2019(3):19-26.

[196] 王兵.从中外乡村旅游的现状对比看我国乡村旅游的未来[J].旅游学刊,1999(2):38-79.

[197] 王彩彩,徐虹.乡村旅游创业生态系统构建研究——以陕西省袁家村

为例[J].干旱区资源与环境,2019(12):201-208.

[198] 王春蕾,周霄.从人类学视角探讨区域旅游规划中的社区参与[J].规划师,2003(3):47.

[199] 王赐江.完善村民自治亟须构建保障群众参与权常设机制——青县"村代会常任制"与中牟县"家庭联户代表制"比较分析[J].东南学术,2009(4):40-45.

[200] 王俊拴.我国公民政治参与范式转换的新取向[J].陕西师范大学学报(社会科学版),1999(3):12-17.

[201] 王磊.乡村旅游重塑与再造——基于国际经验的思考[J].商业经济研究,2017(9):188-190.

[202] 王丽丽,李磊.梅里雪山雨崩藏族村旅游扶贫模式研究[J].重庆科技学院学报(社会科学版),2010(22):77-79.

[203] 王丽娜,宁丁,李文国.非物质文化遗产与乡村旅游融合发展研究——以抚顺新宾满族自治县为例[J].农业经济,2020(7):61-62.

[204] 王敏娴.乡村旅游社区参与机制研究[D].杭州:浙江大学,2005.

[205] 王宁.国外乡村旅游发展模式的比较研究[J].世界农业,2015(8):167-171.

[206] 王鹏飞,王瑞璠.行动者网络理论与农村空间商品化——以北京市麻峪房村乡村旅游为例[J].地理学报,2017(8):1408-1418.

[207] 王琼英,冯学刚.乡村旅游研究综述[J].北京第二外国语学院学报,2006(7):32-25.

[208] 王琼英.乡村旅游的社区参与模型及保障机制[J].农村经济,2006(11):85-88.

[209] 王汝辉,幸岭.少数民族村寨旅游开发模式变迁:来自新制度经济学的阐释——以四川理县桃坪羌寨为例[J].云南师范大学学报(哲学社会科学版).2009(3):128-133.

[210] 王婷.四川省乡村旅游资源空间结构优化研究[J].中国农业资源与区划,2016(7):232-236.

[211] 王婉飞,吴建兴,吴茂英.乡村旅游发展中地方政府生态管理的驱动因素研究[J].旅游学刊,2018(8):37-47.

[212] 王兴中,中国旅游资源开发模式与旅游区域可持续发展理念[J].地理科学,1997(3):218-223.

[213] 王云才,郭焕才.北京市郊区传统村落价值评价及可持续利用模式探讨——以北京市门头沟区传统村落的调查研究为例[J].地理科学,2006(6):735-742.

[214] 王云才.国际乡村旅游发展的政策经验与借鉴[J].旅游学刊,2002(4):45-50.

[215] 魏娜.我国城市社区治理模式:发展演变与制度创新[J].中国人民大学学报,2003(1):135-140.

[216] 温涛,朱炯,王小华.中国农贷的"精英俘获"机制:贫困县与非贫困县的分层比较[J].经济研究,2016(2):111-125.

[217] 温铁军,张俊娜,邱建生.国家安全以乡村善治为基础[J].党政视野,2016(4):45.

[218] 文化部,工业和信息化部,财政部.中国传统工艺振兴计划[Z].2018-04-26.

[219] 文化和旅游部,国务院扶贫办,中国农业发展银行.关于印发全国金融支持旅游扶贫重点项目推荐名单的通知[Z].2018-10-31.

[220] 文化和旅游部办公厅,中国农业银行办公室.关于金融支持全国乡村旅游重点村建设的通知[Z].2019-07-26.

[221] 文化和旅游部,等.关于促进乡村旅游可持续发展的指导意见[Z].2018-11-18.

[222] 文化和旅游部,财政部.关于在旅游领域推广政府和社会资本合作模式的指导意见[Z].2018-04-26.

[223] 文平,李璐芳,王晓欢.农村社区旅游发展中主要利益主体的分析研究[J].襄樊职业技术学院学报,2006(1):30-32.

[224] 翁时秀,彭华.权力关系对社区参与旅游发展的影响:以浙江省楠溪江芙蓉村为例[J].旅游学刊,2010(9):51-57.

[225] 吴兰卡.基于国际经验的我国乡村旅游的思路与措施研究[J].农业经济,2015(12):31-33.

[226] 吴巧红.后现代视角下的乡村旅游[J].旅游学刊,2014(8):7-9.

[227] 吴琼莉,郑四渭.国外乡村旅游研究及对我国的启示——基于我国乡村旅游发展现状的思考[J].中国物价,2007(12):58-61.

[228] 吴晓燕,赵普兵.回归与重塑:乡村振兴中的乡贤参与[J].理论探讨,2019(4):158-164.

[229] 吴云. 西方激励理论的历史演进及其启示[J]. 学习与探索,1996(6):88-93.

[230] 吴增慧. 成都催开新农村"五朵金花"[J]. 江苏农村经济,2008(6):69-70.

[231] 伍国春. 日本社区防灾减灾体制与应急能力建设模式[J]. 城市减灾,2010(2):16-20.

[232] 习近平. 决胜全面建成小康社会 夺取新时代中国特色社会主义伟大胜利——在中国共产党第十九次全国代表大会上的报告(2017 年 10 月 18 日)[N]. 人民日报,2017-10-28(1).

[233] 辛秋水. 谈中国村民自治的历史意义[J]. 中共福建省委党校学报,2008(1):21-24.

[234] 熊金银. 社区参与乡村旅游模式选择与优化[J]. 农业经济,2015(12):40-41.

[235] 熊凯. 乡村意象与乡村旅游开发刍议[J]. 地域研究与开发,1999(3):70-73.

[236] 徐林强,童逸璇. 各类资本投资乡村旅游的浙江实践[J]. 旅游学刊,2018(7):7-8.

[237] 徐燕. 中国乡村旅游发展中的社区参与模式研究[J]. 农业与技术,2011(5):69-72.

[238] 徐勇. 中国农村村民自治[M]. 武汉:华中师范大学出版社,1997.

[239] 许涛,张秋菊,赵连荣. 我国旅游可持续发展研究概述[J]. 干旱区资源与环境,2004(6):123-127.

[240] 许文炜,黄建云. 基于乡村环境意象的新农村景观规划设计探讨——以四川成都"五朵金花"观光休闲农业区为例[J]. 规划师,2010(5):36-39.

[241] 严海涛. 新农村建设视角下甘肃乡村旅游社区参与模式研究[J]. 旅游纵览(下半月),2014(12):190.

[242] 颜文华. 休闲农业与乡村旅游驱动乡村振兴的海外经验借鉴[J]. 中国农业资源与区划,2018(11):200-204,224.

[243] 杨光辉. 我国乡村生态旅游发展中的政府行为研究[J]. 中国农业资源与区划,2016(6):213-217.

[244] 杨晗. 乡村旅游发展中利益相关主体行为博弈分析与对策建议[J]. 中

华文化论坛,2017(7):136-142.

[245] 杨华.日本乡村旅游发展研究[J].世界农业,2015(7):158-161.

[246] 杨静.企业激励及其体系设计[J].企业改革与管理,2006(8):68-69.

[247] 杨丽君.英国乡村旅游发展的原因、特征及启示[J].世界农业,2014
(7):157-161.

[248] 杨琴,谢恒.乡村旅游业持续发展研究[M].成都:西南财经大学出版
社,2019.

[249] 杨瑞龙,周业安.论利益相关者合作逻辑下的企业共同治理机制[J].
中国工业经济,1998(1):38-45.

[250] 杨涛.城市社区参与的分类、组织结构及其有效性分析——以南京市
华侨路街道为例[J].河海大学学报,2012(3),34-38.

[251] 杨小英.对成都发展乡村旅游的思考[J].旅游学刊,2006(5):9-11.

[252] 杨旭.开发"乡村旅游"势在必行[J].旅游学刊,1992(2):38-61.

[253] 杨学儒,杨萍.乡村旅游创业机会识别实证研究[J].旅游学刊,2017
(2):89-103.

[254] 杨引弟.体验经济视域下西安浐灞生态区农业旅游产品开发研究[J].
中国农业资源与区划,2016(2):210-214.

[255] 姚国荣,范银苹.乡村旅游背景下社区参与研究述评[J].安徽师范大
学学报(自然科学版),2019(1):73-79.

[256] 叶银宁.乡村旅游社区参与模式分析[J].旅游纵览(行业版),2011
(3):59-60.

[257] 尹寿兵,郭强,刘云霞.旅游小企业成长路径及其驱动机制——以世
界文化遗产地宏村为例[J].地理研究,2018(12):2503-2516.

[258] 尤良富.经济发达地区农民参与乡村旅游开发意愿的影响因素分
析—— 以中山市为例[J].南方农村,2012(4):69-73.

[259] 于代松,魏勤.打造乡村旅游综合体 促进四川乡村旅游优化升级[J].
西部经济管理论坛,2015(3):40-43.

[260] 于建嵘.村民自治:价值和困境——兼论《中华人民共和国村民委员会
组织法》的修改[J].学习与探索,2010(4):73-76.

[261] 余意峰.社区主导型乡村旅游发展的博弈论——从个人理性到集体
理性[J].经济地理,2008(3):519-522.

[262] 袁勃.中共中央国务院关于实施乡村振兴战略的意见[N].人民日报,

2018-02-05(1).

[263] 臧成岳.突发公共事件应急响应机制研究——基于岷县漳县6.6级地震为例[D].兰州:兰州大学,2014.

[264] 詹姆斯.科尔曼著,邓方译.社会理论的基础[M].北京:社会科学文献出版社,1992.

[265] 张爱卿.论人类行为的动机——一种新的动机理论构理[J].华东师范大学学报(教育科学版),1996(1):71-80.

[266] 张超一,王余丁,刘峰.农村妇女参与村民自治的现状与影响因素分析——以河北省农村为例[J].广东农业科学,2009(11):274-277.

[267] 张浩.乡村旅游业发展中的政府职能转变研究——以扬州市邗江区瓜洲镇为例[D].南京:南京师范大学,2015.

[268] 张互助.略论社区林业与乡村旅游[J].林业与社会,2001(6):7-8.

[269] 张环宙,许欣,周永广.外国乡村旅游发展经验及对中国的借鉴[J].人文地理,2007(4):82-85.

[270] 张洁.文旅融合背景下乡村旅游扶贫模式构建研究[J].农业经济,2020(8):74-75.

[271] 张进伟.国内外农业旅游产品开发模式比较研究[J].世界农业,2015(11):192-194.

[272] 张善峰.乡村文化在乡村旅游规划中的表达[J].上海农业学报,2008(2):127-130.

[273] 张维平.关于突发公共事件和预警机制[J].兰州学刊,2006(3):156-161.

[274] 张潇,周建霞,鞠明明.河北省乡村旅游经营模式和利益分配问题研究[J].产业与科技论坛,2012(1):35-36.

[275] 张晓山.实施乡村振兴战略的几个抓手[J].人民论坛,2017(11):72-74.

[276] 张雪婷,李勇泉.乡村旅游社区利益相关者博弈研究[J].科技创新与生产力,2018(5):14-19.

[277] 张延毅,董观志.生态旅游及其可持续发展对策[J].经济地理,1997(2):108-111.

[278] 张耀一.乡村旅游社区参与开发模式与利益分配机制研究[J].农业经济,2017(3):65-66.

[279] 张颖,陈妙璇,孙亚云,等.乡村旅游开发中影响社区居民参与度的研究——以南京江宁区"五朵金花"旅游村为例[J].湖南农业科学,2014(5):60-63.

[280] 赵成根.发达国家大城市危机管理中的社会参与机制[J].北京行政学院学报,2006(4):13-17.

[281] 赵承华.我国乡村旅游产业链整合研究[J].农业经济,2007(5):18-19.

[282] 赵承华.乡村旅游推动乡村振兴战略实施的机制与对策探析[J].农业经济,2020(1):52-54.

[283] 赵刚,吕斌,张俐.基于村民参与的风景名胜区经营模式研究:以长江三峡风景名胜区为例[J].中国农业资源与区划,2013(6):58-64.

[284] 赵修华,谢娟.论村民自治中的公民参与[J].湖北行政学院学报,2008(6):24-26.

[285] 赵毅.休闲农业发展的国际经验及其现实操作[J].改革,2011(7):96-100.

[286] 赵越,黎霞.乡村民宿经营者经营风险感知研究——基于对重庆市乡村旅游景区的调查[J].西部论坛,2010(1):79-86.

[287] 郑群明,钟林生.参与式乡村旅游开发模式探讨[J].旅游学刊,2004(4):33-37.

[288] 郑向敏,刘静.论旅游业发展中社区参与的三个层次[J].华侨大学学报(哲学社会科学版),2002(4):12-18.

[289] 中共中央、国务院.关于坚持农业农村优先发展做好"三农"工作的若干意见[Z].2019-01-03.

[290] 中共中央、国务院.关于实施乡村振兴战略的意见[Z].2018-01-02.

[291] 钟涨宝,黄甲寅,万江红.社会资本理论述评[J].社会,2001(10):29-31.

[292] 周常春,邢聪尧.乡村旅游发展背景下云南怒江州秋那桶社区参与模式研究[J].昆明理工大学学报(社会科学版),2013(3):62-67.

[293] 周杰,陈志永.从"单方治理""参与管理"到"共同治理"——对贵州乡村旅游开发典型模式的剖析与比较[J].科教文汇(下旬刊),2012(7):202-203.

[294] 周立,李彦岩,王彩虹,等.乡村振兴战略中的产业融合和六次产业发

展[J].新疆师范大学学报(哲学社会科学版),2018(3):16-24.

[295] 周丽君,杨丽佳.吉林省西部生态脆弱区旅游发展的社区参与研究[J].经济纵横,2010(9):75-76.

[296] 周林刚.激发权能理论:一个文献的综述[J].深圳大学学报(人文社会科学版),2005(11):45-50.

[297] 周玲强,黄祖辉.我国乡村旅游可持续发展问题与对策研究[J].经济地理,2004(4):572-576.

[298] 周星.乡村旅游与民俗主义[J].旅游学刊,2019(6):4-6.

[299] 周永广,姜佳将,王晓平.基于社区主导的乡村旅游内生式开发模式研究[J].旅游科学,2009(4):36-41.

[300] 周永广,江一帆,陈鼎文.中国山村旅游开发模式探索——以浙江省遂昌县"公社模式"为例[J].农业经济问题,2011(11):34-39.

[301] 朱琳琳.国外发展经验借鉴视角下的我国农村旅游开发分析[J].农业经济,2014(12):44-45.

[302] 朱姝.中国乡村旅游发展研究[M].北京:中国经济出版社,2009.

[303] 朱娅,李明.乡村振兴的新内源性发展模式探析[J].中共福建省委党校学报,2019(6):124-130.

[304] 朱泽.大力实施乡村振兴战略[J].中国党政干部论坛,2017(12):32-36.

[305] 诸丹,唐建兵.四川省乡村生态旅游开发探析[J].西南民族大学学报(人文社科版),2009(7):163-166.

[306] 祝捷,黄佩佩,蔡雪雄.法国、日本农村产业融合发展的启示与借鉴[J].亚太经济,2017(5):110-114.

[307] 祝兴平.以大数据提升危机预警管理水平[N].人民日报,2015-10-21(7).

[308] 自然资源部.产业用地政策实施工作指引(2019年版)[Z].2019-05-15.

[309] 自然资源部.关于加强村庄规划促进乡村振兴的通知[Z].2019-06-08.

[310] 邹统钎.中国乡村旅游发展模式研究——成都农家乐与北京民俗村的比较与对策分析[J].旅游学刊,2005(3):63-68.

[311] 左冰,保继刚.从"社区参与"走向"社区增权"——西方"旅游增权"理

论研究述评[J].旅游学刊,2008(4):58-63.

[312] 左冰.旅游增权理论本土化研究——云南迪庆案例[J].旅游科学,2009(2):1-8.

[313] 左晓斯.可持续乡村旅游研究[M].北京:社会科学文献出版社,2010.

[314] Akamal J S. Western environmental values and nature—Based tourism in Kenya[J]. Tourism Management, 1996(8): 567-574.

[315] Arnstein S R. A ladder of citizen participation[J]. Journal of the American Planning Association,1969(4),216-224.

[316] Beeton S. Rural tourism in Australia—Has the gaze altered? Tracking rural images through film and tourism promotion[J]. International Journal of Tourism Research, 2010(3),125-135.

[317] Butler R. Sustainable tourism: A state-of-the-art review[J]. Tourism Geographies, 1999(1):7-25.

[318] Choi H C, Murray I. Resident attitudes toward sustainable community tourism[J]. Journal of Sustainable Tourism,2010(4):575-594.

[319] Daniloska N, Hadzi Naumova-Mihajlovska K. Rural tourism and sustainable rural development[J]. Economic Development, 2015(3):307-319.

[320] Department of Environment, Food & Rural Affairs. Rural Communities[EB/OL]. (2018-10-01)[2019-08-16]. http://www.gov.uk/government/organisations/department-for-environment-food-rural-affairs/.

[321] Dufty N. Using social media to build community disaster resilience[J]. Australian Journal of Emergency Management, 2012(1):40-45.

[322] Edgell Sr D L, Harbaugh L. Tourism development: An economic stimulus in the heart of America[J]. Business America, 1993(2):17-18.

[323] Ertuna B, Kirbas G. Local community involvement in rural tourism development: The case of Kastamonu, Turkey[J]. PASOS: Revista de Turismoy Patrimonio Cultural,2012(2):17-24.

[324] Fallon L D, Kriwoken L K. Community involvement in tourism

infranstructure :the case of the Strahan Visitor Centre, Tasmania. Tourism Management, 2003(3):289-599.

[325] Fleischer A, Felsenstein D. Support for rural tourism: Does it make a difference? [J] Annals of Tourism Research, 2000(4):1007-1024.

[326] Freeman R E. Strategic management: A stakeholder approach [M]. Boston: Pitman Publishing Inc, 1984.

[327] Fun F S, Chiun L M, Songan P, et al. The impact of local communities' involvement and relationship quality on sustainable rural tourism in rural area, Sarawak. The moderating impact of self-efficacy[J]. Procedia—Social and Behavioral Sciences,2014(144):60-65.

[328] Garrod B, Wornell R, Youell R. Re-conceptualizing rural resources as countryside capital: The case of rural tourism[J]. Journal of Rural Studies, 2006(22):117-128.

[329] Ghaderi Z, Henderson J C. Sustainable rural tourism in Iran: A perspective from Hawraman Village [J]. Tourism Management Perspectives,2012(2): 47-54.

[330] Hjalager A M. Agricultural diversification into tourism: Evidence of a European Community development programme [J]. Tourism Management, 1996(2): 103-111.

[331] Hong S K, Kim S I,Kim J H. Implications of potential green tourism development[J]. Annals of Tourism Research, 2003(2): 23-341.

[332] Hung K, Sirakaya-Turk E, Ingram L J. Testing the efficacy of an integrative model for community participation[J]. Journal of Travel Research,2011(3),276-288.

[333] Hunter C. Sustainable tourism as an adaptive paradigm[J]. Annals of Tourism Research,1997(4): 850-867.

[334] Iorioa M, Wall G. Behind the masks: Tourism and community in sardinia[J]. Tourism Management,2012(6):1440-1449.

[335] Jenkins J M. The role of the Commonwealth government involvement in rural tourism and regional development in Australia[M]//Tourism Planning and Policy in Australia and New Zealand: Cases, Issues and

Practice. Austrulia: Southern Cross University, 1997: 181-190.

[336] Joppe M. Sustainable community development revisited[J]. Tourism Management,1996(7):475-479.

[337] Kangas P, Shave M, Shave P. Economics of an Ecotourism Operation in Belize[J]. Environmental Management, 1995(19): 669-673.

[338] Knight J. Competing hospitalities in Japanese rural tourism[J]. Annals of Tourism Research, 1996(1), 165-180.

[339] Koscak M. Integral development of rural areas,tourism and village renovation, Trebnje, Slovenia[J]. Tourism Management, 1998(1): 81-86.

[340] Lane B, Bramwell W. Rural tourism and sustainable rural development [M]. UK: Channel View Publications, 1994.

[341] Long P T, Perdue R R, Allen L. Rural resident tourism perceptions and attitudes by community level of tourism[J]. Journal of Travel Research, 1990(3): 3-9.

[342] Macdonald R M, Jolliffe L. Cultural rural tourism: Evidence from Canada[J]. Annals of Tourism Research, 2003(2), 307-322.

[343] Marcouiller D W. Natural menities, tourism and income distribution. Annals of Tourism Research,2004(4):1031-1050.

[344] Markwick M C. Golf tourism development, stakeholders, differing discourses and alternative agendas: The case of Maltal[J]. Tourism Management, 2000(5):515-524.

[345] Mitchell R K,Agle B R Wood D J. Toward a theory of stakeholder identification and salience: Defining the principle of who and what really counts[J]. Academy of Management Review, 1997(4): 853-886.

[346] Murphy P. Tourism: A community approach[M]. New York: Methuen, 1985.

[347] National Emergency Management Committee. National Strategy for Disaster Resilience: Building our nation's resilience to disasters[R]. Canberra: Australian Government,2009.

[348] Nyaupane G P, Poudel S. Linkages among biodiversity, livelihood, and tourism[J]. Annals of Tourism Research,2011(4): 1344-1366.

[349] Oppermann M. Rural tourism in Southern Germany[J]. Annals of Tourism Research, 1996(1): 86-102.

[350] Park D B, Yoon Y S. Segmentation by motivation in rural tourism: A Korean case study[J]. Tourism Management, 2009(1): 99-108.

[351] Parry D, Campbell B. Attitudes of rural communities to animal wildlife and its utilization in Chobe Enclave and Mababe Depression, Botswana[J]. Environmental Conservation, 1992(3): 245-252.

[352] Patterson O, Weil F, Patel K. The role of community in disaster response: Conceptual models[J]. Population Research and Policy Review, 2010(2): 127-141.

[353] Pearce P, Moscardo G, Ross G . Tourism community relationships [M]. New York:Pergamon, 1996.

[354] Perales R M Y. Rural tourism in Spain[J]. Annals of Tourism Research, 2002(4): 1101-1110.

[355] Perdue R R, Long P T, Kang Y S. Resident support for gambling as a tourism development strategy[J]. Journal of Travel Research, 1995(2): 3-11.

[356] Reid D, Mair H, Taylor J. Community participation in rural tourism development[J]. World Leisure,2000(20):20-27.

[357] Reid D G,Mari H, George W. Community Tourism Planning—A Self-Assessment Instrument[J]. Annals of Tourism Research,2004 (3):623-639.

[358] Petty J. The many interpretations of participation[J]. Focus, 1995 (16): 4-5.

[359] Pevetz W. Agriculture and tourism in Austria [J]. Tourism Recreation Research, 1991(1): 57-60.

[360] Ryan C. Equity, management, power sharing and sustainability—issues of the 'new tourism'[J]. Tourism Management, 2002(1): 17-26.

[361] Ryan C, Huimin G, Wei Z. The context of Chinese tourism: an

overview and implications for research[J]. Tourism in China, 2009: 345-354.

[362] Scheyvens R. Ecotourism and the empowerment of local communities [J]. Tourism Management,1999(2):245-249.

[363] Sheldon P J, Abenoja T. Resident attitudes in a mature destination: The case of Waikiki[J]. Tourism Management, 2001(5): 435-443.

[364] Simmons D G. Community participation in tourism planning[J]. Tourism Management,1994(2): 98-108.

[365] Situmorang R, Trilaksono T, Japutra A. Friend or foe? The complex relationship between indigenous people and policymakers regarding rural tourism in Indonesia[J]. Journal of Hospitality and Tourism Management, 2019(39): 20-29.

[366] Sofield T. Empowerment for sustainable tourism development[M]. New York: Pergamon, 1996.

[367] Su B R. Rural tourism in China[J]. Tourism Management, 2011(6): 1438-1441.

[368] Sutawa G K. Issues on Bali tourism development and community empowerment to support sustainable tourism development [J]. Procedia Economics and Finance,2012(4):413-422.

[369] Timothy D J, Tosun C, Singh S, et al. Appropriate planning for tourism in destination communities: Participation, incremental growth and collaboration[J]. Tourism in Destination Communities, 1998: 181-204.

[370] Tosun C. Expected nature of community participation in tourism development[J]. Tourism Management,2006(3):493-504.

[371] Tosun C. Limits to community participation in the tourism development process in developing countries [J]. Tourism Management,2000(6):613-633.

[372] UK Tourism Alliance. UK Tourism Statistics [EB/OL]. (2019-01-01) [2019-09-02]. https://www. tourismalliance. com/downloads/TA_408_435. pdf.

[373] Wang F, Yu F, Zhu X, et al. Disappearing gradually and

unconsciously in rural China: Research on the sunken courtyard and the reasons for change in Shan County, Henan Province[J]. Journal of Rural Studies, 2016(47): 630-649.

[374] Wang Y, Wall G. Administrative arrangements and displacement compensation in top- down tourism planning—a case from Hainan Province, China[J]. Tourism Management, 2007(1):70-82.

[375] Wang Y C. The new form and model of development of rural tourism in China[J]. Tourism Tribune, 2006(4): 6-8.

[376] WCDE. Our common future[R]. Oxford: Oxford University Press, 1987:27-43.

[377] Wilson S, Fesenmaier D R, Fesenmaier J, et al. Factors for success in rural tourism development[J]. Journal of Travel Research, 2001(2): 132-138.

[378] Xue L, Kerstetter D, Hunt C. Tourism development and changing rural identity in China[J]. Annals of Tourism Research, 2017(66): 170-182.

[379] Yang X, Hung K, Xiao H. A dynamic view on tourism and rural development: A tale of two villages in Yunnan Province, China[J]. Journal of China Tourism Research, 2019(2): 240-261.

[380] Zeng B X, Yan R C. Assisting the poor in China through tourism development: A review of research[J]. Tourism Management, 2012(2): 239-248.